国家出版基金项目
NATIONAL PUBLICATION FOUNDATION

第二辑（1920—1924）

祁门红茶史料丛刊 续编

康 健◎主 编

安徽师范大学出版社
ANHUI NORMAL UNIVERSITY PRESS
·芜湖·

图书在版编目（CIP）数据

祁门红茶史料丛刊：续编.第二辑，1920—1924 /
康健主编. -- 芜湖：安徽师范大学出版社，2024.12.
ISBN 978-7-5676-7148-5

Ⅰ.TS971.21

中国国家版本馆CIP数据核字第2024ZU0519号

祁门红茶史料丛刊：续编　第二辑（1920—1924）　　　　　　　　康　健◎主编

QIMEN HONGCHA SHILIAO CONGKAN XUBIAN　DI-ER JI（1920—1924）

策划编辑：孙新文

责任编辑：何章艳　　　　责任校对：孙新文

装帧设计：张　玲　汤彬彬　责任印制：桑国磊

出版发行：安徽师范大学出版社

　　　　　芜湖市北京中路2号安徽师范大学赭山校区

网　　　址：https://press.ahnu.edu.cn

发 行 部：0553-3883578　5910327　5910310（传真）

印　　　刷：安徽联众印刷有限公司

版　　　次：2024年12月第1版

印　　　次：2024年12月第1次印刷

规　　　格：700 mm × 1000 mm　1/16

印　　　张：16

字　　　数：290千字

书　　　号：978-7-5676-7148-5

定　　　价：51.20元

凡发现图书有质量问题,请与我社联系(联系电话:0553-5910315)

前　言

祁门红茶创制于19世纪六七十年代，在中国各色红茶中出现较晚，但祁门红茶以其独特的品质，迅速崛起，超越闽红、宁红、两湖红茶等诸多著名品牌，成为近代中国最为著名的茶叶品牌，在全世界享有很高的声誉。在近代中国茶叶国际贸易日益衰败的情况下，祁门红茶成为支撑中国外销茶贸易发展的重要品牌。

2020年出版的《祁门红茶史料丛刊》（8册），为首次经过系统整理的近代祁门红茶资料。该套丛书出版之后，笔者继续在近代报刊、徽州文书中搜集相关资料，经过数年积累，也渐具规模，于是以《祁门红茶史料丛刊续编》（以下简称《续编》）为题于2023年度申报国家出版基金，获得立项，为这套《续编》的出版提供了契机。

值得注意的是，祁门红茶产区虽以祁门县为核心产区，产量多、品质优，但并不局限于此一地，而是涵盖祁门、建德①（民国时期先后称秋浦、至德）和浮梁三个县域。因建德和浮梁所产红茶的品质与祁门所产者相似，历史上皆以"祁门红茶"统称之。这在晚清以降的文献中阐述得十分清楚。

1909年《商务官报》记载，"祁门、浮梁、建德三县之茶（向统称之为祁茶）"②。1917年《安徽实业杂志》也称："安徽祁门茶，品质甲于全球，秋浦毗连祁门，西人亦名祁茶。江西之浮梁红茶，因与祁门接壤，亦曰祁茶。"③民国著名茶学家吴觉农等亦云，所谓祁门红茶，"并非祁门一县境内之生产品。其运境之至德

---

① 即今安徽省东至县。

②《茶业改良议》，《商务官报》1909年第26期。

③《民国六年上半期安徽红茶与赣湘鄂茶汉口市场逐月比较统计表》，《安徽实业杂志》1917年续刊第7期。

（秋浦改称，原称建德）及浮梁两县之所生产，亦谓之'祁门红茶'，简称'祁红'，亦或仅称'祁门'。祁门、至德，属安徽省，浮梁属江西省，以其同产红茶关系，故'祁浮建'，久成当地习语，若已不复知有省限矣"[①]。1936年金陵大学农业经济系在祁门的调查也称："市上通称之'祁门红茶'，或简称之'祁红'，实际并非专指祁门一县之产品而言；其与祁门茶产地毗连之至德、贵池，及江西之浮梁等县所产之红茶，因其制法相同，形状相似，亦统称'祁红'。故在广义言之，祁门红茶区域，实包括祁门、浮梁、至德三县，及贵池之一小部。"[②]

由此观之，整理祁门红茶资料也应该涵盖这些地区，因此，笔者除继续搜集祁门县的红茶资料外，也注意搜集建德、浮梁两地的资料。

笔者先后在祁门、黄山、合肥、北京、上海等地馆藏单位查阅大量的报刊史料。经过3年多的努力，编辑整理了祁门红茶史料8册，计200多万字。其中，前7册为文字整理，最后1册为茶商账簿影印。下面对《续编》资料编辑情况进行说明。

前7册收录的时间段分别为：第1册1912—1919年，第2册为1920—1924年，第3册1925—1929年，第4册1930—1935年，第5册1936年，第6册1937—1940年，第7册1941—1949年。这些资料主要来自民国时期的报刊、调查报告和单行本的著作。第8册为茶商账簿，收录光绪八年（1882年）祁门红茶创始人之一的胡元龙日顺商号的茶叶账簿和民国时期祁门南乡郑氏茶商的茶叶流水账簿。

综上所述，《续编》是在《祁门红茶史料丛刊》的基础上继续整理的结果。对此前已收录在《丛刊》中的史料不再重复收录，同时将祁门红茶产区涵盖的祁门、建德、浮梁三地的文献一并搜集、整理，以全面展示祁门红茶产区茶叶生产、加工、运销的整体图景。

《续编》虽然搜集了大量民国时期的祁门红茶史料，但难免挂一漏万，还有很多资料未能涉及，如外文和档案资料未能充分利用。这些资料只好在今后的研究中再集中搜集、整理。同时，笔者相信《续编》的出版将深化人们对祁门红茶的历史源流、演进轨迹等方面的认知，对红茶的学术研究和万里茶道的申遗都将发挥积极作用。

---

① 吴觉农、胡浩川：《祁门红茶复兴计划》，《农村复兴委员会会报》1933年第7期。

② 金陵大学农业经济系：《祁门红茶之生产制造及运销》，《豫鄂皖赣四省农村经济调查报告》第10号（1936年）。

凡　例

一、本丛书所搜资料以民国时期（1912—1949）有关祁门红茶的资料为主，间亦涉及晚清时期的文献，以便于考察祁门红茶的盛衰过程。

二、祁门红茶产区不仅包括祁门，还涉及建德（民国时期先后称秋浦、至德）和江西浮梁地区，出于保持祁门红茶产区资料的整体性和展现祁门红茶历史发展脉络考虑，本丛书将三个地区的红茶资料皆加以收录。

三、本丛书虽然主要是整理近代祁门红茶史料，但收录的资料原文中有时涉及其他地区的绿茶、红茶等内容，为反映不同区域的茶叶市场全貌，整理时保留全文，不做改动。

四、本丛书所收资料基本按照时间先后顺序编排，以每条（种）资料的标题编目；每条（种）资料基本全文收录，以确保内容的完整性，但删除了一些不适合出版的内容；在每条（种）资料末尾注明了资料出处，以便查考。

五、为保证资料的准确性和真实性，本丛书收录的祁门茶商账簿皆以影印的方式呈现。

六、本丛书收录的近代报刊种类众多、文章层级多样不一，为了保持资料原貌，除对文章一、二级标题的字体、字号做统一要求之外，其他层级标题保持原样，如“（1）（2）”标题下有“一、二”之类的标题等，不做改动。

七、本丛书所收资料原文中出现的地名、物品名、温度单位、度量衡单位等内容，尤其是翻译的国外名词，如“加拿大”写成“坎拿大”、“便士”写成“边尼”、“氧气”写成“养气”等，存在与现代标准说法不一致，同一词在不同刊物有不同的表达等问题，因具有当时的时代特征，为保持资料原貌，整理时不做改动。

八、本丛书所收资料对于一些数字的使用不太规范，如“四五十两左右”，按照现代用法应该删去"左右"二字，"减少两倍"应改为"减少三分之二"等，但为保持资料的时代特征，整理时不做改动。

九、近代报刊的数据统计、名词前后表述中存在一些逻辑错误。对于明显的数据统计错误，整理时予以更正；对于那些无法查核出处的数据、名词前后表述的逻辑错误，只好保持原貌，不做修改。

十、近代中国报刊刚刚兴起，图表制作不太规范，且大多无标准表名、图名，为保持资料原貌，除图表补充完善外，其他内容整理时不做改动。

十一、凡是涉及"如左""如右"之类的表格说明，根据表格在整理后文献中的实际位置重新表述。

十二、本丛书原表格中很多统计数字为汉字，统一改为阿拉伯数字，但表格中陈述性文字里的数字仍保持原貌；正文中部分多位数字用汉字表示，但没有使用十、百、千、万等单位，为便于阅读，统一补齐，如"一三五七六八磅"改为"十三万五千七百六十八磅"。

十三、原资料多数为繁体竖排无标点符号，整理时统一改为简体横排加标点符号。

十四、凡是原资料中的缺字、漏字以及难以识别的字，皆以"□"来代替。

十五、中日甲午战争后，清政府将台湾割让给日本，1945年抗日战争胜利后，台湾重新回到祖国的怀抱。故1895年6月至1945年抗日战争胜利前台湾为日本占据时期。本丛书在涉及这一期间的台湾时，将"台湾"的表述统一改为"中国台湾（日据时期）"，特此说明。

目　录

◆一九二四

论世界茶业①历史

杨德莱

茶为嗜好品之一端，向属我国出口大宗。溯自海外贸易华茶西渐之始，彼都人士，有慕其风味而酷嗜之者，有恐成漏卮而排斥者。欧美各国，几箕风毕雨之不同嗜好，而趋向各殊。一越近今，向之酷嗜者无论矣，即排斥者亦渐变而为酷嗜之趋势。而茶叶遂为世界人生日用必需之品。近日者咖啡盛行，虽因国情之不同，而喜饮咖啡者不乏其人。然茶叶物美价廉，世界人之嗜茶者，要不得比嗜咖啡者为少。故近日我国茶叶贩路之权利，他人竟有起而力图包揽之势。吾国欲整顿茶叶，扩张贩路，非洞悉茶叶历史，求与产茶各国角势力，必不能挽回固有之利权而有愧为世界产茶祖国也。莱不敏，厕身农界，研究茶学，历有年所，以茶业为吾国惟一之利，凡关于茶业著述及事实，莫不详加讨论，撮要纪录之，冀集成一编，以促起吾国人提倡改良之猛省。乃迟之又久，力有未逮。兹何幸吾鄂农报重行发刊，尚有容我谈论实业之一日，是以不揣谫陋，谨就平日关于茶叶之所见所闻，草成数千字，题曰"世界茶业历史"。非敢自谓熟悉世界茶叶情形也，亦不过欲就其所得，略述大要，以商诸吾国留心茶叶之君子云尔。

（甲）中国茶业之历史

茶为吾国最古特产物，自炎帝神农氏以来即发现于中土，故后世有神农尝百草遇毒得茶即解之说。又其《食经》有云，茶茗久服，令人有力悦志。足见茶之一种，在神农时代已知其为有用之植物。自是而后，相延数千数百年。至于春秋，则晏子有食晚粟饭炙三十五卯茗茶之说。再后则汉有王褒武阳买茶，孙皓以茶荈当酒，及华佗论苦茶久食益意思之一切故事。相推相衍，食茶者渐众。浸至晋，陆纳以茶果招谢安，而别不设馔，竟以茶为宴客佳品。唐裴汶曰：茶起于东晋，盛于本朝。其言起于东晋，考据虽不甚确，而在东晋时一般社会已知茶为饮用品，固可断

---

① 原文标题中为"叶"，但后文续篇的标题中均为"业"，为保持全书统一，且根据文章内容看，将此处改为"业"。

言也。（未完）

《湖北省农会农报》1920年第1期

论世界茶业历史（续第一期）

杨德萊

　　总之，我国茶叶在周秦以前多用以疗病，取为医药用料，在两汉以后始采以煎食，取作常用饮料。由前之说，则神农论茶，晏子饮茶，皆属药用上之故事。由后之说，则汉王褒武阳买茶，孙皓赐韦曜茶以代酒，晋陆纳宴谢安茶不另设馔，皆属社交上饮茶之故事。前者为用茶疗病之时代，后者为食茶渐进之时代。此等时代，虽人知饮茶之法，而于栽茶、采茶、制茶各方术，尚无何种学说及何种研究之可稽。若谓此时代即为我国茶业发达时代，未免附会，不足信也。兹就我国茶业初盛时代与极盛时代及渐衰时代，分述于次。

中国茶业初盛时代

　　中国茶业当以唐宋为初盛时代。于何征之？吾国自唐陆羽著《茶经》三卷，详言采茶、造茶、煮茶、饮茶诸法后，于是我国茶业改良粗具模型，而唐代饮茶之风亦从此渐盛。李谪仙饮玉泉山茶，盛称其效；李德裕受天柱峰茶，借以消毒；唐德宗饮茶必加酥椒；卢仝嗜茶，竟至成癖；而且如陆游、杜牧、元稹、白居易诸诗人，亦浸以饮茶为韵事（陆游诗：苍爪嫩芽开露茗。杜牧《题茶山》诗：泉嫩黄金涌，芽香紫璧裁。元稹诗：茗碗寒供白露芽。白居易蜀茶诗：绿芽千片火前春）。可见茶叶在有唐一代，其行销于内地者已属不少。所以建中年间议取茶税，虽未久行，而至贞元元年复课茶税也。五代时，陶秀实著《清异录》，谓茶至唐始盛。其言信然。由五代以至于宋，嗜茶者愈多，而留心茶业，著书立说者亦日众。故丁谓撰《茶图》，详言其采造之法；蔡襄著《茶录》，细论其烹试之方；且宋子安辨别产地，研究焙法，特著《东溪试茶录》一卷，以饷学者；宋黄儒论制茶疵病与售茶真伪，特撰《品茶要录》一卷，以儆时人。他如欧阳永叔，则有茶品莫贵于龙凤团之评论；东坡先生则有蟹眼鱼眼之讴吟（苏轼《试院煎茶》诗，有"蟹眼已过鱼眼生，飕飕欲作松风鸣"之句）；范仲淹《斗茶歌》，谓香薄兰芷，味轻醍醐；蔡君谟赏武夷茶，谓风味优美，有过北苑龙团。凡有宋一代名流，无有不以品茶为雅事者。即此观之，足征我国茶业在李唐时代于植茶、制茶、售茶诸方法，除陆鸿渐曾著经讨论外，能知其详者，尚无多人。一至赵宋，则茶叶已畅行内地，凡关于茶业诸学说，如今日之所谓栽培、制造、贩卖诸大端，皆已略具萌芽。唐人倡导于其前，宋人研究于其后，而茶园业务、茶业知识，遂日有进步，则谓唐宋时代为我国茶业初盛时代，当不虚也。

《湖北省农会农报》1920年第2期

论世界茶业历史(续第二期)[①]

杨德棻

中国茶业极盛时代

唐宋时代，茶叶虽已畅行，然尚不得谓为极盛时代。茶业极盛时代，其在茶叶出口后乎。查我国茶叶自西历纪元一六一〇年时（明季），即由和领之东印度会社齐归于其国。至一六六〇年时（清顺治时期），英人之游中国者，亦购以持归煮食其叶，中国茶叶之令名遂喧传于海外。而外人饮茶之嗜好，亦即因之而日深。尝考英国在清光绪八年时（西历一八八二年），其用茶额尚为一亿六千四百九十五万磅；至光绪九年，则增为一亿七千零七十八万磅；至十年及十一年，其额即涨至一亿八千二百四十万磅。彼之需要额，日增无已。即我之输出数，日渐加多。此何以故？盖当我国前清嘉道咸同及光绪初叶之顷，日本对于红茶尚少研究，英人对于印茶亦待经营，海上茶业利权为吾国所独占，所以吾国茶叶之销售额，亦于此数十年为最多。则谓是等时代，为我国茶业极盛时代，固非无稽之论也。今第就清嘉庆元年至光绪三十二年时，吾国茶叶之销售于英国者列表明之，以瞻大概。

---

① 由于条件所限，本期后面内容未找到，待查到以后再做补遗。

年别	销英国
清嘉庆元年（1796年）	15 269 120
清道光元年（1821年）	19 284 701
清道光二十年（1840年）	23 787 000
清咸丰十一年（1861年）	57 600 500
清光绪十二年（1886年）	78 169 500
清光绪卅二年（1906年）	8 727 000

据上表观之，可知我国前清嘉庆时代至光绪中叶时代，其茶叶之销售于英国者为数甚巨。嘉庆纪元以前，无此销售额，光绪中叶以后，亦无此销售额。是第就华茶之销售于英国者论，已可见此等时代为我国茶业极盛时代也。

中国茶业渐衰时代

观清光绪末叶时华茶销于英国之数，知中国茶业之渐衰。其在光绪末叶以后，不待言也。考我国当三十年以前，每年全国产茶额已达于二亿八千万磅之多，故是时伦敦红茶之输入，华茶常居十分之六七，美国绿茶之输入，日本仅占十分之二三。特惜是时清季政府不知茶业为吾国天然美利，栽培制造听其自然，绝不示以改良之方法，而他人之垂涎我美利者，乃不为临渊之羡鱼，而为退而结网之计，所以不数年间，而日本绿茶、印度红茶，其声价遂并腾于海外。于此而欲我国茶业不为所抵制，势不可得也。吾国前清对于实业事项无调查统计，兹欲明我国茶业盛衰之真相，非观近三十年间英国之红茶消费额与美国之绿茶消费额不可。今且摘录日人之调查统计表，以为吾国茶业参考之一助。

（甲）中国红茶与印度红茶销于英国之年别及数别

（单位：磅）

年别	中国茶	印度茶
1885年	113 514 000	65 678 000
1886年	104 226 000	68 430 000
1887年	90 508 000	83 112 000

年别	中国茶	印度茶
1888年	80 653 000	86 310 000
1889年	61 100 000	96 000 000

（乙）中国绿茶与日本绿茶销于美国之年别及数别

（单位：磅）

年别	中国茶	日本茶
1882年	20 768 877	24 551 569
1883年	18 033 510	34 268 094
1884年	11 414 529	34 263 502
1885年	15 061 144	35 440 377
1886年	16 002 953	39 093 901
1887年	16 331 900	45 217 300
1888年	15 179 700	43 357 197
1889年	15 129 300	39 985 200

　　由上表观之，可知我国红茶权利，近三十年间已为印度所攘夺。绿茶权利，近三十年间亦为日本所侵陵。彼之茶叶输出额，逐年加多。我之茶叶输出额，日渐减少。其坐致茶业之衰微，伊谁之咎？此固有心人所目击神伤而深为浩叹者也。无已，曷观日本、印度、锡兰、爪哇各国之茶业史。（未完）

《湖北省农会农报》1920年第3期

湖北茶税捐征收之调查

　　（甲）杂捐。湖北蒲通等六县茶产甚富，税款甚多，即附带杂捐亦自不少。兹列杂捐名目于下：

（一）附加捐。各该县茶税均随正税带收十分之一附加捐，以拨充省防团经费，嗣于七年八月奉令免拨，令留各该县济用，仍令解省库。

（二）申串捐。照章以二累申合成十足。例如，收税钱三百二十四串五百八十文，以之累申，应收申串六串六百二十四文。

（三）税票捐。此项捐款应随票收捐，分为六等。例如，五十串以上者，每张收钱一串文；五十串以下三十串以上，每张收钱五百文；三十串以下十串以上，每张收钱二百文；十串以下五串以上，每张收钱一百文；五串以下一串以上，每张收钱五十文；不及一串者，每张概收钱二十文。

（四）育婴捐。此项捐款惟羊楼峒，本局征收其附近新店，分卡亦有之。例如红茶广庄每箱收足钱三百文，红茶口庄亦同。米茶包每百斤收钱六文，花香每百斤收钱三百文，茶梗、打片、洗末、净皮、净草茶、半草茶、毛红均同上，黑茶大小斤砖每万斤收钱五十文，黑茶米砖、黑茶砖、黑茶套篓、老茶包、细白毛青茶，立夏后较粗茶、立秋后老青茶均同上。

（五）救生捐。此项捐款惟京口税局有之。例如，红茶包每百斤收银四厘，红茶广口庄每箱收银二厘，毛红每万斤收银一钱，黑茶大小斤砖、黑茶套篓、黑茶末砖、黑砖末砖、黑砖末、老茶包、细白毛青茶，立夏后较青茶均同上。

（乙）茶局征收正税。（一）红茶广庄每箱银六钱二分五厘；（二）米茶包、（三）大面红茶口庄，税银均同上；（四）花香，税钱一百零六文，茶梗、拣皮、打片、洗末均同上；（五）毛红，税钱六百文；（六）半草茶，每包税钱三十文；（七）净草茶，税钱二十文；（八）东西口黑砖茶，每百斤税银一钱五分，黑茶套篓同上；（九）黑茶斤砖，税银三钱，花香米砖同上；（十）老茶包，税钱五十文，花香成箱、细白毛青同上；（十一）立秋后老青茶，税钱二百五十文，细青、岳青、粗青、老青、毛青、引茶等均同上。

（丙）茶税比额。财政厅新订茶税征收每月比额如下。

（单位：元）

月份	征收税额
1月	4 838
2月	372
3月	826

月份	征收税额
4月	3 135
5月	51 764
6月	21 699
7月	16 001
8月	15 044
9月	19 495
10月	18 304
11月	14 415
12月	10 608
合计	176 501

《湖北省农会农报》1920年第6期

种茶浅说

祁门茶业试验场

我国土产出口，茶为大宗。百年以前，欧美各国概为华茶销售之场。嗣因日本继起于前，印、锡直追于后，不数十年，而美国销路被夺于日本，英国销路被夺于印、锡。以我素负盛名之产茶祖国，反居日本、印、锡之下，推原其故，固由我国税厘太重，有碍销路，然亦由一般农民、茶商不加研究改良之所致也。此次政府减免税厘，固系为减轻成本，维持销路之一法，而茶树栽培、采择、焙制以及装潢各项，尤非切实研究，力图改良，不克有济。本场为推广茶业，开导农民起见，爰就种茶诸法切实易行者，编成浅说，分条列后，以供参考。

（一）地势及土质。种茶之地，无论山岭平原，凡高燥通风向阳之处，皆能发育。惟低山平原发育最良，而茶质不及高山。土质以砂质壤土为最宜，腐植次之，下湿粘土，茶所最忌。

（二）选种及储藏。寒露节后，茶种成熟，择其肥大无缺陷者摘下，平摊于空气流通干燥之室内，俟十分风干，种子即与外壳脱离。除去外壳，用最干燥细砂与种子混合，储于木箱或瓦缸内，将口封闭，置于无烟火之室内。或择不当雨雪之干燥地，穿以三尺内外之孔，敷以干燥细砂，使种子与砂交互埋藏，渐积成层，最后被以尺余深之土，以防雨水浸入。至明春播种前三日，将种子取出，用竹筛除去细砂，以木桶盛水将种子浸入，经三昼夜，视其轻而上浮者弃去不用，沉者取出即可播种。

（三）整地。秋末冬初，将择定种茶之地深耕一次。如系陡山，可造成阶形之平台，以防养分流失。如系苗圃，至明春播种前二十日，应施以腐熟堆肥五十分，和豆粕、人粪、草木灰各十五分，石灰五分，每亩约施五六百斤，再深耕一次，使表土细碎平匀，然后造成长二三丈、宽二三尺、高五寸之苗床，床间相距一尺，俾便管理。

（四）播种期。播种时期当视地方气候如何而定，大概雨水节后，春分节前，均可播种。

（五）播种方法。播种方法，约分二项：一播种于苗床，凡雨量稀少，种子缺乏地方行之；一播种于本圃（即普通种茶地），凡雨量充足，种子价廉地方行之。

（甲）播种于苗床。当用条播或撒播法，条播法即于已成之苗床上开二寸深之直沟，并于沟内洒水若干，再将茶种播入直沟内。撒播法则无须开沟，即于已成之苗床上给以适当之水分，然后撒播种子，距离疏密均以种子相隔寸许远为度，其种子上面并宜撒以稻糠少许，然后覆以细土，厚约一寸至二寸，如天气干燥，久晴不雨，应时洒水，俾便生长。

（乙）播种于本圃。宜用环播法，冬至节前，将本圃掘成深一尺、直径一尺五寸之圆形穴，至明春播种前二十日，用腐熟堆肥、人粪、豆粕、草木灰等肥料共三十分，和以穴边之细土七十分，填入穴底，每穴十两至十二两为度。种时如穴内干燥，应先灌水，再将种子沿穴边圆环形播入穴内，每穴约需种子十粒至十五粒，其上覆以细土，厚约一寸至二寸，至行间丛间（一穴之茶称一丛）距离，视地如何而定，大约平地行丛间均五尺（以穴中之中心计算）。低山行丛间，五尺或四尺；高山行丛间，四尺或三尺为适当。

（六）培养及保护。茶种播后，必经多日方能出土，在此期内宜防田鼠、鸟类窃食种子。如天气干燥，应时洒水，至茶苗出土后，并应施以稀薄之液肥一次。如系苗床，夏日宜设低木架，架上置以芦席，早盖晚撤，并宜时洒以水。冬日仍就架上芦席，早撤晚盖，以防冻害。如茶苗疏密不匀，可将稠密之苗移植隙地，惟极弱之苗宜弃去之。至播种本圃，第一二年之茶，夏日宜于茶苗上撒布草藁，以防旱害，冬日更宜用稻糠或稻草壅护，并将根部覆土以保护之。

（七）移栽。苗圃之茶，第二三年均可移栽。移栽时期，亦视地方气候而定。大概早则雨水，迟则清明，总以苗未发育时为最适当。至掘穴距离及施肥各法，与播种本圃之环播法大概相同（参看第五乙项）。惟施肥量宜略减，每丛肥量以八两为限，每丛株数以五本至十本为宜。根部覆土，压之使坚，并留凹陷，以便灌溉，容留雨水。

（八）耕耘。苗圃之茶，除耘草外，概不深耕。如有杂草，宜用小铁铲除去。苗出土后，耘草宜浅，并不可接近根部。移栽以后，每年中耕二次，深耕一次。除草次数，当视杂草生长情形而定。中耕时期，第一次春分节前，第二次小暑节前，深不过二寸。深耕行于秋末冬初，深以三寸至四寸为宜。

（九）施肥。茶需养分窒素为多，取夏日杂草或秋后落叶，堆积一处，使之发酵腐熟后，和以人粪、豆粕、草木灰等，搅拌均匀，于茶丛四围先掘一沟，即将肥料和土二倍，撒入沟内，然后用锄将土锄平。每年施肥二次，一施于立春前，一施于采茶后。每次施肥分量，一丛约五六两为宜。

（十）修剪。茶至五六年后，枝叶密茂，光线空气不甚通透，最易发生病害，且每年采叶，茶之体质不免稍受亏损，甚至菌类寄生，干枯无用。每年采茶后，宜择晴天午前，将茶丛内不见阳光之细弱小枝概行剪去。至发育不良之挺生老枝，亦应同时修剪。此法一可整理树势，二可预防病虫害，并可增加收获，改良茶质。至多年老茶，因培养失宜，枝叶萎缩，不但收获量减，而茶质亦多不良，宜择霜降后晴明之日，用利剪将干枯老枝距地二三寸处，全行剪去。同时预备火篮，篮内烧以烙铁，剪茶一丛，即用烙铁于根部剪断之面尽行烙过。但烙铁以极热，手法以迅速为妙。剪去之后，经二十日上下，须将茶之根部妥为覆土，高约一尺。至立春节后除去覆土，施肥一次，所剪之茶即生新芽，发育迅速，二三年后仍可得普通之收获。

特派劝办实业专使致汉口茶业公所函

准湘省长函，复核减茶税，再行知照由。

迳启者，前由本总公所欧秘书陈据贵公所龚君璜滨函请核减湘茶税厘一案，当经据函财政部暨湖南省长请予核减，旋准部复，已令湖南财政厅仍案七年该省规复红茶每石改收一元三角办法再减五成等因业经函知在案，兹复准湖南省长函据财政厅呈称，遵查茶税减征前，据茶商请依七年减征之率计算，已由厅批驳并呈钧署暨财政部在案。嗣奉部令以茶业连年衰败，湘省复罹兵灾，此项茶税，湘省七年减征之案，系在八年部令减征内地税厘以前，饬酌体商艰，宽予核减。前已拟定准案七年减征每百斤一元三角之税率，再予核减五成，征洋六角五分，并经通令布告电复财政部奉准在案。其向征一元三角以外之各种茶税厘金，仍遵部令，照减五成，以免牵混。兹奉前因，理合将茶税减征缘由呈请钧署俯赐核示等情。据此除指令外，相应函达贵专使，烦为查照等因准此。合再函达贵公所，希即转知各茶商遵照为盼，此致。

《湖北省农会农报》1920年第11期

华茶收成与销路

《字林报》云，本季祁门新茶，于上月二十五日到申，计有三万五千箱上市。今年叶之成色不甚佳，上等货较去年稍好。六月二日，始有市价与交易，计售出七百箱，价则自三十六两至四十五两，但买主不多。今年收成亦有限，约有七万箱。宁州茶只到三种，质地颇好，收成不多，约一万五千箱。九江茶，今年有三万三千箱。汉口茶，尚无消息，收成亦小，不过十万箱，去年则有十四万，一九一四年有四十四万之多。大概言之，中国红茶之前途尚不大恶。因去年之末，印度、锡兰茶价均高，今年俄国及欧洲必将大批采办华茶，因此伦敦已存积之茶不少。计一月七日至四月七日，各栈共存各地之茶一百七十万件，其中七十万件所存之货，均上等者。余三十三万件之栈，极不堪，只有一顶以蔽风雨，英人称之曰"死货"，无人秤选。此外有三十二三万件已运到他口岸。白城一埠，存茶十万件，其余尚无栈可存。伦敦之存茶既多，又加金融紧急，茶价于是大跌。目下普通印度、锡兰茶，只八便士一磅，去冬涨至一先令六便士。普通江州茶存有一千三百万磅，均未售出。因此，存茶之前途极黑暗，必俟俄欧局面大定，茶方有市面。如俄之乱立定，则全世界之茶均能销用之。近日英国饮茶者亦日多。查一九一三年六月一日至十一月三十日，英国销茶一万五千四百万磅。去年同月，则销至二万一千八百万磅。所以加多之故，因工资已加，工人亦多购茶以饮。但今俄国不用茶，则世界所出必多于所销。俄国在今日反运茶至他处。最近海参崴某船运到上海大批茶砖，又运大批茶叶至伦敦。此项茶系俄大茶行之货，因海埠充没私人之货，遂运出至他埠。将来俄国红茶市面必大，但今中国将候俄之乱平定，而大经营则不合宜。中国当赶速改良茶之质地与价目，庶可与他产茶国竞争也。

《实业杂志》1920年第33期

呈请减除运俄茶税及限价

上海茶业会馆业董陈兆焘等，近呈国务院、外交部、农商部请求减轻运俄茶税，并取销限价。兹录其呈国务院代电如下：

窃阅报载，俄人远东共和国商务代表团优林等到京，由外交部非正式接待，并定期开议修订商约等情。查商等运俄茶叶，前因该国政府限制售价，并苛征入口茶税极重，屡经上海总商会转陈请予维持在案。今该国既派有商务代表到京，议修商约之举，拟请钧院咨明外交部，趁此时机，将运俄华茶税则，提出修改。与该国政府立行协定，务照我国征收各国进口货例，规定值百抽五，以期国际间之税率适平，并将限价一事绝对取销，以合贸易自由通则。此为华茶商务前途生死攸关，商等不避干冒，切恳提出修订，俾达减轻华茶入俄税率为值百抽五及废除限价目的而后已。良以我国茶叶运销俄境最多，约占全额十之七八，前因俄乱不能运出，商等犹冀待其事平，必可畅运。乃该国政府辄以苛税及限价协议减除，则华茶无复昭苏之望矣。

《实业杂志》1920年第36期

上海茶业之一斑

《神州日报》

种类。本埠茶业，向分二种：（一）专做长江一带之红茶（名曰毛茶）。销售于本埠及内地各茶庄者，名曰本地茶行，如同裕泰等十一家是也。（二）专做洋庄生意。输运红绿茶至国外者，名曰洋庄茶行，分徽绍两帮，如谦泰昌等十二家是也。此外如汪裕泰等五十余家，皆系茶庄，出售之茶叶，由本地茶行批发来者，然亦有自做者。此项店名繁多，不备录。

销路。本地茶行因专销国内，去年未受重大影响，故营业尚佳，通年约销十万元。惟较往年已见减色，因出产地收成不佳，出货亦低，而年梢银根奇紧，拆息又大涨，故难获利。至于洋庄茶行，则营业更劣，因洋庄生意向以销往俄国为大宗，几占出口总数之半，自俄国内乱以来，交通阻止，营业因之停滞。往年红茶销往俄国约有六成，绿茶有熙春一种，销往俄国亦有四成之谱。今则专恃美、法、英等国运销。虽有将熙春改制珍眉、凤眉、珠茶等类，然亦不过一二成。以至熙春一项，存积本埠，尚有三四万箱。其余各花色，亦有一万余箱之谱。当绿茶初开盘时，除熙春以外，各项花色销路，尚觉发达，售出者皆有利可图。自九月以来，日就衰落，先令汇率日涨，市面遂尔不振，故后到者停滞。开正以来，尚存之数总计七万余箱，正月内销去约一万余箱之谱。

市价。入春以来，市面依然不动，惟以先令稍短。路庄茶商又以存货过多，自愿贬价出售。珍眉较前约低十两左右，麻珠约低二十两左右，大盘约低六两左右，秀眉无上落。平水茶以买者还价太低，一般平水茶客均抱守价待时主义，不甘贱售，是以尚未有交易。凤眉市价约二十三两左右。祁门、宁州红茶等约二十四五两左右。

　　产地。珍眉、珠茶、凤眉、娥眉各花色，产于徽州屯溪、婺源、杭州、遂安、德兴、土庄等地。红茶统名为乌龙，以出产地名冠其上，如祁门乌龙、宁州乌龙等是也。

批上海茶业会馆

第八五七号　六月二十九日

　　准税务处咨复核准宽展华茶出口派司期限一案批示遵照由。前据呈请宽展华茶出口派司期限等情，当经咨行税务处去后，兹准复称查出洋土货之滞销情形，实以华茶为最疲滞，应即准其自运到上海，由关发给派司之日起，暂改为限期二年报运出洋以纾商困。除分行外，咨复查照转饬等因，合亟批示遵照此批。

论近年世界茶运之趋势及华茶历年失败之原因

谢恩隆

近年茶运之衰落，不独中国为然，即世界产茶诸邦，莫不皆然。不过吾国向不注重海外贸易，丁此潮流，不免损失较重而恢复亦较难而已。溯自环球各国茶运之兴，登峰造极，以近十年来为最盛。而意外发生，前仆后继，亦必以近十年为最多。盖盛极必衰，循环剥复。业茶诸商，不审供求之理，知进而不知退，因果牵缠，遂造成近日起伏不定如环无端之现象。今欲进而推求其致败之原因，非先溯本穷源，探其造端，与乎考求列国茶叶生产与销场之状况，无以明既往而励将来（各国茶叶出产状况表列后）。然则近年各国茶运失败之起因维何？约而言之，则有数端。

一、近年茶运之衰落缘于供求之不相应

经济原理，无论何种事务，总以供求相应，始能维持其均衡。供过于求，与求过于供，有一于此，物价即立生变化，此理之至显然者也。查距今四十年前，世界产茶之国首推我国，独步一时，自是而后，产茶之国日见增加。吾国向以茶叶专利者，至此不免受竞争之影响，甚且后来居上，华茶销路浸假而日渐减少焉。世界兴起种茶之国，以印度、锡兰为最早，爪哇、苏门答腊诸国次之。于是产茶之国愈多，年中茶之出产额亦愈巨，乃茶之出产愈增，而世界对于茶之销场又不能随茶之出产以俱增，故久而久之，终有情见势绌、供过于求之一日。况近代物质文明、科学发达，种茶技术研究日精，产茶地域，即不用推广幅员已能利用科学增加产量。矧产茶诸国，复以茶叶运输为对外贸易之利器，提倡拓展，不遗余力乎。查印度自一八九八年起至一九一八年二十年间，茶叶产量，每英亩平均出产额由三百九十二磅而增至六百零九磅。又其种茶地积，自一八九八年总数共四十一万五千英亩，迨至一九一八年已增至六十二万五千八百英亩。其产茶之量与植茶之地，有加无已，年盛一年。印度一隅，情形如此，推而至于别国，其进步亦何莫不然。准斯以谈，以现时世界产茶总额与世界销茶总额两相比较，产额比销额约超过每百分之二

十五分，供求之不相应已属显然。月晕而风，础润而雨，然则近年茶运之衰落，岂非年来生产过多所种之因，于是生出迩来失败之果耶。近闻印度、锡兰等处，鉴于世界产茶之供过于求，有所觉悟，拟思患预防。为未雨绸缪之计，由印度、锡兰茶业协会之提议，对于本国产茶加以相当之限制，蕲与世界销茶之额相抵。拟取自一九一五年至一九一九年五年间之平均产额为标准，至一九二〇年须减至一百分之九十分，一九二一年（即今年）减至每百分之八十分。审是则印、锡之茶于去年减少之额应得六千万磅，今年则减少一万万二千万磅矣。此外如爪哇能表同情，于今年加入，则爪哇又可减少二千五百万磅，而今去两年间，其递减之总额当在二万万零五百万磅有奇。此后世界产茶行将陆续递减以退为进，酌盈剂虚，茶运前途谅不复如前之挤拥矣。

二、近年茶运之衰落源于各国政变之不常

近年茶运之锐减，原因不止一端，其最大之总因，供求不相应之外，则由于各国之政变无常，遂至影响于商务。当欧战方兴，其时茶叶销场最旺，盖其时戎马倥偬，军士转战疆场，征途仆仆，故用茶亦比平时为多。迨一九一八年，战事告终，军人散归故里，用茶之额不复如战时之多。此为销茶骤减之一因。次则俄罗斯每年销茶之额甚巨，且多从中国、印度两处输入。近年俄国内乱频仍，交通梗塞，蜀道难行，百业凋敝，向之借俄国为尾闾，如中国、印度之茶，至此遂一落千丈。此为茶运骤减之又一因。加以中欧、德、奥诸邦，摘取一种树叶制成饮料，足以代茶之用。因是德、奥诸国，近时用茶之额甚少。此亦为茶运骤减之一因也。有此种种情形，所以近年茶业状况不得不日沦于退步矣。次更将各国、各地区历年茶叶出口状况列表于下，俾以明近来各国、各地区茶叶盈虚消长之情形焉。

（一）中国茶叶出口表

（单位：担）

地名	民国七年	民国八年
香港地区	88 872	97 278
澳门地区	7 526	7 162
安南	1 151	2 042
暹罗	3 044	3 754

地名	民国七年	民国八年
新嘉坡等处	6 005	4 589
爪哇等处	281	924
印度	23 304	18 249
土、波、埃等处	13 205	4 543
英国	37 333	213 388
丹国	5 147	6 854
法国	27 853	61 440
日国	378	无
义国	191	1 812
俄国	95 705	165 334
朝鲜	96	151
中国台湾(日据时期)	10 724	6 346
菲列滨	42	62
坎拿大	5 663	6 996
美国及檀香山	72 398	83 582
南美洲	3 698	205
澳洲纽丝纶	1 360	3 313
南非洲	217	179
瑞典	无	2
和国	无	1 686
比国	无	264
总计	404 217①	690 155

① 此处按表内数据计算应为"404 193",为与后表保持一致,不做改动。

(二)中国近五年茶叶出口总额表

（单位：担）

年份	出口总额
民国四年	1 782 353
民国五年	1 542 633
民国六年	1 125 535
民国七年	404 217
民国八年	690 155

　　据前表民国七、八年两年，实为历年华茶出口比较最少之数。七年时只有四十余万担，八年亦只六十余万担，较之从前出口额，尚不及半数焉。至于销场地点，除香港地区外，则以俄国为最多，美国次之，英国、法国又次之，可知俄、美、英、法四国实为销售巨额华茶之地方也。

(三)印度茶叶出口表

（单位：磅）

地名	1919—1920年	1918—1919年	1913—1914年
英国	303 241 459	269 878 571	196 352 620
澳洲	9 220 536	7 137 057	9 903 212
坎拿大	7 808 287	1 188 639	6 047 896
美国	6 606 854	1 880 900	1 998 655
南美洲	2 400 772	6 008 636	78 900
香港地区	265 260	50	487 149
汉口	无	632 277	10 927 819
俄国	74 822	14 855	28 017 858
巴塘	20 040	无	5 677 844
大陆各埠	1 263 345	1 791 112	1 170 041
孟买	10 542 311	20 393 836	5 763 161
波斯湾	2 147 549	2 875 114	1 633 820

地名	1919—1920年	1918—1919年	1913—1914年
新嘉坡一带	212 983	327 479	419 197
缅甸	1 606 258	1 451 313	1 312 727
非洲	2 762 992	2 457 476	2 330 852
其他各处	52 083	527 341	520 340
总计	348 225 351	316 564 656	272 642 091

(四)南印度茶叶出口表

（单位：磅）

地名	1919—1920年	1918—1919年	1913—1914年
各处	31 023 602	41 373 943	20 892 103
南北印度总计	379 248 953	357 744 599	293 534 194

　　据上表，印度于去年出口之茶达三百七十九兆余磅，其数颇巨，以视一九一三年至一九一四年之二百九十三兆余磅，已增八千万磅有奇。英国于茶叶之输入，去岁为三百零三兆磅有奇，比之一九一三年至一九一四年之一百九十六兆余磅，亦增加一百零七兆磅。美国自一九一三年至一九一四年输入额不过一百九十余万磅，至去年竟达六百余万磅，加增何止三倍。美国近年销茶逐渐推广，于此可见一斑。又据上表，去年出口总额不过三百七十九兆余磅，然是年英国式制法之茶，其总额为七百二十兆磅。总计世界能销上项之茶，为数仅得六百四十兆磅有余，其余之八十兆磅，若无法出售，将必运至英国，以期销售。然考英国在平时，平均于三个月所能销售于国内及转输于外国者，约九千万磅。且查此时英国存而未销之茶，已有二百兆磅有零，若再益以巨额，则其销售之困难与存货之挤拥，亦从可知矣。又按吾国汉口一埠，向为茶叶出口之商埠，但查一九一三年至一九一四年输入茶叶至千余万磅，于一九一八年至一九一九年亦达六十余万磅，喧宾夺主，反输出为输入，茶叶退步无可讳言，亦可慨矣。

（单位：磅）

地名	1920年	1919年
英国	88 436 759	88 825 545
俄国	无	760 862
欧洲大陆	1 247 022	4 451 631
美国	17 768 695	14 023 154
澳洲	16 971 562	10 187 921
中国	171 356	497 942
别埠	10 746 035	10 736 328
总计	135 341 429	129 483 383

据上表，除英国外，以美国销流为最多，其销流之数，自一九一九年至一九二〇年均无大差异。次则澳洲为数亦巨。至中国向以产茶最著名于时，近则时有外茶之输入，此则吾人所当引为注意者也。再查世界产茶诸国，独推锡兰茶叶质佳而味厚，随处受人欢迎。每当茶市不佳，他处之茶不能出售，独锡兰茶能货如轮转，从无壅滞之虞，可见锡兰茶名誉之大，又可知天演淘汰优胜劣败，惟质之美者自能不胫而走，是又吾人所当引锡兰茶以为鉴戒者也。

（六）爪哇及苏门答腊茶叶出口表

（单位：磅）

地名	1920年（七个月）	1919年	1918年
荷兰	26 274 600	55 299 200	1 086 800
英国	13 589 400	27 183 200	无
俄国	无	无	1 815 000
澳洲	14 146 600	15 976 400	11 387 200
坎拿大	1 511 400	1 394 800	9 154 200
美国	4 131 600	5 011 600	35 831 400
新嘉坡	915 200	1 025 200	547 800

地名	1920年（七个月）	1919年	1918年
中国	77 000	2 457 400	893 200
欧洲大陆	57 200	1 588 400	162 800
其他各处	510 400	605 000	974 600
总计	61 213 400	110 541 200	61 853 000

如上表所列，爪哇、苏门答腊两处，近年茶叶出口额增加颇巨，其势亦速，其中输入最巨额者，当以英国、荷兰、澳洲为巨擘。至美国则数年来消长不常，一九一八年增加甚锐，翌年则又减少，再翌年渐有恢复旧观之势。查一九一八年时，美国于爪哇茶输入顿增者，其原因由于当时英国、澳洲皆禁止外茶之入口，爪哇实逼处此，不得不借美国为销场。至英国于一九二〇年输入忽见减少者，乃因英国是年存茶甚多，不能再纳巨额之输入故也。

按近世销茶较多之国，当以英国、澳洲两处为最盛。以人口计算，英国有四千余万，每年销茶约一百二十兆磅。澳洲人口约五百万，每年销茶至三千万磅有奇。以此人口销此巨额，诚不得谓之少数矣。至将来茶叶用途，能渐次发达者，则以美国为最有望。盖美国现已实行禁酒，预料茶叶用途将必日渐推广。以现时而论，美国啜茶之风虽未能风行一时，然而普通人家下午用茶点之习尚已渐见普及。若业茶之商能利用招徕之法，可信茶叶用途在美国必有有加无已之势。再以美国人口论，如用茶之风气既开，即以最少数计算，假定每人每年用茶一磅，每磅价银一元，现时美国人口约一万万，则每年销茶价值已在一万万元以上，其数亦足观矣。次则茶之销场亦各有主顾，如美国以用印度、中国台湾（日据时期）茶为多，澳洲则多由印度、锡兰、爪哇等处运往，英国则用印度、锡兰茶，北非之摩洛高亚、露支亚等处则用中国之绿茶，此其大较也。但近有法商拟由爪哇运茶往北非销售，期与华茶相竞争云。

············

三、华茶近年失败之原因

吾国茶运之失败，其原因复杂，且为日已久，履霜坚冰，其来者渐。最近如今年茶市，亦极冷淡。据六月间《上海报》载，关于茶市情形，甚为衰落。产茶最旺之区域，如江西宁州、浙江台州等处，所出之茶颇难销售。就中温州之茶，其已运沪者已达一万六千余件。毛峰一项，开盘时最大之价在四十三四两之谱，现时价格仅三十二三两，跌价已在十两有奇。宁州之红茶、绿茶，自五月初七八日，头帮茶运到，其数约有八千余件，开盘时高货红茶价值每担三十二元，现已跌至二十六元，绿茶高货每担市价不过十七两，且复销路大减。推原其故，则缘去年存货过多，无法清售，以致新货上市后益形挤拥也。不宁唯是，闻产茶各地亦以今年雨水过多收成顿减（约收七成），往往茶行自行前赴各山收买茶叶，今年竟无人前往收办。茶市之近状如此，存货之堆积亦可知。又各山客见春茶市况萧条，雅不欲再办秋货，故头帮茶运到之后，后帮即无大宗货物继至。且客人中感于现在情形，默料今年必难再有起色，多半已预备清账，待明岁再行贸易。审是以观，市面之现象如此，则华茶销路，今年想无发达之可言矣。夫以我国茶叶出口最早，当同光年间为华茶出口全盛之时，业茶商人获利甚厚。迨自印度、锡兰等处崛起种茶，即由吾国运往巨额之茶籽，广为传播，同时并讲求栽培之法、焙制之方，由是印、锡之茶增荣益盛，如火如荼，于是华茶销场乃渐受竞争之影响。自光绪末年以至于今，中国之茶遂无日不在失败之中矣。虽然华茶近年之失败已无可讳言，然综其致败之由，不出如下之数点。

前段所论，自印度、锡兰、爪哇、苏门答腊诸国相率种茶，自是产茶区域顿增，出产渐盛。中原逐鹿，捷足先得，吾国之茶不得不为人所挽夺。此其原因一也。产茶诸邦，对于茶之种植，率用改良方法，技术愈精，生产愈盛。然以有限之销场而增无限之生产，故近年茶市挤拥，不独吾国为然，即各国亦同受其影响。此其原因二也。近世物质文明，天演物竞，外国对于茶叶揣摩入微，争妍竞巧，务投买主之嗜好，举凡形式装潢，皆能极改良之能事。独吾国，凡事故步自封，罔知进取，故同是一物，相形见绌，恒不能博顾主之欢迎。昔有外国某茶业家尝云"中国之茶，品质最佳，独惜于制法不合时宜，致招失败。时至今日，华茶须力求制法之改良，方能与人媲美。譬有优美之丝绸，其制出衣服之形式，乃系乡村之旧式，则质虽美丽，亦断难邀城市中人惯穿新式者之所乐用"等语，其言深切著明，切中吾国商场之弊。夫质美而未学于人且不可，于物亦然，所望吾国茶商，关于茶之制法，此后精益求精，务期有以改善之也。

如上所论，处商战竞争之世，吾国茶商欲维持久远，立不败之基，则当放宽眼界，顺应潮流，于种制诸端，随时加以改良。次则于销售茶叶，亦亟宜有独立之机关，庶不致受外人所操纵。查我国茶商运茶出洋，往往经无数之手续方能成议，此招败之道也。盖手续纷繁，费时失事，辗转依违，徒予人以可乘之隙。且茶业商人资本微薄，往往剜肉医疮，借资营运。方其挟资入山，采购茶叶，制就之后运至沪汉等埠，即又不能直接自向洋行交易，必先转托茶栈向洋行揽售。夫茶商之资本多从借贷而来，利重期迫，期于速售，以求本利之周转。洋行知其然也，则故为延宕辗转抑勒，以退为进，操纵其间，务使茶商如穷寇被迫，急不能待，然后以贱价得之。由是茶商之贩运无利可言者有之，亏折者有之，是故近年茶商之失败，时有所闻。肩背相望者，原因多由于此。今欲正本清源，补偏救弊，自非亟设独立之直接销售机关，俾商人售茶不再受外人之羁绊，则将来失败亦永无穷期。近闻有著名茶商，拟集资数百万在英、美、法各国大商埠设立销茶机关，自行运销，且对于茶叶形式装潢华美，并在外国遍登广告，俾众周知。此伟举也，亦美举也。虽然凡事不难于善始而难于善终，设能处理得人，持之久远，则此后运销直捷不假外人，岂独茶商少受无穷之损失，即茶业前途亦将日有起色，不难恢复旧观。余将拭目俟之矣。

《劝业丛报》1921年第1期

中日茶贸易之消长观

中国、日本及英属之印度、锡兰，均为世界产茶最有名之国。茶之贩卖市场，以俄美两国为最多。英日茶商，内而求茶品之改良，外而受强有力政府之保护，茶之销路，自易推广。至于中国茶之销路，虽无前二者之优点，然至今尚不致过于失败者，其原因确有二端。

（一）侨民之人数多，个人经商之能力富。

（二）中国茶价格较廉。

日本因欧战之关系，凡百输出品，价格腾贵，茶价因之亦昂，结果遂使其输出量减少，至今尚未恢复原状。今将日本每年茶之输出额及价格，列表于下，以备注意业茶者之采纳焉。

年限	输出额（磅）	每磅价格（元）
民国六年	未详	32.67
民国七年	41 450 514	46.66
民国八年	27 799 728	66.17
民国九年	22 816 051	未详
民国十年	16 552 971	48.98
民国十一年	27 100 484	61.63

十二年之输出量虽尚未详，恐因价格上及国内灾变之关系，有减无增也。今将去年七月至十一月五个月间各地输出额与十一年之较，列表如下。

（单位：磅）

输出国家和地区	民国十一年	民国十二年
中国	6 466 000	11 321 000
日本	17 415 000	16 374 000
中国台湾（日据时期）	7 236 000	8 598 000
印度	5 239 000	6 100 000
锡兰	10 642 000	10 768 000

观上表，日本输出减少，中国倍增。推其主因，不外价格上之关保。嗣后我国政府及茶商，宜趁此机会，推广销路，勿再为外国压倒也。

《银行月刊》1921 年第 3 期

美国海关验茶规则

（一）凡属茶类之商品，其纯粹（Purity）、性质（Quality）、合用（Fitness For-consumption）三项，均逊于财政总长按照验茶法令第三款所规定之标准茶者（以某种茶作为标准，他种茶叶与之比较而定其高下，谓之标准茶。以下仿此），禁止其进口。进口之茶或为本国销用或转运至外国或并不估值即须转运至他埠者，均须按照定式登录，其保证券与注册证均须标明号数。凡专为本国销用之茶，须按照本规则第十二条所载方法堆储，听候考验。且按照一八九七年三月二日之法令第四款，须由海关收税员取得一特别保证券"Spelial Bond"（如甲书一署名券与乙，券中载明如违约即付乙银数若干，谓之保证券。下仿此）。此项向进口商取得之保证券，须载明非俟收税员放行，其货不得向货栈取出，违者应纳照货单所载茶值四分之一之罚金。且须载明凡在照章应放行或出口或销毁期前，关于此项商品之一切海关费用均由进口商担任。一经发给放行证或以出口故照法令第六款填具新保证券，或照下节所载将此项茶货销毁时，其保证券即行取销。

（二）凡应验之茶，其样由进口商人在收税员所指定之各茶包中抽取呈验，或由验茶员自行抽取。进口商人应具一誓书声明所有存交于验茶员之茶样，确为由收税员所指定，而由本人所运进（船名注附）之茶包中取出，且据本人所知，自信此项茶样定能代表货单中所载之各货品质，且与所载各条说明均属符合。进口商人更须开一清单，备列货单所载各货花名，连同本人之登录证（Entry）一并呈缴收税员。该员应于代表各种类之茶包中抽出数包备验，其查验及报告均照法令第七款办理，考验之成绩须于解除登录证以前记入货单及登录证中。

（三）凡进口茶叶运入近海口岸后，如即运入内地口岸者，可准其迳运概不扣留。进口茶叶运入某口岸或附属口岸时，如该处并未驻有规定之验查员，进口商可将茶样呈送于该埠海关之领袖关员，一切手续照上节办理。领袖关员应再取得茶叶之副样一份，连同原呈茶样，并送于驻有财政总长特委验茶员之口岸之估价员，俟验讫。该估价员当将所呈之茶样考验报告，由邮信通知关员。如以道远或事机急迫，可用电信传达。领袖关员应即遵章办理。规定验茶员驻于下列各口岸：纽约克（New York）、波士盾（Boston）、芝加哥（Chicago）、旧金山（San Francisco）、圣保罗（St.ponl）、塔可麦（Tacoma）、火奴鲁鲁（Honolulu）。

（四）凡茶样自输入口岸运往验茶员所驻之口岸考验时，须装储于新洁洋铁罐内，形圆，深二英寸半，径三英寸，容量四盎斯，外加一紧密罐盖，标注明白，照茶业习惯安藏合法。每件均附一货单摘要，凡茶箱之唛头、号数、货单号数、领货人姓名、进口船名、进口日期等，均须一一载明，俾验茶员得以辨别无误。或于验后认为拒绝进口，而此项茶叶又有混进别口情事时，亦易识辨。进口商暨关员所抽取之茶样，均须一并送。该商及关员之姓名，均须于标签上注明。

（五）茶叶查验后不在法律禁止范围内者，即须发一许可证予该进口商，声明此项茶叶已脱离海关管辖。如考验后此项茶叶或凡属茶类之商品，照验茶员意见应列入禁律及本规则者，应即通知进口商。该茶既经如此查报，海关应不予放行。如进口商申请复验后，前项验茶员之报告认为错误时，不在此例。如货单所开各货只有一部分验茶员认为合格时，即给予该一部分之许可证，其余仍照法案第六款办理。凡进口销售之茶叶其中无论若干量，应予拒绝者，须签具特别保证券，其效力至依法销毁或出口时为止，并不记入财政部册"货栈保证券"项下。

（六）如收税员或进口商或领货人抗议验茶员之报告时，此项争执应移至财政部所指令总估价员三人组织之局判决之。如经该局施以适当之考验后，认此项争议之茶叶，其纯粹、性质、合用三端，比照标准茶均属合格者，即由收税员发给一允许证与该进口商，并将前项货物放行交付。如经该局复验，断定此项茶叶其纯粹、性质、合用三端，比照标准茶均属劣等者，进口商或领货人须具一收税员认为满意之保证券，担保将此项茶叶照本规则所规定运输出口。

（七）收税员应从速将验茶员撤回茶样之报告，通知该处进口商。如该进口商欲将此项茶叶由财政部指令之总估价员三人组织之局复验者，应于接到通知后三十日以内，送呈一依式书缮之请求书于该收税员请求复验。

收税员应将此项请求书转递于财政部所指令之总估价员三人组织之局中，俾该局复查此项争议。其应行手续，照法案第八条办理。

复验之茶样须限定于由进口商或领货人眼同包装封储之者，连同验茶员于考验后证明所以排斥之理由书，抄单一纸，一并送局。

（八）凡茶叶自经末次查验后，如系照章认为违例不合进口者，不得解除保证券，如系即日出口或销毁者不在此列。

（九）依据法令凡拒斥之茶叶须签立一保证券，以保证其出口。此项保证券一经由监督起岸之海关职员，照拒斥食品药物例，签给出口执照及出口提货单已呈验时，应即解除，所有各项公费须于发给出口许可证前付清。

（十）凡排斥之茶叶应销毁者，必须运至合宜地点，且须用验茶员所指定之适当方法，以期确实销毁，且销毁时须由收税员所委任之海关职员一人到场监视。此项茶叶销毁以前，须备具一说明书载明进口商或货主姓名、进口日期、船名、从何处进口、茶之性质及额量及货单上之价值。销毁情形，须由上述关员于前项说明书中逐项填注证明后，编入海关档案。

（十一）凡茶叶照法定之标准茶比较，须照茶业习惯成例办理，如沸水中浸渍验法，遇必要时或用化学分析法验之。验茶员须知依照法律，凡性质、纯粹、合用三者逊于标准茶之茶叶，均不许输运进口，故宜用近时通行方法以察其着色及他项不洁等弊。

（十二）堆储茶叶之货栈，由收税员指定，并令栈主照规定缮式具一保证券。如不堆储于此类指定之货栈，可存储于公共货栈内，听候查验放行。如海关无适当储存处所，此项茶叶可留存于封锁之货车内候验，仍由海关施以适当之监督。

进口商之房屋，亦可指定作为茶栈，惟须具一照本章程所规定之保证券。保证券尚未解除时，收税员如认为需要，得派一管栈人，以便监守该屋，其费由进口商担负。

（十三）待验之茶叶，无论堆储于何种货栈内，其位置须与他种商品隔开，以便关员施以适当之监察。如该埠无二三等之货栈，遇必要时，该处领袖关员可设法觅一适宜房屋，以便抵埠茶叶暂储之用。惟不许将茶叶在货栈内重行包装以备出口。各项栈费、车费及脚力，均由进口商付给。

（十四）凡被禁应运出口之茶叶，须照下式注册出口，且须具一保证券，保证其出口。违则处以茶值加倍之罚金，均照前文第九条办理。

茶业概论

杨德菜

茶叶为吾国农产物出口大宗，自十六世纪以来，其见重于世界各国，与人生衣、食、住日用三要素几居同等地位。固吾人所同认者也，乃近数十年来，印、锡、日本提倡斯业，不遗余力。而我国茶业竟直接受其打击，有一落千丈之势。此时我国政府，果及时设法维持整顿之，或可补救于将来，俾优美无上之华茶犹得称雄于海外。非然者，吾恐提倡无人，斯业亦每况愈下，久之不徒我国茶叶不能畅销于各国，而他国之茶叶代用品，如咖啡等类亦将乘间经营输入内地，至有倒行逆施之一日，不亦甚可惧哉。不吝痛权利之渐失，冀斯业之振兴，爰就夙昔所留心研究者，拉杂成篇，以为提倡整顿茶业之一助云尔。

改进茶业之方法

曰栽培上之改良。中国产茶名省，以安徽、江西、湖南、湖北为最著，浙江、福建次之，四川、云南又次之。据日人前数年之调查，谓中国产茶地之面积，约计有二万方里，三倍于印度之茶地，然其茶叶输出额则少于印度者至有二千余万斤。此虽由中国内地自行消费者不少，亦由中国业茶之家栽培多系粗放，生长听其自然，故收获逐年减少耳。欲从栽培上改良，则宜注意者约有四端。

（一）耕锄。茶树除极端倾斜及卑湿过度等地外，皆可栽培。但栽培之地，其地形固无论如何，而耕锄等事则不可不特别注意。盖茶树者深根之常绿植物，非随时耕锄以促其须根之发育，俾空气之流通，则土壤必不易起理学作用及化学变化，而肥美之地亦将日久而成为瘠薄矣。惟于早春之际行浅耕法，预备茶芽之发育。迨一番茶采摘，地表踏固后，乃稍为深耕，掘起土块，使互相倾叠而疏松，毛细管破碎，阻止蒸发作用，而耐旱干。至秋冬间，茶芽将停止生育之际，则实行深耕法，俾下层土壤反转暴露于外，而杂草根株害虫伏卵等，亦得因严寒冻结而死，翌年茶树自可期其繁盛。我国植茶各户，非不知茶树之宜耕锄，乃时宜深耕而失之浅，或深浅适度而耕次不多，无怪杂草荒芜，土地渐归硗瘠而无良好结果也。此其宜改良者一。

（二）整理。作畦、剪枝、台刈等事，皆为茶园整理上必要之业务。盖畦立之方向，虽忌南北而利东西，然其茶园设在倾斜地者，则以使成横线为最良，亦欲防雨水之流失肥分，洗刷表土也。故畦条有崩坏，树本有枯死时，即宜补植培壅之，以使地无荒废，根不外露，斯为得策也。又茶树者，吾人之需要物在叶芽不在枝干，若树势大盛，新旧冗枝过多，则大小高低不能齐一抽出，叶芽亦不一致，采摘时必多费劳力。惟行剪枝之法，则每年一二番茶采摘后，即以先年所剪之高度为标准，稍为高刈，俾树形得归齐一，树体渐增肥大，所受日光雨露既得平均，其各枝间茶芽之发育，自得保其平均而大增收量也。茶树至三四十年后，则主干衰老，新枝不多，而叶芽亦必不能繁茂。行台刈之法，则切去其老干，俾得发生多数之新枝，而树势自可恢复矣。但台刈时所不可不注意者，则台刈之高度以距地面七八寸为适当，其时期则以一番茶采摘后为良，切截法则以斜截，俾雨湿不得侵入切口为合度。如此至一二年后，新枝之生育，自见繁茂整齐，而茶园亦俨如新置也。我国产茶各地，畦立之方向未曾注意，剪枝、台刈等法尤未讲求，如此而欲茶树整齐，生产额增加，是必不可得之数也。此其宜改良者二。

（三）肥培。茶树为需叶之永年生植物，经多番之采摘，其需养料较他植物为多。若徒恃天然之养料，其供给必时形不足，故植茶家欲得叶量之丰收，茶质之优美，非以窒素、磷酸、加里三要素俱备之良好肥料，酌量施与，必难收美满之效果。至其施肥之时期暨肥料之选择，则又为亟须注意之件。盖茶树之施肥，因时期之不同而有寒肥、催肥、补肥、基肥之别。寒肥者施于冬季，可借此以保持地温。催肥则施于春初，用以促进叶芽之发育。补肥施于一二番茶采摘以后，补给其采叶所耗之养料。基肥施于树木休眠期间，用缓性肥料，使徐徐分解而得以增进地力。凡此皆施肥手续之不可或误者也。若肥料之种类，据印度茶叶技师之研究，则谓土地稍肥之处，多施窒素肥料，其茶叶收量虽多，而味较劣，故茶树所必要之肥料，与他需叶植物之注重窒素肥料迥不相同，必三要素俱备，如农场肥料而后为得也。又据近今日本茶叶家之研究，则谓制茶之有佳良香味，由施多量之磷肥。经济施肥，则以草肥为最有利，亦以磷肥，如骨粉之类，可以保持多日之摄收。草肥价廉，取用便而效力大。肥料与茶树之关系，固匪浅鲜也，乃我国植茶各户，不惟不选择肥料及施肥时期，而竟视此采叶多次之茶树，为无须施肥之植物，又安望茶质佳良，收量增多也。此其宜改良者三。

（四）换苗。茶树虽为永年生植物，而叶之品质，总以采自健壮树枝者为佳良。故茶树生长至六七十年以后，则干老叶衰，香味大减，不及幼龄叶质之优美。换苗一法，即所以劙除老树，培植新苗，求得完全良好之结果者也。盖树老叶衰之际，即为育苗换种之期。设置苗床，精心播种，悉在此时。二三年后，幼苗强壮，乃移植于老树之行间。再二三年本植者已经畅茂，即将一切老树悉行刈去，拔其根本，勿使能殖，而茶园遂从此改观也。目前之收获既无损失，将来之利益又可增多，人亦何惮而不为也。更有一直接换苗之法，人视为目前之不利者，即先行掘起老树，再栽植新苗之事是也。此法为根本之改革，需劳力之稍多，忍目前之小失，获将来之大利，固事理上之可以逆料者。何则老树幼苗，同时更换，则老废之根株可概行烧去，固结之土壤可力加耕锄，增进地内之肥分，疏松田圃之土质，其收利较用前法尤多。业茶者固可采择施行也。乃吾鄂崇通、咸蒲诸邑，茶园遍野，老树居多，知用换苗法者甚少，秃干数枝，频年采伐，或枯，或菀，听其自然。自兹而往倘不变计，吾恐再十年后，不惟茶质渐变恶劣，而茶树亦日见凋零，斯业且渐归于消灭也。此其宜改良者四。

以上数端，皆吾国茶树栽培上亟宜改良之件。有整顿实业之责者，固不可不为之教导。而业茶家之身受其利害者，尤不可不特别注意也。以产茶之古国，操独一无二之利权，胥焉而放弃之可乎？（未完）

《湖北省农会农报》1921年第10期

茶业概论（续前第十期）

杨德棻

曰制造上之改良。吾国茶叶以粗恶之故，至不能见信于外人，是虽原因于栽培，实亦原因于制造。何则？茶叶之良否，茶味之厚薄，皆与制造有密切关系。是故制造不得其法，则虽生叶佳良，恐难得上等之茶品；制造果合其法，则虽生叶稍劣，亦能博美誉于商场。印度之茶，其叶质含单宁较多，本不及华茶之清润，乃以精于制造之故，海外输出额，其数竟逐年增加。中国之茶，其叶质含茶素较多，本非印度所能及，乃以制造不良之故，海外输出之额，其数反逐年减少。足见制造一项，于茶叶贸易之前途，关系甚非浅鲜。向非就其应行改良之点，择要以图，吾恐终难挽回利权，恢复美誉也。所谓制造上，改良者何？

（一）力图清洁。吾国茶在前数十年所以能畅销海外各国者，因含质独优，又不受外敌打击故耳。自印、锡、日本经营斯业，极力提倡，吾国茶业即受各该产茶国之种种抵抗排斥。而华茶不洁之名，即因之而起，或以足揉致谤，或以搀伪相讥，传播之于广告，非笑之于报章。商业战争手段之辣，吾国茶业界实大受其影响。倘不力求清洁，挽回名誉，吾恐华茶出口，终无战胜于海外之一日。惟锐意改良，绿茶严禁着色，红茶力戒搀杂，搓揉时勿以赤足直接相践踏，筛选时勿使职工有污秽情形，事事求其洁净，人人知顾名誉，内容有改良之实。而后失败于广告者，仍得由广告中挽回之；贻笑于报章者，仍可在报章上争论之。我既无懈之可击，彼自攻讦之无从。华茶输出额，未有不日见增加者也。夫外人之以不洁抵抗我，排斥我，无非在足揉上攻击也。抑知德人制造葡萄酒，多用足揉，世未有非笑之者。我若能谋清洁之法，不以脚直接搓揉之，以腕力或以间接而使用其脚力，较彼印、锡诸国，纯以机器力所制之茶，其色香味必甚佳良也，岂能坏我华茶之名誉哉。

（二）注意装潢。外国各项制造及各种卖品，无不巧于装饰，以求销畅额之增加。吾国出口货，惟茶叶一项最为大宗，而内容及表面之装潢，俱极粗笨，而不甚精致。究其故，皆由无商学知识之所致。此所以虽有极精良之原料，极优美之物品，终以不壮观瞻而致形失败也。今欲加改良，则内容之装潢，在注重茶叶之色泽；表面之装潢，在注重茶叶之包藏。色泽佳良，叶片复整齐无有掺杂之弊，贩卖时外人开匣一览，而其信用心即固矣。包藏完善，容器亦精良，非同粗糙之具，市场外观，毫无劣点，而其价格自可腾贵矣。彼日人之贩卖仁丹，英、美之贩卖烟卷，其装饰不惜工资，必力求美丽者，胥是道也。吾国茶叶，其品质既甚佳良，其产地亦不让印、锡，自兹以后倘复加以色泽之注意，包裹之改良，其销路之广，销额之数，尚恐有不敌茶业后进诸国者，吾不信也。

比较茶业之优劣

茶叶在百年以前，为中国所独有，固无有可与抗衡者。乃近数十年来，茶叶生产国群起而角胜于东洋大陆，日本也，印度也，锡兰也，爪哇也，以植茶多利之故，悉为特意之经营。而中国茶业利权，几为各该产茶国割夺其半，是则可为浩叹者也。兹且就各国茶业之优劣比较言之。

（一）华茶状况。吾国茶叶原产地，以福建武夷山为最古，此不但中国内地人之所同知，即西洋输出国亦早知其名，而同声赞美。自茶业势力由福建迁而西北，而湖南、湖北、安徽、江西等省，遂为吾国茶叶之名产地。而每年之收获，自较前此为增加。就吾省论，则以蒲圻之羊楼峒为茶业之中心，湖南则首推安化，江西则南昌之宁州，安徽则徽州之祁门，皆为近日产茶著名之地。徒以制造不精，而我国在英之贩路，遂为印茶所侵入。清同治末叶，美国之贩路，又为日茶所侵入。光绪初叶，复有所谓锡兰茶者发现于英国伦敦市上。而我国在英之茶业，又添一劲敌焉。故我国茶叶输出额，在光绪十年间时，其数为二亿三千余万斤者，至二十年以迄宣统间，即减在一亿五千万斤内外。当兹商业竞争时代，非有真正品质佳良，复加以精制之产物，必不足以制胜于市场而要美誉于当代。现吾国农商部设茶业试验场于祁门，吾鄂设茶业试验场于羊楼峒，湖南设立茶业讲习所，无非因印、锡茶业竞争之烈，欲为将来改进茶业之基础，而挽回我国固有利权也。

华茶岂长此衰落不振乎。

（二）印茶状况。印度茶树之由来，原由英人赍回中国茶种而分栽于其地也。在三十年以前，其茶树栽培之面积不过二十九万八千P—力（每P—力合中国六亩谱），至近年则竟达于五十六万P—力。其进步之速，已可概见。而尤可异者，则茶叶产额之增加率较之栽培面积之增加率，超过至数倍之多。盖近年栽培之面积，比三十年前之面积，其增加不过一倍，而产茶之数，则超过三十年前有三倍之多焉。亦以印茶产额在三十年前为八千二百五十万封度（每封度约中国十二两），近年则增为二亿六千二百万封度，是其栽培法之集约不问可知也。其在英国之销售额，驾华茶而上之，固亦事势之所必然，无足怪者矣。

（三）锡茶状况。锡兰原为咖啡名产地，后以咖啡病菌发生，损失甚巨，始变计而为茶树之栽植。在一八八二年时，其茶叶输出额不过七十万封度，至一九一〇年，遂增为一亿九千三百万封度。以价格之低廉及广告之鼓吹，其锡茶在美国、加拿大等处之声价，几有压倒中国茶叶之势。所以然者，亦以该岛为茶树最适地，复加以机制及广告运动之力也。该岛地处热带，三、四、五等月为其年中最高温度之期，有暑雨之调和，催茶芽之生长。其全年之采摘，可至三四十次。西人谓锡兰为茶国，良有以也。近年栽培茶树之面积，已达三十九万P—力，占该岛已垦地几至十分之五点五，所以茶园遍野，工场林立，而人人悉以茶业为生活也。（未完）

《湖北省农会农报》1921年第11期

茶业概论（续第十一期）

杨德棻

（四）日茶状况。茶业在日本产业中颇占重要位置，其贸易之消长，影响于其国家之经济者甚大，故彼国上下人等对于茶业之观念，较他种产业，尤为珍重。政府之奖励，学人之研究，商家之扩充贩路，农民之讲求栽种，至近日悉百计经营，不遗余力。观彼内地之栽培面积达六十一万五千余亩，茶叶生产家达九十三万余户，其茶业之日进发达，概可知也。幸彼国茶叶之足以制胜者，仅绿茶一种，红茶、砖茶，则让步焉。原来日本之茶以绿茶为主要，长崎、静冈等县，虽间有红茶及砖茶，而产额不多，品质不良，不足邀海外之欢迎。彼都人士，所由视北美合众国为其绿茶之独一销售地，力求其茶叶之清洁整齐，深恐吾国茶叶名誉之驾乎其上，而利权丧失也。不宁惟是，日人近以红茶之输出数少，颇艳羡中国红茶在俄之销路，复百计经营，以图侵入。民国二年六月，彼曾由其农商务省，将日本红茶分送俄国各官商，求予品评，竟得俄人之嘉许，是今后日本红茶之销售于俄国，其数必日渐增加。而中国红茶，未有不受其影响者。我国人对于红茶之销售地，当如何维持，如何推广，顾可漠不加意耶。总之，论茶叶天然之产地，则以吾国为最优；论茶质生成之佳良，则以吾国为最美。惟惜栽培之用意、制造之求精、贩路扩充之方法，研究不及乎外人，所由渐致失败，为各国笑也。如此后能将致败之因力求除去，锐意改良，东亚产茶各国当群起而敬之曰，中国诚不愧为茶业祖国矣。

粗举茶叶之功效

人生各有嗜好，而各嗜好品必具有一种效益，如仅有害而毫无利，人必视为毒物，无有取而好之者也。如茶叶一项，东西人嗜之者居多，不嗜者甚少。此何以故？必有种种至大之效用，存于其间焉，试略举之。

（一）卫生上之功效。茶之一物，非吾人直接之营养料，乃吾人间接之营养料。譬如药剂，不足以养人，实能消食物之停滞，而助其营养。又如膏油，不足以运机器，却能令机械之圆滑，而增其速力。昔者西洋各国当华茶之初次输入，极力排斥之。英医士则斥为毒物，荷兰人则嘲为枯草，德国杭乃曼竟目茶商为德义罪人。卒之反对未久，转瞬欢迎，此其故何哉？盖以茶之为用，于吾人卫生上大有裨益，其效用实不在咖啡下也。故今日者不论国度之文野，地域之寒暖，人种之异同，莫不有渐弃咖啡，取廉价茶叶以为饮料之倾向。寡识者或以为习尚使然，无特别之关系，而不知饮茶有益卫生，实有不可与寻常嗜好品相提并论者。大抵茶之为物，生于多山之地，凌云而树，得气最清。故凡茶之纯正者，无论为中国茶、日本茶、印度茶、锡兰茶、瓜哇茶，适其度而饮用之，皆足促饮食之消化，致物质之分解。吾人于酒食过度，劳动太甚时，取茶饮之，即能吐出多量炭酸瓦斯而骤增愉快，除去疲劳物质而恢复精神者，殆由茶能促进血液之循环，输致物质分解之糟粕于他方，俾吾人生理上大增效用也。英儒斯密斯研究饮茶关于呼吸作用之结果，其成绩书中略谓茶之效用，可大增炭酸瓦斯之呼出，绿茶尤甚于红茶。即此可见饮茶能致炭酸瓦斯呼出多量者，实因茶能增进血液循环之速度，将炭酸瓦斯激急逐出也。德生理学家福意得及比西约夫两氏，谓血液循环之迟速，筋肉劳动之多少，与肺脏呼出炭酸瓦斯之量成正比例。其言殆不虚矣。夫茶不过嗜好品中之一，其对于吾人之卫生，何以有如是之关系？盖以茶叶之中含有茶素、单宁、挥发油等质，能由间接以助吾人之营养也。今且将茶素、单宁、挥发油之效用，分述于次。

（甲）茶素。茶素者，有强奋性，中国茶、咖啡茶、巴挪圭茶，皆含有之，其对于人身，有挑发心脏、鼓动筋肉、刺激神经、催速呼吸之作用。故吾人于饮茶过度时，每因吸取茶素多量之故，冲动中枢神经，致脑筋过敏而动荡，发生一种头痛夜不能眠之症。然适其度而饮用之，则茶素之效力，可以治疲劳，驱睡魔，促血液之循环，致精神于爽快。吾人饮茶之后，每每神情快适，血液流通，肺脏藏有之炭酸瓦斯连续呼出多量者，皆此茶素之力也。

（乙）单宁。单宁者，有凝固性，含于五倍子、橛桃皮及石榴果皮之中，茶内亦含有之，其味甚涩，惟印度茶含量最多。若食用过当，则此单宁者，足以凝固消化液中之溶解酵母，失其溶解之作用。又能使食物中之蛋白质沉淀而失其营养之功效，且能使一切胶质物与之结合而不易消化，大有碍于卫生。然食用少许，不使过度，则仍有益而无害。盖吾人胃液中原含有一种盐酸，有溶解蛋白质、消化各凝固物之特性，食用少许之单宁，断不能致胃液内盐酸失其作用。况华茶所含之单宁质比印度锡兰茶较少，饮用华茶，如适其量，则此单宁不惟于卫生上无害，并可以助消化而有利也。

（丙）挥发油。挥发油者，系无色液体之炭水化物，中国茶叶内多含有之，他国各种茶叶含量较少。盖此油具有挥发性，能刺激人身体，爽快人精神。彼制茶家熬炒生叶时，吾人以鼻嗅之，有一种特别之新鲜香气飞散于空中者，是即挥发油功用之所致。又挥发油者，新制茶叶中，其含量较多，贮藏日久之茶叶，其含量较少。新制茶叶，甫饮入时觉气香而味美，饮后舌端觉有回甘，并能使人增长兴会，而食欲为之大进，又能溶解脂肪及一切油分。此挥发油所以于吾人卫生上大有效益也。

（二）社交上之功效。今日社交上通用之嗜好品，大别之为三：曰烟，曰酒，曰茶。烟者，其中含尼可青有毒物甚多，社会上嗜好之者固不乏人，而毕生从不吸食者，亦复不少，故烟草一项，不得谓人生日用所必要之品。酒者，含有亚尔科儿，过量饮之，每易乱人神经，至于晕醉，并有酿起骚扰，败坏风俗之弊，故社会上非必尽人皆饮酒，而酒亦非社会上人人必要之物。至于茶叶，则能助消化，能解烦渴，含有毒物少，无论何国何人，其交接应酬以及寻常日用，莫不以茶为饮料之所必需。故就普通社会上大概情形观之，其人品愈文雅，则其饮茶及茶器愈精良；其人品愈粗俗，则其饮茶及茶器愈恶劣。日本学者，谓吃茶之技与衰乱鄙野之俗，若冰炭不相入，诚以饮茶为雅人事。庸俗之夫，无此清品也。今日者或开筵宴，则正其名曰茗谈，或有会议，则取其意曰茶话，足见茶为交际重要物品，社交上不可或缺也。试就关于社交上之功用，约略述之。

（甲）联络感情。鸡犬相闻，老死不相往来，非社会上之福也。有茶以为之媒介，则所费甚廉，酬酢较易，无论贫富，皆便于集谈，而彼此可增亲睦矣。

（乙）促进文明。习俗之野蛮，非出于天然，而不可变易，不过或囿于孤陋，或域于穷乡，而见闻不广耳。有茶以通其交际，则人无论文野，地无论市乡，易于接洽，而俚俗自可化除矣。

（丙）引起志向。自古嗜茶之士，大半皆清品雅人。以茶为交际品，则彼此往来，谈论风雅，诱起人类高尚之志，而一切卑污苟贱之事，自非所屑为矣。

茶叶之功效，既有补于卫生，复有益于社交，是茶叶一项，自为人生日用不可无之品，未可不加以学术上之研究也。奈何近日茶业新进之国，不惮百计经营，以为商业之竞争。吾以产茶古国，气候之宜，土质之厚，犹不加改良，急急收回出口货中之惟一权利乎，是所望于有振兴实业之责者。（完）

《湖北省农会农报》1921年第12期

中国之茶业（一）

民　忍

第一章　消费

中国为茶之生产国，茶价低廉，供给便利，故对于茶之消费量颇多。据外人推测，谓华人每一人之消费量为五磅，次于澳洲、新西兰及英国，居世界之第五位。然华人之生活程度甚低，就世界一般之生活以推测之，往往失当，加以中国大陆统计制度未备，无完全可靠之计算资料。试将中国大陆与中国台湾（日据时期）相比较。中国台湾（日据时期）每年之茶消费额，最近四年间平均为五百一十三万五千斤，每人之消费量为一斤半。今试让一步，谓中国大陆人之消费量，仅为中国台湾（日据时期）人之三分之二，即假定中国大陆人每人之消费量为一斤，则已足凌驾日本，与荷兰相颉颃。试就世界诸国每人对于茶之消费量而表示如次。

（单位：磅）

地名	1908年	1909年	1910年[①]
澳洲	8.03	6.83	—
新西兰	6.63	6.45	—
英国	6.33	6.37	6.37
坎拿大	4.37	4.45	4.34
荷兰	1.77	1.73	2.07
美国	1.30	1.24	0.89
中国	1.14	—	1.33
挪威	1.10	—	—
俄国	0.90	1.01	0.90
南非洲	0.51	—	—
锡兰	0.45	—	—
丹麦	0.36	—	—
德国	0.16	0.17	0.11
法国	0.06	0.07	0.07
澳国	0.06	—	—
印度	0.06	—	—

中国之人口，现在当不止四亿，今试以四亿说为标准，则中国之茶消费总额为五亿二千万磅，其量不可谓不多。试列举世界各国之茶消费总额如次。

---

① 此列数据与后文表格中同类数据多处不一致，因难以判断哪个表格中的数据是正确的，所以不做改动。

祁门红茶史料丛刊续编　第二辑（1920—1924）

（单位：千磅）

地名	1908年	1909年	1910年
英国	275 000	283 300	286 892
俄国	169 000	161 856	147 132
美国	114 000	114 157	83 298
澳洲	33 000	29 519	—
中南部亚细亚	35 000	—	—
坎拿大	26 000	33 178	34 258
印度	17 000	—	—
欧洲大陆诸国	13 000	—	—
荷兰	10 000	10 319	12 377
德国	9 000	10 914	6 875
新西兰	6 000	7 244	—
南美	6 000	—	—
南非	6 000	—	—
北非	5 000	—	—
法国	—	2 726	2 774
其他诸国	13 000	—	—

观上表即知茶消费量之增加为世界各国之共通趋势，故中国苟当贸易发达、人文开化以后，其茶消费量亦必日增月进。中国之茶消费量，其增进状态虽不能为具体之记载，然试列举一八八四年及一九一○年世界各国之茶消费量以证之，则思过半矣。

（单位：磅）

地名	全消费额		人口一人之消费额	
	1884年	1910年	1884年	1910年
英国	175 091 000	286 954 000	4.90	6.31
俄国	64 412 000	147 000 000	0.71	0.91

地名	全消费额		人口一人之消费额	
	1884年	1910年	1884年	1910年
美国	60 062 000	98 727 000	1.09	1.10
荷兰	3 817 000	12 403 000	0.89	2.07
德国	3 432 000	6 860 000	0.07	0.10
法国	1 168 000	2 718 000	0.03	0.06
坎拿大	20 611 000	34 662 000	4.05	4.63
澳洲	26 100 000	36 800 000	7.48	8.00
新西兰	4 473 000	782 000	6.46	7.60

据上表，试就人口一人之茶消费量最大之国而累记之，则如次表。

（单位：磅）

地名	人口一人之消费额	地名	人口一人之消费额
澳洲	8.00	新西兰	7.60
英国	6.31	坎拿大	4.63
荷兰	2.07	美国	1.10
俄国	0.91	德国	0.10

　　据上表即知澳洲及新西兰之人民，殆为世界之最大饮茶家，其人口一人之消费额，各为七磅以上。其次则为英国及坎拿大，坎拿大人之嗜茶，与英人之嗜茶，其中确存有种族的关系。美国当一九〇九年关税改正以后，预料次年之茶输入额必增，至一九一〇年，其量反较前减少。此二年间平均计算，仅为一点一磅。俄国虽有世界茶消费大国之称，实际上每人之消费量，尚不满一磅。德法及其他欧洲大陆诸国，则比较最少。要之就消费方面而论，中国与俄国每人之消费量，虽不过一磅，而国土广大，故饮茶之人口甚多，其消费总额，实远在诸国之上。而中国为茶之消费国，同时又为茶之生产国，因生产事业之扩张，即可以促进消费状态之增进，此其所处之地位，又与俄国不同也。

第二章 生产

第一节 产额

中国茶之产额，素来无详确之统计，有谓为六亿六千万磅或七亿磅乃至十亿磅者。今试以中国之茶消费额五亿三千万磅为基础，而加以茶输出额一亿九千八百五十万磅（一九一五年以降之平均输出额），则得中国茶之产额为七亿三千万磅。试观一九一三年世界重要产茶国之茶产额，印度约三亿磅，锡兰约二亿磅，日本约一亿磅，爪哇约七千万磅，合计不过六亿七千万磅。合全世界计之，华茶之产额为世界全产额之一半，其量亦可谓巨矣。

据外人精密调查之统计，一九一一年华茶之产额，将是年之消费推定额五亿二千万磅与输出额相加，为七亿四千四百六十八万三千三百三十三磅，与前之推定额甚相符合。今据该统计以表世界诸国之茶产额如次。

（单位：磅）

地名	茶产额
锡兰	179 834 462
日本	60 455 913
爪哇	26 127 110
印度	253 027 488
以上合计	519 444 973
中国	744 683 333
总计	1 264 128 106

据中国农商部之统计，一九一四年之茶产额为七亿二千六百七十七万零四十九斤，合九亿六千九百零二万六千七百三十二磅，与前之推定额相差甚巨。然中国政府发表之统计，大抵为官样文章，不足凭信。兹举其各类茶之产额如次，以为参考之资料焉。

种类	产额
红茶	325 002 461
绿茶	313 783 453
茶末	45 853 497
茶子	45 853 497
茶芽	22 215 901

　　次论中国之茶园面积，亦无确实可凭之统计。今假定茶园一英亩之产额为二百磅，以之除最近之茶产额七亿三千万磅，则得茶园面积约三百六十万英亩。试与印度之六十万英亩、锡兰之四十八万英亩、日本之二十万英亩相比较，则中国之茶园面积，在世界诸国中实占特殊之地位。据中国农商部之统计，一九一四年之茶园面积为三百八十八万二千零四十五亩，加以与桑树混植之面积一百四十七万六千一百二十亩，则得五百三十五万八千一百六十五亩。试列举各省之茶园面积如次。

（单位：亩）

省别	茶田面积	茶桑混植面积	合计
河南	20 438	—	20 438
江苏	—	144 055	144 055
安徽	308 053	5 541	313 594
江西	1 203 150	219	1 203 369
福建	55 478	32 635	88 113
浙江	491 602	324 101	815 703
湖北	1 057 826	40 643	1 098 469
湖南	534 296	697 302	1 231 598
陕西	245	1 921	2 166
四川	99 350	195 655	295 005
广东	49 310	14 847	64 157
广西	53 577	16 321	69 898

省别	茶田面积	茶桑混植面积	合计
云南	8 720	2 451	11 171
贵州	—	429	429
合计	3 882 045	1 476 120	5 358 165

第二节　产地

中国土地广袤，位于多雨之温热带，最适于茶树之栽培。地质亦甚相合，砂岩层之丘陵地，及中生层之二叠三叠纪，与夫夹炭层之丘陵地，中国到处皆有之，故茶之生产区域甚广。北纬二十三度乃至三十二度之中国中部及南部，殆无处不见茶树之栽培。至中国北部，则产茶之地甚少。然除北部外，如江苏、安徽之南部，湖北之南部，湖南、江西、福建、浙江之全部，四川、贵州、云南之北部，广东、广西之北部，皆为茶之重要生产地。就中尤以南岭大山支脉之大小丘陵及其倾斜地，尤最适于种茶。就省言之，则湖南、湖北、江西、安徽、福建及浙江之六省，茶业最盛。茶树最适于砂岩层之丘陵地，中国之主要产茶区域，皆为此种地质，如湖南之湘江流域，湖北之武昌、广济，江西之义宁、吉安，安徽之徽州，浙江之绍兴是也。其次如湖南之宁乡、安化，江西之广信，福建之邵武、建宁，则为夹炭层之丘陵地。福建之福宁，则为石英斑岩之丘陵地。

兹试就各省之产茶区域，分别述之如次。

（一）福建省。福建之产茶地，为南岭大山支脉大小丘陵之一部，就中以福建北部之建宁、延平、邵武、福州为最著，即福州茶之原产地也。在市场上对于福建产之茶，普通分为东、西、南之三大产路。

东路，即闽江以东，旧福州府及延平府之一部，如沙县、闽侯等县是。

西路，即旧建宁府、邵武府及延平府之一部，如崇安、建瓯、政和、松溪、建阳、建宁、闽清、邵武、光泽、沙县、安顺、昌明、将乐、尤溪等县是。

北路，即旧福宁府及福州府之一部，如福鼎、福安、霞浦、寿宁、宁德、罗源、古田、屏南、安溪、漳平、宁洋等县是。

东西两路之中，其主要产地为沙县、崇安、建安，其次为建瓯、政和、永安、顺昌。北路之茶，占福建茶总产额之半数，为福州茶之第一产地。

（二）浙江省。浙江之茶，以旧绍兴府下之八县为生产地，如绍兴、上虞、嵊县、新昌、萧山、诸暨、余姚、平水、杭县、余杭、临安及旧宁波、温州、处州、嘉兴四府是。

（三）湖北省。湖北之茶，以崇阳、通山、咸宁、蒲圻、宜昌所产者为最有名。就中尤以蒲圻为最著，其产地如南漳、谷城、广济、黄梅、蕲水、通城、咸宁、崇阳、蒲圻、通山、阳新、嘉鱼、兴山、秭归、鹤峰、五峰、宜昌、长阳、恩施、利川、郧县是。

（四）湖南省。湖南茶之产地，为石门、临湘、岳阳、平江、益阳、湘潭、醴陵、安化、浏阳、湘乡、湘阴、常德、桃源等县。就中尤以安化及平江之长寿街、临湘之聂家市为最著。

（五）江西省。江西茶之产地，为吉安、遂州、武宁、宁冈、铅山、崇仁、宜春、鄱阳等县。

（六）安徽省。安徽茶之产地，为绩溪、歙县、祁门、婺源、黟县、休宁、秋浦、宁国、霍山、凤阳、太平、庐江等县。而尤以旧徽州府下之六县为最著，祁门即其中六县之一也。

（七）山东省。山东茶之产地，为宁阳、滋阳、泰安、莱芜四县。

（八）江苏省。江苏茶之产地，为旧常州、镇江、松江、江宁、扬州五府。

（九）广东省。广东茶之产地，为南海、番禺、高要、鹤山、清远、永安、连平等县。

（十）四川省。四川茶虽产于省之东部，然大生产地为岷江西部之山岳地方，而以雅州为制茶地之中心。其主要之生产地，为灌县、安县、茂县、西昌、阆中、宜宾、高县、屏山、叙永、万源、渠县、城口、平武、东山、夹江、犍为、荣县、雅安、天全、名山、荥经、汉源、开县、松潘、懋功、邛崃、蒲江、大邑、邻水、南川、合江等县。

（十一）贵州省。贵州茶之产地，为贵阳、思县、安顺、兴义、石阡、平越、都匀、遵义等县。

（十二）云南省。云南茶之产地，为昭通、思茅等县。

（十三）陕西省。陕西茶之产地，为安康、紫阳等县。

第三章　茶之种类

第一节　由制造上所分之种类

中国人所用茶之名称，有数十种之多，即红绿茶之区别，亦因地方而各有不同。据税关所采用由制造上而分之种类，则分为红茶、绿茶、乌龙茶、砖茶之四大类。此外尚有茎茶（Stalk Tea）、粉茶（屑茶）或茶末（Dust Tea）、香茶（Scented Tea）等名称，然不关重要。兹分别详述其名称如次。

第一，红茶（Black Tea）。（甲）工夫茶；（乙）小种茶；（丙）白毫茶；（丁）彩花白毫；（戊）橙花白毫；（己）花香白毫；（庚）双龙；（辛）珠兰。

第二，绿茶（Green Tea）。

（甲）小珠茶（Green Powder or Gun Powder），因大小而分为下之三种：（1）麻珠（蛋目）（No.1），小；（2）宝珠（蚁目）（No.2），中；（3）芝珠（蝇目）（No.3），大。

（乙）大珠茶（元珠茶），因其大小而分为以下之三种：（1）珍珠（蝶目）（No.1），小；（2）丹珠（虾目）（No.2），中；（3）燕珠（蛾目）（No.3），大。

（丙）熙春茶（海淞茶），因摘叶之季节而分为下之三种：（1）眉熙（No.1），小；（2）正熙（No.2），中；（3）副熙（No.3），大。

（丁）雨前茶，分为（1）眉雨，（2）蛾雨，（3）蚁雨，（4）芽雨，（5）熙雨之五种。

第三，乌龙茶。（甲）乌龙茶；（乙）包种茶。

第四，砖茶（Burck Tea）（甲）红砖茶；（乙）绿砖茶；（丙）小京砖茶（板茶）。

第二节　因产地而分之种类

著名之茶，其名称多冠以茶之产地，兹特就红绿茶二大类而详述其名称如次。

第一，红茶。

（甲）福州茶，即福建所产之茶，集散于福州市场者，因产地而分为次之种类。

（1）武彝茶，或名淮山茶，为福建崇安县产之工夫茶。

（2）北岭茶，为福建闽侯县产之工夫茶。

（3）白琳茶，为福建霞浦县白琳地方所产之工夫茶。

（4）板洋茶，为福建闽侯县板洋地方所产之工夫茶。

（5）洋口茶，为福建建安县洋口地方所产之工夫茶。

（6）清和茶，为福建政和县清和地方所产之工夫茶。

（7）界首茶，为福建崇安县界首地方所产之工夫茶。

（8）政和茶，为福建政和县所产之工夫茶。

（9）邵武茶，为福建邵武县所产之工夫茶。

（10）沙阳茶，为福建沙县所产之工夫茶。

（11）水吉茶，为福建建瓯县水吉地方所产之工夫茶。

（12）东风塘茶，为福建建宁县东风塘地方所产之工夫茶。

（乙）湖北茶。湖北及湖南两省所产之茶，多集散于汉口市场，普通称为两湖茶。湖北茶，分为次之数种。

（1）宜昌茶，此为集散于宜昌市场之茶。

（2）羊楼峒茶，此为湖北蒲圻县羊楼峒地方所产之茶。

（3）羊楼司茶，此为湖北蒲圻县羊楼司地方所产之茶。

（4）崇阳茶，此为湖北崇阳县所产之茶。

（5）通山茶，此为湖北通山县所产之茶。

（丙）湖南茶。湖南之茶，多集散于汉口市场，普通分为次之种类。

（1）安化茶，产于湖南之安化县。

（2）桃源茶，产于湖南之桃源县。

（3）长寿街茶，产于湖南平江县之长寿街。

（4）高桥茶，产于湖南浏阳县之高桥地方。

（5）醴陵茶，产于湖南之醴陵县。

（6）浏阳茶，产于湖南之浏阳县。

（7）湘潭茶，产于湖南之湘潭县。

（8）聂家市茶，产于湖南临湘县之聂家市。

（9）云溪茶，产于湖南岳阳县之云溪地方。

（10）平江茶，产于湖南之平江县。

（丁）安徽茶及江西茶。

（1）祁门茶，产于安徽之祁门县。

（2）修水茶，产于江西之修水县。

第二，绿茶。

（甲）徽州茶。安徽旧徽州府六县中，除祁门县外，其他五县所产之茶，统称曰徽州茶。盖祁门所产者为红茶，且皆集散于九江及汉口之市场，故与徽州茶有别也。

（乙）九江茶。江西、安徽两省所产之茶，集散于九江市场统名曰九江茶。

（丙）屯溪茶。此亦为徽州茶中之一种，因集散于皖浙边界之屯溪地方，故名曰屯溪茶。

（丁）平水茶。浙江旧绍兴府八县所产之茶，统名曰平水茶，因此等地方所产之茶皆集散于平水故也，其茶多为小珠及大珠茶。

（戊）武园茶。此为集散于福建武园之绿茶，分为（1）长行司正茶，（2）充眼生茶，（3）正眼生熙春茶之三种。

第三节　因产期而分之种类

中国茶普通因制造季节及收获时期，而分为春茶及夏茶之二种，细别之为头帮茶、二帮茶、三帮茶及四帮茶。兹分述于次。

（甲）春茶。春茶比夏茶叶厚，液汁亦较浓厚。

（1）头帮茶，一名头春茶，在清明之交、谷雨以前摘叶制造者。

（2）二帮茶，一名二春茶，在谷雨后十日内外摘叶制造者。头帮茶摘采后四十日，即为二帮茶摘采之期。

（乙）夏茶。夏茶比春茶叶薄，液汁淡，故夏茶之价，常较春茶为廉。

（1）三帮茶，一名三春茶，为谷雨后二十日内外摘叶制造之物。二帮茶摘叶后四十日，即为三帮茶摘采之期。

（2）四帮茶，一名四春茶，为三帮茶摘采后经一个月摘叶制造之物，有时与前者共称为三帮茶。三帮茶与四帮茶，鲜有用以输出者。

在湖南之安化，因制造时期而分为春茶、子茶、采花茶、白露茶之四种。春茶摘叶期，在谷雨、小满前；子茶摘叶期，在芒种节后，小暑节前；采花茶摘叶期为立秋；白露茶摘叶期为白露节。

第四节　因制造地而分之种类

在上海市场，因制造地而分茶为次之种类。

（甲）路茶。在生产地方制造完了，运至上海交易者，曰路茶。

（乙）毛茶。将茶叶运出生产地，于上海地方制造者，曰毛茶。

（丙）土茶。买集杭州毛茶及各地之毛茶，于上海再行精制者，曰土茶。

（丁）样茶。收集在上海地方为货样之茶而混合制造者，曰样茶。

徽州茶全为路茶。平水茶之大部分为路茶，一部分为毛茶。又高岭所产之茶，亦有名曰岩茶者。

第五节　由品质上而分之种类

由品质上所分茶之种类，如粗制茶名曰毛茶，精制茶名曰成茶，十分干燥之茶名曰干茶，含有湿气之茶名曰湿。在福州市场向中国北部输出之上等绿茶，名曰芽尖，二等茶名曰幼结，三等茶名曰色茶，四等茶名曰清水。（未完）

《实业杂志》1921年第47期

中国之茶业（二）

民　忍

第四章　茶性

华茶之销路，迩来渐为印度、锡兰及日本茶所蚕食，外人且绘成图画，登诸广告，极诋华茶为秽劣不堪。然我国茶业虽衰败至此，而犹能在世界市场上占一位置者，则以本质尚良，其优美之色、芳馥之香、浓厚之味，均为印、锡茶所不及。故外人虽诋华茶制造之恶劣，而仍不能尽夺华茶之销路也。华茶尚有一特点，即成分中所含之单宁，较他国产茶独少。试据 A. Pellens 氏之研究，比较江西义宁产工夫茶与爪哇、印度茶之成分如次。

茶之成分	中国茶	爪哇茶	印度茶
茶素	2.500%	2.530%	3.210%
水分	4.575%	4.580%	4.567%
单宁	8.070%	9.704%	9.436%
可溶分	36.050%	42.750%	43.750%
灰分	5.320%	5.050%	5.420%
可溶性灰分	4.045%	3.150%	3.520%

取茶浸于以脱中，其浸出之分量，名曰以脱浸出物（Ether Extract），在外国茶约为百分之五。此以脱浸出物与茶素、单宁为茶之特殊成分。单宁分与茶中之蛋白质化合，则起一种化学变化，使消化作用不活泼，有害于身体之健康，故茶中含单宁不可过多。观前表即知华茶含单宁不过百分之八，而印度及爪哇茶，则含百分之九至百分之十。日本茶含此尤多，为百分之十二以上。次如茶素（Thein），除茶外如咖啡及椰子茶中均含之。其含量之多少，与茶之香味、色泽虽无关系，然茶中含有过量之茶素，则饮此能活泼筋肉之动作，恢复身体之疲劳。而含量太多，则神经兴奋过甚，对于心脏有害。又次如以脱浸出物含量之多少，与茶之香味极有关系，其效力虽不甚明，而能使精神爽快，食欲增进。华茶所以有特殊之香味者，必为含此甚多之故。而土壤之美，气候之良，皆与华茶之品质极有关系。要之华茶所以能驰名于世界者，得诸天惠者居多，而人力不足以副之，良足叹也。

第一节　由制造上而观之茶性

绿茶之性状。绿茶中品质最良者为熙春，熙春中尤以眉熙为最良，正熙、副熙次之；次于熙春者为小珠，小珠中以麻珠为最良，宝珠、星珠次之；次于小珠者为大珠，大珠中以蚤目为最良，蝇目、蝶目次之，虾目、蛾目为最劣。绿茶中品质最劣者为雨前茶，有眉雨、蛾眉、芽雨、熙雨、凤眉、秀眉、针眉、风眉等名称，其品质及价格，与大珠茶无大差异。

据安徽茶业试验场分析安徽产针眉之结果如次。

茶之成分	含量	茶之成分	含量
水分	9.92%	可焙性灰分	3.20%

茶之成分	含量	茶之成分	含量
不溶性灰分	3.20%	水分浸出质	37.48%
单宁	15.19%	茶素	2.69%

红茶之性状。红茶干燥得宜，形状整齐，带黑褐色，有香味。其浸出液呈美丽之红褐色，尝之带甘味，无苦味及涩味。而液呈透明状者，为优良之茶。红茶有香味之主要原因，由其中含有一种芳香油，成糖原质（Glucoside）之状态，而存于鲜叶中，至酸酵期则起分解作用，而使芳香油之成分，成游离状态以发生。兹示中国大陆产红茶与中国台湾（日据时期）产红茶之平均成分如次。

茶之成分	中国大陆产	中国台湾（日据时期）产	平均含量
茶素	2.202%	1.812%	2.007%
单宁	7.746%	2.696%	5.221%
蛋白质	21.350%	38.250%	29.800%
抽出物	40.001%	38.028%	39.014%
水分	10.558%	10.413%	10.486%
灰分	6.371%	6.749%	6.560%

红茶中如工夫茶及小种茶，为同一种类之茶，其细叶者名曰工夫茶，粗叶者名曰小种茶，此两种又总称为贸易茶。白毫茶在福州茶中，与武夷茶、文圃茶并称为名茶，色泽如白绢，故名白毫，外观极美。为增进茶之品位起见，他种红茶中常加入少量白毫。

乌龙之性状。乌龙茶之外观似红茶，呈黑紫色，其形卷缩，煎出之汁带灰黄色，香气较红茶远高。兹示乌龙茶之平均成分如次。

茶之成分	含量	茶之成分	含量
茶素	2.358%	单宁	12.712%
蛋白质	20.650%	抽出物	36.130%
水分	12.530%	灰分	6.253%

包种茶为乌龙茶之上等品，其茶汁浓厚，茶味醇雅，无苦味及涩味，能使饮者

感受一种特殊之香气与快味。包种茶在海外销行极盛，上等包种茶，美人名曰"Oolong Superior"，为美国上等社会所欢迎，饮时常加砂糖、炼乳或柠檬等。兹示包种茶中茉莉花茶及珠兰花茶两种之平均成分如次。

茶之成分	茉莉花茶	珠兰花茶
茶素	0.626%	0.554%
单宁	11.756%	11.984%
水分	9.974%	10.672%
抽出物	27.268%	37.255%

包种茶为配合黄枝、秀英、茉莉及珠兰等香花而成之茶，距今百年以前，始由福建泉州府安溪县之王义程氏制出。包种茶所用之原茶，多为红茶，有小种茶、花香茶等名称，其品质与上等红茶相同，不过香味较佳耳。

砖茶之性状。砖茶又称茶饼，因其成长方形之砖状，故有此名。砖茶干燥适宜，能耐贮藏，有红、绿二种。绿砖茶带浓褐色，有长一尺宽七寸及长八点二五寸宽五点二五寸之二种。红砖茶带黑褐色，长八寸半，宽六寸，一个之重量为二点二五磅。小京砖茶一个之重量为三十六温司。

第二节　由产地上而观之茶性

湖南、湖北、江西、福建及安徽之东南部，为红茶之生产地；浙江、安徽及福建之东南部，为绿茶之生产地。安徽祁门产红茶与江西义宁产红茶，在汉口市场，称曰祁宁茶，其品质在两湖茶以上，色味亦浓厚。安徽之产茶地，除祁门外，皆产绿茶。婺源之茶，品质最良，产额亦多。休宁产者，茶质虽良，而产额甚少。歙县之茶，最著名者曰黄山茶，茶质较休宁为劣。此外如绩溪、黟县之茶，较前数种远逊。

湖北产之工夫茶，品质最良，茶叶阔大，带黑色或紫色，其中尤以鹤峰所产者为最优，然产额不多，故其名不著。羊楼峒茶虽逊于鹤峰产，而产额颇多。

湖南茶以产于安化者为最良，其他各处所产者，概带灰黑色，品质稍劣，惟产于长寿街者较优，桃源产次之，湘潭产者最劣。

江西之义宁，产茶最多，品质亦最良。其中有名双井茶者，与两湖所产之上等茶相较，殆毫无逊色。最优者名曰松香茶，茶叶小，形亦整齐，色香味均佳。

浙江之茶，以旧绍兴府之八县所产者为最良，产额亦最多。其中有着色者，名曰着色茶，产于平水。自美国禁止着色茶进口以后，平水之着色茶，亦渐加改良。龙井茶产于杭州，为浙江茶中之最著名者，其叶厚味佳，投于水中，亦不变色，用泉水烹之，呈透明状，饮时清冽适口，香气袭人。

福建所产之茶，以红茶为主，红茶中最多者为工夫茶、小种茶、彩花茶、白毫茶及花香白毫茶等。工夫茶中，以产于邵武、政和、白琳、东风塘者为最良，市场上统称为福州茶。福州茶本来之品质虽佳，而色甚淡泊，味亦不浓厚，有嗜茶癖者，非饮多量不能饮其欲望。此与两湖茶之能煎数次者相较，大相径庭。故福州茶虽为欧美所欢迎，而最不适于俄人之嗜好，因俄人喜饮浓茶故也。然福州茶尚有一特点，即单宁含量之少，在世界中殆首屈一指，故法国人最喜用之。

第三节　由制茶时节上而观之茶性

由制茶时节，可分为头帮茶、二帮茶、三帮茶、四帮茶四种。头帮茶叶甚坚强，品质最良。二帮茶之品质，与头帮茶大略相同。头帮茶及二帮茶，又称春茶。三帮茶、四帮茶，又称夏茶。春茶比夏茶叶厚，液汁亦浓。夏茶则叶之硬度渐减，液汁亦渐淡。夏茶中如老茶，系采摘老叶而制成之茶，品质最劣，多向蒙古方面输出。

制茶时如气候顺适，则茶之香味强，品质亦良。气候不顺，则茶质亦劣。如四五月间，淫雨缠绵，则茶叶过伸。干燥季节，日光不足，则含水分过多，茶叶每易起腐败。

第五章　茶种

第一节　气候

美国统计学者马法林氏，尝谓全世界中茶之需给，有一极奇之现象，即茶之生产地，概为北纬四十度以南之东部亚细亚，而茶之需要地，概为北纬四十度以北之欧美诸邦。此说亦不尽然，盖北纬四十度以南之东部亚细亚，亦未必不为茶之需要地；至于茶之生产地，所以限于北纬四十度以南者，则因种茶时须适当之高温度故也。在北纬四十度以南，种茶业最盛之地，为北纬二十六度乃至三十度。中国如安徽之祁门、建德，江西之浮梁；印度如达吉林及阿撒姆，皆与此纬度相当。故世界之著名产茶地，虽东西相隔数万里，而其地理上之位置，若合符节，此乃全因气候相同之故。如在同一地方，而所产之茶，有优劣之不同者，则与地势之高低有关系，即高山最适于种茶，平地次之，近水之地又次之。如印度北境去海面一万二千尺之喜马拉雅山之达吉林，所产之茶，其品质之优，可称世界第一。锡兰之茶，其产于去海面七千尺之高山者，亦驰名于世界。中国所产之茶，品位最高者，其产茶地之地势亦高，然最高者亦不过去海面三千尺乃至四千尺。如祁门之历山，去海面三千尺；浮梁鄱村之高坪山、青龙山，去海面四千尺。此两处所产之茶，味香而色亦浓，在华茶中，实首屈一指。又如湖南之安化，亦以产茶著名，而茶园则多在崇山峻岭中也。

茶树之种植，适于温度高、湿度多之地方，如为清和凉爽，易起霾雾，有夕阳返照之倾斜地，则尤为适宜。若地处温带，温度不甚高，则气候温暖、霜雪罕降之低地，亦能繁殖。故著名产茶地之茶园，多向南倾斜，日光易于返照。又种茶地宜选排水便利之砂质乃至粘质之土壤，如过于干燥，或气候过冷，有寒风吹拂之地，则不适于种茶。

凡一处之气候，由其纬度及高度而略有一定，气候虽随年岁而变动，而于茶之生产上，尚无大影响。中国采茶，必选晴天，故梅雨之际，如弥月不晴，则失制茶之好时机，致使出口绿茶，不能制造。其所制者仅为粉茶及老茶，不仅减少出口绿茶之产额，且因雨多之故，致使茶中含有过量之湿气，以损害茶之品质。故采茶时节之降雨，实与茶业者以莫大之打击。此外对于茶叶及制茶，均能受恶影响者，厥为发芽时节之风。当茶树发芽时节，如有凛烈之朔风，卷尘沙而袭来，匪仅有损于茶叶，且能害茶之品质，而妨碍其发育，致使茶质变劣，产额减少。其对于茶业经济上所受之影响，实比降雨为尤烈。故嫩芽采摘时节，非遇温暖干燥之天气，则茶树之发育不良，而茶之品质，亦因而低下。此则全因气候为转移，非人力所能强为造作也。

第二节　土壤

土壤之性质，亦与种茶有莫大之关系。盖茶产额之多少，与茶质之优劣，全系于土壤之肥瘠与否。深而且肥，易于粉碎之土壤，最适于种茶。此种土壤，概为斑纹状岩，含有多量风化分解之有机物质，浸透作用甚良。如为富于粘着力缺乏浸透性之土壤，或浸透性过大之砂土，皆不适于茶树之生育。浸透性大小之程度，以水不在土上停滞为限。土壤中如含有适量之石灰分，则适于茶树之发育，然存在量过多，则反害于发育。又有机物存在量过多时，则茶树之长成过速，不能使其健全发育。至茶质之良否，则观磷酸肥料及加里成分之存在与否为转移，如土壤中含磷及加里少者，则不能产出优良之茶，非特别施肥不可也。

适于种茶之土壤，中国到处皆有之，如祁门、浮梁一带之地质，为云斑石砂岩，系经过长年风化以后，由岩石崩解而成之土壤，故此二县所属地之土壤，皆为红色，其质极肥，最适于种茶。惟浮梁县之高山，土色稍黑而带粘质，然茶树之发育亦良。此盖因黑土中含有多量之植物腐败质，最为肥美，此种土壤，不仅对于茶树，即对于各种农产物，亦莫不适宜。至于祁门一带之红色粘土，含铁质甚多，最适于种茶。黄色粘土，则不如黑红二种之佳。黄色粘土产于建德，故建德之茶不如祁门与浮梁之美，此全因土壤之关系使然。兹示祁门地方土壤之分析成绩如次。

土壤成分	含量	土壤成分	含量
水分	2.410%	挥发性成分	6.580%
盐酸溶解成分	8.054%	硅酸	1.002%
酸化铁	4.480%	矾土	6.221%
石灰	0.200%	镁质	0.221%
加里	0.161%	曹达	0.336%
硫酸	0.117%	磷酸	0.204%
炭素	4.330%	窒素	0.136%
植物腐败成分	20.041%		

观上表即知含有多量之酸化铁及植物腐败成分，其土壤之肥可知。

第三节 茶种

中国茶种，尚未经专门植物学者之研究，不能为科学的记述。然中国种比印度种形状小，叶肉厚，似不在印度种以下。兹示祁门各乡茶种试验成绩如次。

茶种试验成绩		城乡种	南乡种	西乡种	东乡种
平地区	芒种前五日茶种发育状态	叶出土	叶开展	叶开展	—
	霜降后五日茶苗生长力(寸)	5.1	5.8	6.0	3.5

茶种试验成绩		城乡种	南乡种	西乡种	东乡种
低山区	芒种前五日茶种发育状态	叶开展	叶开展	叶开展	—
	霜降后五日茶苗生长力(寸)	5.7	5.9	6.0	—
高山区	芒种前五日茶种发育状态	叶出土	叶出土	叶出土	—
	霜降后五日茶苗生长力(寸)	4.7	5.2	5.8	—

　　观上表即知祁门西乡种最良，南乡、城乡种次之。他省之茶种以湖北之阳新、鹤峰及福建之光泽、浦城种为最优，然其茶苗生长之状态，阳新为四寸二分，鹤峰为四寸，光泽为三寸九分，浦城为三寸六分，其生长力皆不如祁门种之大，且在深处更难于发芽。（未完）

《实业杂志》1921年第48期

中国之茶业(三)

民　忍

第四节　播种

　　播种之时期。茶之播种时期，常随产茶地之气候而不一定。华茶播种，则多在阴历正二月之交。安徽茶业试验场，尝就隔年播种及立春前、雨水前、春分前、春分后播种之五种时期，分别试验，而检查一年间之茶苗平均生长力。隔年播种者为三寸五分，立春前及雨水前播种者为三寸二分乃至三寸，春分前播种者为六寸七分，春分后播种者为五寸以上。即春分前二日乃至十日以内之播种，如无暴风骤雨，或不发生极度之寒气时，则对于茶苗之生长，甚为合宜。但据江南植茶公所之试验成绩，则隔年播种与春分前后播种，其茶苗生长力无甚区别。此盖因试验地之气候、土壤各有不同，故试验结果亦异。普通隔年播种，于下种后须用草覆之，以御寒冬之冰雪；春季播种，则须隔年埋土，至春间始布种于其上。

　　播种之粒数。华茶播种，向来无一定之粒数，又不知选择佳种，故所出之茶树，多不整齐。据安徽茶业试验场一九一六年之报告，该场选择佳种，点播于茶园内，以测其一年之平均生长力时，三十粒及二十粒之发育，最为旺盛，且能抵抗外界之寒冷及干旱；十粒及五粒者，则发育较迟，抵抗力亦弱。但据江南植茶公所之试验，则以二十粒乃至十粒者为最良。

播种之深度。锡兰及印度茶之播种，以去地面二寸之深度为最普通。华茶播种，各地皆无一定之深度，其中尚有为防止鸟兽之侵害起见，播至五寸至六寸之深度者。安徽茶业试验场尝就三寸、二寸五分、二寸、一寸五分之四种深度而分别试验、愈深者发芽愈迟。此盖因幼树生长时，先生根须，后长枝干，故播种愈深，则根须愈长，而芽之发生亦愈迟。立春前播种者，以二寸五分之深度为适当；春分前播种者，则常取二寸之深度。据江南植茶公所之试验，亦谓播种不宜过深，一寸五分乃至二寸之深度，最便于茶苗之生长。

播种之间隔。华茶产地之茶园，播种时随意散种，故茶树之距离，全无一定。此种漫无秩序之播种方法，匪特足以减杀茶苗之生长力，且于计算茶之收获时，甚感不便。安徽茶业试验场尝就三寸、三寸五分、四寸、四寸五分、五寸、六寸之六种距离，而分别测定其生长力时，除三寸及三寸五分者其生长力稍弱外，余皆无大区别。

第五节　移植

印度及锡兰多种单株之茶树，中国则多种丛株。安徽茶业试验场尝购办春间茶秧，就一株、三株、五株、十株、十五株、三十株之六种而分别试验，以考究新芽发育与丛数之关系。以丛株为最良，如一株者则全不发育。兹特列举江南植茶公所关于移植试验之成绩如次，以备参考。

（单位：分）

移植时期	芒种前三日试验伸长	立秋前五日试验伸长	秋分前七日试验伸长
清明前七日	2	6	10
谷雨前三日	1	5	8
立夏前七日	0	3	6

分植株数	立秋前七日试验伸长	秋分前三日试验伸长
单株	2	3
三株	3	5
五株	4	6
丛生	5	8

第六节　施肥

中国农民于种茶时，对于施肥，毫不注意。盖中国人具有一种迷信，谓施肥于茶树，则有害于茶叶之香味，且以茶为衣食以外之附属物，带有奢侈品意味，不甚重视，故认为无施肥之必要。试观一九一四年之第三次农商统计，茶桑混植面积一百四十七万六千一百二十亩，实占全茶园面积之百分之二十八。因混植桑树之故，以致茶园之地力衰耗，茶树之发育不良，且足使收获量减少，品质低下。由是可推知中国农民对于种茶，殆视为一种副业。全国茶户中，使用肥料者，不过百分之二至百分之三。所用肥料，多为豆粕及他种油粕，有时亦用木灰。至安徽祁门一带，种油菜者最多，其榨油所余之粕，名曰菜枯。菜枯中含淡气甚多，价亦极廉，普通常用为茶树之肥料。于施肥以前，先于树之周围掘一深六寸许之窿，取菜枯与柴灰之混和物约一小碗，放入窿中，然后用土覆好。每年尝施肥一次或二次，其施肥时期为二三月及八九月。

安徽祁门种茶分区所用之肥料，为菜枯粉与草灰之混合物。茶树丛数在一万以上者，则用菜枯一千斤至二千斤与草灰四千斤至五千斤混合使用；丛数在一万以下者，则草灰减至二千斤至三千斤。秋浦种茶分区则用山草灰与菜枯之等量混合物，每丛各用四两。

印度及锡兰之茶园，其所用肥料，为含淡气最多之兽骨粉及亚麻子油粕，亦有用野草灰及豆荚为肥料者。江南植茶公所近亦参用豆粕、豆荚、紫云英、野草之诸肥料，而分别试验之。以草汁、豆粕之滋养力为最大，草汁中则以紫云英为最良。春夏之际，专用紫云英及各种草汁，秋冬则参用豆粕。兹试举江南植茶公所之试验成绩如次。

（单位：分）

肥料	芒种前五日施肥原长	立秋前七日平均原长	秋分前七日平均原长
紫云英	80	125	130
草汁及豆粕	80	120	125
豆粕	75	115	120
草汁	75	115	120
青豆荚	80	110	115
无肥	75	90	100

又据安徽茶业试验场之成绩报告，一九一六年二月下旬，锄松土壤以后，春季施肥一回，秋季不施。新种之茶，则先施肥而后播种。夏季则培壅青豆荚及青草，兼防干旱。冬季则培壅菜枯粉及草灰等堆肥，用藁保护，以防寒气。由是以试验老茶及新茶之施肥效力如次。

老茶：

（单位：斤）

施肥区域	施肥数量	去年不施肥时之收获量	本年施肥后之收获量
平地茶一	用蒸骨粉及草灰之混合物每丛十两	39	—
低山老茶	用人粪及草灰之混合物每丛一斤	—	57
平地茶二	每丛用菜枯十二两	50	56
塘坞茶	用菜枯及草灰之混合物每丛十二两	150	174
对河茶	每丛用柏油枯十两	95	105
庙后茶	每丛用菜枯十两	175	207
山湾茶	用菜枯及堆肥之混合物每丛十两	65	75
大山后老茶	每丛用菜枯八两	1 850	1 976

新茶：

施肥区域	布种前施肥数量	夏秋季施用肥料	冬季施肥数量	霜降后七日茶苗生长力
平地区茶	用菜枯及草灰之混合物每丛十两	用嫩豆荚及草埋于土中，更于树间布以青草	每丛菜枯三两	6寸
低山区茶	同上	同上	用草灰、菜枯混合物每丛二两	7寸
高山区茶	同上	同上	每丛堆肥半斤	6寸6分

第七节　耕耘

当茶树至三月发嫩芽时，宜从事耕锄，以除去杂草。然对于此广漠之茶园，欲一一锄去其随风生长之杂草，决非一手一足之烈。而中国茶户贫苦者居多，其金钱上之余裕，实无力及此。间有勤劳者，亦不过于种茶之先年，即于阴历七八月预先锄草一次，亦有于寒冷农暇时始行锄草者。贫苦之茶户，则全不锄草，任其荒芜。此于茶之品质及产额上，有莫大之影响。盖除草可以助成茶树之发育，且使茶园之地力，不为杂草所消耗。印度及锡兰之茶园，对于老茶树，自春间即开始锄耘，至茶树发芽时为止，至秋季收获事毕，又锄耘一次。新种之茶苗，则于雨后随时锄草，即将此草培壅茶苗，实一举而两利也。

第八节　修剪

凡树木剪枝以后，则生长繁茂，发育健全，果实之生产亦多。故剪枝对于树木生长之功效，为植物学者所公认。茶树亦然，每修剪一次，则日光易于放射，空气便于流通，且自其修剪之处，发生多数之新枝，以增长茶叶之收获量。中国茶户不明此理，谓修剪则茶叶之收量减少。实际上则修剪以后，树势旺盛，茶芽反较未修剪时为多。印度及锡兰之茶园，至少每三年必修剪一次。中国则七八年始修剪一次，甚至有二三十年始修剪者。近来安徽祁门、秋浦之茶园，试行修剪。试验结果则修剪以后，树势旺盛，所发之芽亦强壮，茶叶成浓绿色，深厚柔软，而富于光泽，修剪后茶叶之收获量，比修剪前殆多一倍。

第九节　采茶

华茶开始采摘之期，为清明、谷雨之间。《茶经》云，凡种茶在二月、三月、四月间。《唐书》太和七年正月，吴蜀贡新茶，皆冬间采制之。诏曰，所贡新茶，宜于立春后。盖中国古代传来之习惯，以清明节为采茶时节，惟白毫茶始于清明前采摘之。夫天有不测之风云，气候亦年有变化，今不知因时制宜，而必以清明为采茶时节，刻舟以求剑，胶柱而鼓瑟，其愚诚不可及也。华茶于清明时开始采摘者，名曰头帮茶；其后四十日第二次所采者，名曰二帮茶；其后又四十日则采三帮茶；又三十日则采四帮茶。从前华茶仅采至四帮而止，近则四帮以后，亦有继续采摘者。由四帮以后所采老叶而制成之茶，名曰老茶，多运至蒙古销售。

华茶采摘之习惯，第一次采茶时，即将幼枝新梗全行摘下，致有损于树枝。且在叶与枝之间，叶蘖露出，无大叶可以隐蔽，渐渐萎谢，以致拥护树干之枝叶甚稀。因此过度采摘之故，非四十日以后，不能发生新叶，以供第二次之采摘。且第二次采摘时，其新叶多由老干硬茎发生，质之柔软，远逊于头帮茶，不适于红茶制造之用。试观印度及锡兰之采茶法，当新叶发生五六片时，则先采取其上部最嫩之叶一对，其第三之新叶，则留于枝上，使其包拥新芽。次采第三叶时，亦不全行摘下，仍留其叶身六分之一，以保护树枝及叶梗间之芽蘖，而助嫩叶之生长。因采摘上之手续周到，故每次采摘后，仅经过十日，则前次残留之萌芽，即已生长，而成寸余之嫩叶，即每过十日，即能采摘一次。每年除严冬早春之寒天以外，其余八个月间，皆可采茶，故每年能采摘二十余次。中国与印度之气候、土壤，由地理上之位置观之，均无大差异，而采茶次数，远不及印度之多。此则因采摘者无知、贪图目前之小利而忘采摘过度之弊害故也。夫不知采摘过度之弊害者无论矣，即令知之，而采茶时工价之付给方法，多论斤数给价，劳动者但图增大其采摘之斤数，以增加其收入，故采茶时漫无秩序。苟欲使其不陷于过度采摘之弊害，非严行监督管理不为功。在印度及锡兰，监督者常巡视茶园，某处某园可采一叶半，某处某园可采二叶，由茶户每日布告，传知于劳动者。劳动者亦奉令惟谨，为合法之采摘。当交纳茶叶时，复由监督者周密检查，如有老叶硬枝，不合规定之尺寸者，则减少其应得之工钱。故所采之生叶，整齐一致，无过度采摘之弊。此不仅能保护嫩叶之生长，且于干燥精选时，可减无益之劳费。

采茶时节，从事劳动者，以女子为多，无论老幼皆与其事。茶工以本地人为多，当采茶时，劳力不足，则他处之劳动者，亦集于茶产地而从事劳动。采茶必选晴天，如降雨则决不采茶。《茶经》有言，雨下不采茶，虽不雨而有云，亦不采、不焙、不蒸，因力弱故也。中国因有此旧习惯，故五六月之梅雨时节，因长期间之霖雨，遂失制茶之好机会。迨雨止以后，则已成老叶，虽采摘之，亦仅能制成老茶。故采茶时节之降雨，实为茶业者莫大之损害。（未完）

一九二二

中国之茶业（五）①

民　忍

第六节　包装法

货物之销行，与其包装至有关系。华茶包装之不坚牢，装潢之不美丽，亦为对外贸易失败之一原因。华茶之包装法，因生产地及输出地而各有不同，不能举一以概百。流通于内地者，有装箱及装袋之二种；输出海外者，则概行装箱。装茶之箱为木制，内面贴以铅箔，外面则用裱纸糊之。普通用表心纸一张，毛边纸一张，衬毛边纸二张，其所要之纸费为三分六厘。如节省裱纸之费，而增箱板之厚，则在茶栈、茶行可省钉裱修缮之费，减轻茶之原价，于对外贸易上不无小补。试观印、锡茶之包装，全不滥用裱纸，但将箱板增厚，不仅可以省费，且使茶箱坚固，能耐舟车之颠簸。

湖北茶之包装法，其红茶箱多用薄板造成，其中夹以铅板，外面贴以红绿之花纸，外观甚劣，且箱板过薄，易招损害。容量为二五箱，重量为司马秤六十三斤，除箱板及铅罐之十三斤外，净重为五十斤。此为头茶之重量，子茶、夏茶、秋茶，则不过四十二三斤。此外尚有大箱、一五箱、口庄大箱（向蒙古输出者）等名目，但为数不多。

安徽茶之容器，亦为木箱铅罐，包装法与湖北茶大概相同，但比较的坚牢耐久。

江西茶之容器，为桧树制之木箱，长一尺四寸，宽一尺一寸二分，高一尺二寸五分，板厚二分。箱之外面，贴以皮纸，其上更贴以花纸。所用铅罐，每罐铅四斤，加铜锡三两而熔解之，造成薄板十八块，更由此组合而成罐。罐之外面，贴以表心纸一张、毛边纸一张，其内则贴以毛边纸二张。每箱所要之花纸为五张，每张印以商标及茶名。上等之红茶，则多用套箱。

浙江之平水茶，其茶箱多用严州产之杉树，茶箱于秋冬间制成，以备翌年茶市

---

① 由于条件所限，《中国之茶业（四）》内容未找到，待找到以后再做补遗。

之用。箱及铅罐之费用为五角余。箱容量多为一五箱，亦间有用二五箱者。每年一五箱约三十万箱，二五箱约四五万箱。一五箱之容量为粗茶二十余斤，或细茶三十斤。

福州产茶之销行内地者，比输出海外者，其包装法甚为简单，装箱者甚少，普通多装入于外面贴有油纸，容量四五十斤之大篓中，亦有装于布袋中者。销行海外之福州茶，则用木箱，内面贴以锡箔或铅箔，外部包以油纸，以防湿气。用四箱为一梱，以蒲席包之，束以细绳，于其上记入商标及茶名。

中国茶箱所用之商标，无特别崭新之意匠，缺乏广告的观念与图案的色彩。例如白毫茶则贴以描有五彩花鸟之裱纸，小种茶则用红色及黄色之裱纸，工夫茶则不用特种之色纸，其商标类皆粗杂浅俗，毫无图案的价值。至于茶箱之容量，亦不确定，普通分为 Chest，Half Chest，BX，Half 之四种。

种类	原名	茶种	总量（斤）	袋量（斤）	净重
Chest	大箱	白毫茶	77	26	50斤内外
Half Chest	方箱、二五箱	工夫茶、小种茶、乌龙茶	65	15	自48斤至60斤
BX	一五箱	花香茶	24	7	自15斤至20斤
Half	—	—	14	7	7斤

观上表，即知木箱及锡罐之重量不必一定，故每箱茶之重量常有一磅乃至半磅之增减。且茶之为物，其本身之重量亦不一定。头帮茶之质坚硬，至二帮三帮茶，则硬度减少，故每年下季之茶，比上季之茶略轻。如就茶之种类而述其包装法，在工夫茶之内，除北岭茶外，小种茶及乌龙茶多装入一五箱。工夫茶中之北岭茶，红茶中之花香茶、包种茶及绿茶多装入二五箱，其大箱者则不过红茶一种而已。福州茶之输出海外，多装入二五箱。白毫茶之品质佳良，价格昂贵，运送中如减少斤量，毁损品位，则茶商所蒙之损害不少，故为防止损害起见，包装宜时特别注意。在白毫茶原产地之包装法，系用高二尺方一尺八寸之木箱，其内部则贴以锡板，外部则贴以商标及图画纸，于其上更钉以竹片，以防箱之损坏。试计其包装费，则木箱值四角，锡箱值八角，颜料值三角，篓值一角，合计每箱茶之包装费为一元六角。此与普通用麻布袋包装费六角者相比较，费用颇巨。在往时白毫茶亦多用袋装，然近来因此种茶价格腾贵，为茶中之珍品，故多改用木箱。

华茶之输出琉球者，多施特别之包装法，即将茶先于四两重之袋，再入于盛火柴之空箱中，于其内部贴以铅板，以防湿气。自上海输出之绿茶，每箱仅装十斤。木箱之外面，更束以藤条，名曰安平包，其内部则贴以铅箱。兹示上海输出茶所使用木箱之种类及其容量如次。

种类	粗茶（斤）	细茶（斤）
二五箱	30	40
三七箱	30	50
方箱	40	60

砖茶之包装法，在福州多用纸三张包之，装入于长方形之竹篓中。每篓装八十块，重五十斤。又有每篓装二斤块，七十二块或六十四块。在汉口之包装重量及容量如次表所示。

茶种	每篓之个数（块）	重量（斤）
红砖茶	72	139
红砖茶	80	147
绿砖茶	36	89
绿砖茶	27	87

每砖茶一块，以皮纸包二层，再夹以崇阳产之笋壳，以防香气之漏泄，其外更包以麻布，用麻绳缚之。试观在汉口华人自营砖茶工厂之包装法，每砖茶一块，用皮纸包之，另造一竹篓，其内部敷以纸，放入砖茶七十二块或八十块，再用竹盖盖之，其上更用竹索或铁条箍紧。小京砖茶则先包以锡箱，更用商标纸包之，通常每六百块装入于外面张有洋铁之木箱中。云南省之砖茶包装法，则因砖茶之形状不同，其包装法亦有三种。销行于四川方面者，则为直径三寸之扁圆形砖茶，以七块一筒，每一篓装十五筒。其篓甚坚，不易破损。方形砖茶厚五分，有三平方寸者，有二平方寸者，以五块为一筒，每一篓装二十筒。圆形砖茶则以四块为一筒，每一篓装三十筒。以上各种，每篓之重量均为五十斤。砖茶以外之他种茶，则以十斤用布袋包之，更包以菰片。每十个为一担，用人力或骡马运送之。

第七节　制茶经济

（一）平水茶制造收支计算。会稽县下之东山，为平水茶之重要产地，一般农民以种茶为本业，其制茶之收支计算如次表所示（对于生叶百斤之制造费）。

采茶费(每采茶百斤点货给价时之费用)	一元
工资(每男工三人工资一元,酒食费六角)	一元六角
燃料	四角
合计	三元

（二）祁门红茶制造收支计算（对于生叶百斤之制造费）。

绿茶费(每百斤之费用)	一元六角六分
工资(每男工二人)	八角三分
酒食费(每男工一人)	三角五分
杂费(每男工一人)	二角
合计	三元零四分

上之制品，每百斤以二十六元乃至三十元之价格卖于茶号，头帮茶之价则为三十元内外。在头帮茶制造期中，如阴雨连绵，则多制造绿茶，此时需燃料洋五角。此外比红茶制造时约多二成乃至三成以上之费用，且销路又不甚旺，每山茶百斤，价格相差为五元以上，故祁门人多不喜制绿茶。当二帮茶制造时，如数日内连逢雨天，亦不制绿茶，必待天气晴和后，为一时之采摘，仍供制造红茶之用，故其制品未免有粗制滥造之嫌。要之自百斤之生叶，可制成茶二十七斤乃至二十八斤，采摘制造之诸费用合计为三元，其制品以每百斤二十四元乃至三十元之价卖出之。

（三）徽州茶制造收支计算。徽州茶之著名产地为徽州之东乡，其收支计算如次（对于生叶百斤之制造费）。

采茶费(每百斤之费用)	九角三分
工资(每一人二日半)	八角九分
酒食费(每一人二日半)	三角五分
燃料	三角五分
生叶运搬费	一角四分
合计	二元六角六分

上之制品，每百斤之价格为二十元乃至三十元，头帮茶为二十六元乃至二十七

元，二帮茶为三十元内外。

第八节　茶业劳动

种茶业在中国为农家之副业，农家所经营之茶园，其劳动者全为家族团体，如劳力之供给不足时，则与他家族团体为交换的劳动，无另雇劳动者之必要。然平水茶产地之会稽县东山，一般农民则以种茶为主业，其所经营之茶园面积颇广，故不得不佣使外来之劳动者，以从事于种茶。茶园之经营，无论为家族的与非家族的，种茶劳动费力最多，用男子比用女子为有利。又种茶劳动以家族的团体居多，故其劳力之代价不能明了。采茶劳动则为轻便之劳动，故从事者以妇人、小儿为多。然因地方情形不同，亦有专用男子者。此因茶树多种于崇山峻岭及悬崖绝壁中，故采茶时纤弱之女子多不能胜任愉快。如安徽婺源茶之采摘多用男工，此其适例也。

采茶劳动之工资，由其采摘量而决定之。婺源每采茶一斤，给工资九厘（另给食料费），祁门给一分六厘，会稽给一分。此因劳力之需给关系，各地之情形不同，故劳力之代价相差亦巨。

制茶分粗制及再制二种，粗制劳动需熟练之技术，故从事者多为男子。小茶户每日仅制茶五六斤者，以家族劳力充之而有余。大茶园则于制茶期中须另雇工人。茶户无论大小，将粗制茶制造完了以后，再制工程则多委诸茶号及茶栈施行之。粗制劳动之工资如次表所示。

粗制劳动工资	安徽祁门	安徽婺源	浙江会稽
工资	四角五分	一角八分	三角三分
酒食费	一角七分	一角四分	二角
合计	六角二分	三角二分	五角三分

再制劳动比粗制劳动更需熟练之技术，故在制茶期三个月内，常以二十元乃至三十元之工资，雇熟练之茶师以从事制造。再制劳动中分焙工、拣工、做工、筛工数种，除筛工外，余均为男工。兹示徽州茶再制劳动每百斤之工价如次：焙工，七十文；拣工，九十文；做工，十二文；筛工，九文。

第七章 生产机关

第一节 概说

中国茶之生产机关为茶户之粗制及茶号、茶栈之加工再制，但其规模甚小，资本亦微，与印度、锡兰等大规模之茶业公司相较，诚有瞠乎其后之观。近来华人亦知小资本组织之不能改良茶业，倡议建设大规模之公司，但尚未到实现之机运。然差强人意者，则为砖茶工厂，其资本金大概皆达数十万元以上。此与普通制茶机关之平均资本金五万余元者相较，已有云泥之别。原来中国之茶户散布于产茶地域，而以制茶为副业。茶号设立于地方市场，茶栈集合于中央市场，亦以制茶为副业，间有视为专业者。将来非待以制茶为专业之公司出现以后，中国之茶业绝无勃兴之望也。

第二节 茶户

茶户为制茶之民家，又称山户或贩户。茶树在产茶地多栽培于民家之周围及田畔，凡种茶，采茶，绿茶之焙炒、搓揉、干燥，以及红茶之晾青、搓揉、酸酵等工程，均为产茶地之茶户由家族团体之劳力以经营之。据一九一六年农商部之统计，中国全国之种茶户数为九十五万一千五百八十七户，以浙江为最多，湖南次之，山西为最少。

第三节 茶号

茶号又称茶行或茶庄，散布于地方市场，除从事于茶之卖买外，又以制茶为副业，或受茶栈之委托而制茶。其经过之手续，先由农家买入粗茶，集于茶号自设之拣选处。规模较大之茶号，有拣选处十余所。其拣选方法，先将粗茶用筛除去尘芥及茶梗，因其品质为适当之区分后，然后用火温之。此加火工程，为防止半制品品质变坏之唯一手段。加火后再筛分之，即成精制品。

第四节 茶栈

茶栈系立于茶商与输出商之中间，以茶之买卖为专业，而以茶之加工再制为副业。如茶之着香，亦在茶栈施行之。茶栈因市况之如何，于茶之配合及制法时有变更，有时且在中央市场或产茶地设拣选处及制茶场。输出欧美之茶，则多由产茶地或茶号于装箱后卖于洋行，其经过茶栈之手者极少。茶栈自产茶地收买粗茶，再制后向上海及汉口市场销售之。

第五节　工厂

中国茶之生产机关以农家占大部分，其规模甚小，现在尚无大规模之工厂。据一九一六年农商部之统计，新式之制茶公司有十一所，其已缴之资本金额为五十九万六千元，公积金为六万九千一百二十元。其规模稍大之制茶工厂，全国合计为七百有三所。

中国之砖茶制造业，为俄人所经营者，在汉口、九江有五处，为华人所经营者，福州、汉口各有一处。因俄乱关系，此等工厂亦受影响，有中途停顿之忧，然在中国茶业界中不可谓非能别开生面者。兹示此等砖茶工厂之现况如次。

厂名	国籍	所在地	设立期	资本金	劳动者	一日之生产额	一年之生产额	备考
顺丰	俄	汉口九江	—	—	1 000人	汉口768担	汉口276 480担，九江15 000担	制造额均不精确，下仿此
新泰	俄	汉口	—	—	700人	384担	138 240担	
阜昌	俄	九江	—	210 000	400人	汉口256担	汉口92 160担，九江26 000担	
兴商	华	汉口	1908	600 000两	700人	265担	92 160担	
致和	华	福州	1910	250 000元	—	800块	12 000块	压榨机二台，做工二十四点钟

汉口及九江方面砖茶工厂之历史虽不能详，然推其起源，当在中日战争以前。盖中国砖茶之输出业，斯时业已萌芽故也。华人经营之兴商工厂，在汉口玉带门外桥口，有水道及铁道运输之便。公司之名义，虽为英商，而股东皆为广东人。工厂分筛机室、压榨室、干燥室、打包室及机关室，锅炉二个，为英国制，有六十马力。机关室内有发电机一座。锅炉每日消费十五吨之煤，内日本煤十吨，萍乡煤五

吨。制茶原料以湖北咸宁、羊楼峒所产者为主，此等地方所产之老叶干燥成粗片后，入于布袋中，送至汉口，供砖茶制造之用。工厂取此等粗茶选别之，除去尘芥及杂物，后混入少量之锡兰茶，蒸好后以二十五吨之压榨机，压成砖茶。输出俄国之砖茶，每块重二磅，输出蒙古者重三磅，输出蒙古之砖茶较输出俄国者品质粗劣。已经压好之砖茶移于干燥室中干燥以后，由磨光机加工一次，即行打包。

福州砖茶工厂之历史起源于一八六一年福州开港以后，是时华商自英国购入新式机器开始制造，未几而俄商顺丰、阜昌及华商悦兴隆三厂陆续出现。当一八七〇年至一八八〇年时代，殆为福州砖茶工业之全盛时代。至一八九一年以降，汉口、九江方面之砖茶业勃兴，福州之砖茶业遂被其压倒，而现衰歇之势。当一九〇六年时代，顺丰产三千余篓，值四万两；阜昌产六千余篓，值八万两；悦兴隆产一万六千余篓，值二十万两。然因原料粉茶供给之困难及外国粉茶输入之不便，遂陷于休业之苦境。一九〇六年以后，悦兴隆与顺丰合并，由英商太平洋行以固定资本十万元，流动资本十万元经营之，每年生产额为十五万篓。至一九一〇年，始有华人经营之致和砖茶厂出现，资本金二十五万元，设于福州南台，一昼夜之生产力为百篓，年产额为四万五千篓。原料为西路产之粉茶，制品悉为红砖茶。其时有天津帮茶栈，不用机械，由手工制出砖茶，其原料全为绿茶，不用红茶之粉末，所出制品颇受欢迎。

九江方面有阜昌及顺丰之分工厂，从事于砖茶之制造，所用原料以外国粉茶为多。要之砖茶业在中国，实新式工业中之可为模范者。当此中俄贸易复兴之时，茶业必有起色，而砖茶业尤为前途有望之一种新事业也。（完）

《实业杂志》1922 年第 56 期

华茶产地及推销之调查

冯养源

　　吾国茶叶一项，为输出品之大宗，数十年来，未尝或懈。惟近十年中，日本、印度及锡兰等亦有出产，竞争于世界，致华茶大受影响。据最近调查，英国市场中所销之茶，初为中国所独占，迨因日本、印度、锡兰产额逐年增加，且推销之进步甚速，加之爪哇亦从事种植，使致华茶逐渐式微，几世界市场无华茶存在之地。友人某君，为四五十年之茶商，个中经验极深，因恳其详述一切笔记如下。

吾国产茶最多之处，为北纬二十三四度乃至三十一二度，即今之长江迤南，如湘、鄂、闽、粤、皖、赣、江、浙等省是也。他省固亦有之，然皆不若上述诸省之盛。兹先就产区及种类言之。（一）绿茶多产于甘肃、浙江、贵州、江苏、云南等五省。（二）红茶多产于江西、广东两省。（三）红、绿茶均产者为湖南、湖北、福建、安徽、四川等五省。此十二省，为产茶之渊薮。绿茶之销路，多输出北美合众国，与日本所产者，互为竞争。红茶之销路，多输出于英国濠州并俄罗斯，惟挽近该国市场被日、印、锡三茶所夺者，已十之八九，故吾华茶最近之输出，厥惟俄国一处矣。

茶之种类有三，曰红茶、绿茶、砖茶是也。砖茶又可分为两种，一曰红砖茶，一曰绿砖茶。输出俄国，以砖茶实居多数，间亦有红茶之输出。盖红茶专供俄国本土居民之消耗，所以需要有限，而砖茶则充俄领土西比利亚之专需品，所以销场独多。但运往俄国之方法，分海陆两路。海运又分两处：一处从汉口入海参威，直抵俄境，专供东部西比利亚之需求；一处从汉口经苏彝士河，入敌萨港，直抵俄境之西部，供莫司哥以南之居民及军需所用。其陆运亦从汉口由京汉铁路至天津，或由上海沪宁车至浦口装津浦车至天津，转入蒙古，过库伦而达中俄边界之哈克图，再由哈克图分运欧亚两洲之需要地。故我国茶业贸易地点，厥为上海、汉口两埠耳。查去年上海、汉口输出之品，较往年又减一倍，以致茶商日益衰替。揆厥原因，以吾华茶主要输出地，从前英、美、法、意皆有华侨承销之庄口，现在专恃俄罗斯一国，俄又内乱，宁不减色。且近日闻俄人某，聘某英人为技师，移植吾国茶苗，试种于俄国南境哥哈萨斯之山中。据云苗芽颇盛，甚为得手，六七年后，即可采摘。是华茶，不免又生一屏障矣。

我国茶商失败之原因，要不外乎下述数端。（一）由于资本缺乏。（二）不能固结团体，统一价值。（三）焙制不善，不适于求者之口味。吾人不欲挽回斯业则已，苟欲恢复原状，仍我旧观，就管见所及，亦非难事。其要者维何？厥为改良焙制，此为最难之点。鄙意（某君之意）可速改用新式机器焙制，使货色成绩平匀，投西人之所好。其焙制机器，近来福州、浙江等处已稍稍试用，惜其机仍为旧式，焙制时每有不匀之患。苟能深加研究，而运用得宜，焙制有方，则华茶或尚不患失其位置。兹将我国产茶各属详述如下。

（一）湖南省产地有四。（1）长沙府属产地最多，约有七县：（子）湘潭。（丑）湘阴。（寅）湘乡。（卯）益阳。（辰）安化有二处，曰安化，曰硒州。（巳）浏阳有三处，曰浏阳，曰高阳，曰长寿街。（午）醴陵有二处，曰醴陵，曰张家碑。以上七县，产茶最多，大概红茶居十之六，绿茶居十之四。当一九一〇年以前，长沙府属每年可产茶九万一千七百余担，近十年中，且约增三万余担。每年以端节前后，贩运至汉口市场，转销各地。（2）岳州府属产地只有三县：（子）巴陵有五处，曰巴陵，曰渔口，曰北汉，曰云溪，曰晋玩。其中以云溪货最佳。（丑）临湘有二处，曰白荆桥，曰聂家市。（寅）平江。以上三县，出产有限，大概每年可产一万二千数百担，近十年不详。（3）宝庆府属从前有三四县产茶，近以改开煤矿，故仅新化县一处。查十年前出产，亦有五千担，近年不过千数担而已。市上充新化茶者，大都为他产冒名者也。盖新化茶，汁浓味厚，颇受社会所欢迎，因出产不多而需要甚广，大有供不敷求之趋势，所以一般茶商恒以他产冒牌，以广销路。迄今尚无人觉察，是亦作伪之一端。（4）常德府属是处平原多而山少，所以只桃源县一处，且出产亦稀，比来竟未见有货行销于市场。

（二）湖北省产地有三。（1）武昌府属产地最多，大概有六县：（子）蒲圻有二处，曰蒲圻，曰羊楼峒。此二处产茶地甚广，所以出产甲于全府。（丑）咸宁有三处，曰咸宁，曰马桥铺，曰柏田。（寅）通城。该县全境皆产茶，惜区域窄狭，所以出产照十年前不过一万担左右，近年因培植不善，产额减少。据去年有人述及，有某君对于农事极有经验，现在从事整顿，罗致佳种，物色技师，亟欲一挽从前衰弱情形。闻已聘定技师浙人，月薪数百元，能否收效，尚不敢必。（卯）通山有二处，曰通山，曰杨林。通山茶开采时必谷雨前后十日内，而尤以节前采得者，香气倍胜于节后所采，故乡人苟有可采者，必节前采之。万一不能采者，俟节后采之，且售价亦须减色。杨林为红茶，叶甚粗而味甚苦。间亦有绿茶出产，亦为仅见，大都供本乡居民之用，未见供诸市场，故一般人鲜有知其产绿茶者。（辰）崇阳有四处，曰崇阳，曰大沙平，曰小沙平，曰白霓桥。该处出产皆由乡人肩挑或小车，贩于汉口市场，转销各地，为数不在蒲圻之下，惟物质较逊。余谓（某君自称）并非物质不良，实该乡农人少制茶经验，且懒于拣择，每每来售之茶，中杂沙土与他茶，一若有意掺和者，因之售价终居人下。习惯自然，良可叹也。（巳）兴国。该县为出苎麻之地，产茶甚少，大约只龙港一处。惟出品殊佳，市上极宝贵之，所以售价最昂，且每年出产，亦有三四千担。故该处居民，无饥寒之虑。盖苎麻之出产亦富，进益且倍于茶。（2）宜昌府属仅鹤峰州及兴山县二处，出产极少。（3）荆州府属。该处出产以米麦为大宗，所以产茶者亦只宜都县一处。其产额超出武昌府属之通城全县数倍，每年运往汉口，据关上报告，可得三四万担，能装七万八九千箱之多。因货质稍次，不合洋庄销路，大概供本国各省之需。虽近年俄罗斯亦能稍稍搀和推销，要亦为商人伎俩所致。然杂于他产，则其色味固莫能辨也。

（三）福建省产地有五，其中五府中又分东路、西路、北路三种。（1）福州府属北路，产地有三：（子）古田，有二处，曰怀安，曰翟童。（丑）闽清。（寅）屏南。以上三县，产茶之地占十之三四，米麦杂粮占十之六七，故出产较少。而市场中所见，仅古田货。至于闽清、屏南之茶，实不多见。（2）福宁府亦属北路，产地有二：（子）福安，有二处，曰福宁，曰韩洋。福安茶，沪汉两埠推销，数量甚巨，据闻每年能出十万担以上，可装十八九万箱。（丑）德化全县。（3）邵武府属西路，产地为拿口、大干两处，出产甚多，即沪汉所售之熙春茶是也。查十年前，该处出品不过一二万担，近年增至十万担有奇，且茶质亦佳，所以销路最广，输出品厥为大宗。近据该处人言，现在有人竭力怂恿农人广辟地亩，遍处树植佳种，俾收多产之效果。而于焙制功夫，尤加研究，目下颇有以新式机器焙制者，故手续较人工为速，而制法又极平匀，诚为闽产之特色也。（4）建宁府亦属西路，其产地有二：（子）建宁有三处，曰星材，曰钱村，曰莒。该三处出产亦盛，以无焙制之经验，所以每将毛货售于邻县焙制，有谓由邵武府代为焙制者（确否未详）。产额不在邵武之下。（丑）建阳全县，出产亦殊多，其名为嘉禾茶，以由上海市场推销者为多。虽近数年渐觉少见，或系另改名称，故无从认辨。其产额大概有六七万担。（5）延平府亦属西路，惟中有尤溪县则属东路，盖府之边东境也。其产地有三：（子）沙县，有二处，曰沙村，曰柴枝口。（丑）南平，有三处，曰剑浦，曰降江奥，曰龙泾。（寅）即尤溪，归东路者，其产茶最多，厥为洋口。该处山清水秀，所以出品特优，而产额虽较少于邵武，而值额则过之，其出产之优胜，可想见矣。

（四）安徽省产地有六，出品繁盛。（1）徽州府属产地最多，大概有四县：（子）歙县全县；（丑）婺源；（寅）祁门；（卯）休宁。此四县之产茶额，为全省之纲领，红绿茶俱备，而质独优。吾国输出品，此产实居其半。每年产额，何啻百十万担。（2）池州府属产地有二：（甲）建德；（乙）青阳。此二县之出品，上海曾不多见，大概供本地居民者多，即有推销市场中，亦不过福州地面耳。汉口市场，或亦有之。（3）六安州产地有英山、霍山二县，其出品大都以香片绿茶居多，如蕲春、沛江等名称即是也。此茶销于上海市场最盛，汉口次之，福州不过作过渡市场而已，推销洋庄，年额亦不下数十万箱。而货质分两种，优者售价超他产之上，次者销路尤广，大概供市镇社会上之需求，其价稍廉。（4）凤阳府属有二县：（甲）寿州，即寿春茶叶，沪上平常住户皆习用之，香味均佳。（乙）灵璧，即谷阳茶叶，可以制红茶，味稍带涩，此产大都推销于北路者。（5）滁州府属产地有二：（甲）全椒，出品有两种，曰南谯茶，曰北谯茶。汉口居民多饮之，上海殊少。（乙）来安，即新昌茶叶，一名寿阳茶，香气扑鼻，滋味鲜浓，惟多饮不能止渴，所以市上不甚行销，而产额亦不甚多。故上海市场中稍有来货，售价极廉，以下等社会人购吸之。（6）安庆府属产地仅怀宁、潜山两县，出产较少，物质因不多见，无从辨其优劣。统核安徽全省产地，计六府属，而产额可冠全国，故沪汉两市场中，此产独多者，职是故耳。

（五）江西省产地有四。（1）吉安府属产地虽多，而出产甚少，大概有五县：（甲）吉安，有二处，曰螺川，曰涉岭。（乙）龙泉。（丙）铅山。此处县境及河口镇两产域，出品较胜于他县。（丁）崇山县境及桐木关两处，此产汉口市场中时有见之，而上海殊不多见也。（戊）瑞阳，即春芽茶是也，上海市场中有之，惟洋庄不销耳。（2）南昌府属产地有四县：（甲）武宁。（乙）义宁，即修地红茶是也，可制砖茶，能销洋庄，汉口砖茶公司多采用之。（丙）丰城，该处仅一小部分产茶，供本境居民日用尚且不敷，故无推销之可言也。（丁）新建，产额与丰城相若。（3）瑞州府属产地有二县：（甲）高安，即瑞阳红茶是也。（乙）新昌，有二处，曰宜丰，曰洛村。此处产额货质均不佳，故不能供市场中行销也。（4）袁州府属产地有二县：（甲）宜春，即秀红茶，可制红砖茶，推销亦广。（乙）萍乡，从前出产亦称不少，近数年因开煤矿，因之产额骤减，目下竟无该产之形迹出现于市场矣。（未完）

《钱业月报》1922年第4期

华茶产地及推销之调查(续)

冯养源

综观上述五省中，产额及物质，以安徽独占优胜。此余（某君自称）曾经其地，贸易阅二三十年，故知之最详。至江苏、浙江、甘肃、广东、四川、贵州、云南等七省，缘未履其地，无从详晰，不过就见闻所及，约略试述如下。

（六）浙江省产地有七。(1)绍兴府属产地有五县：（甲）诸暨；（乙）山阴（会稽民国年间并到山阴，故只及一县）；（丙）上虞；（丁）新昌；（戊）嵊县。此五县中，产额亦不少，大都均产绿茶，沪汉两埠市场中亦有推销。大概供本乡境居民消耗者，占十之六七，供外地需要甚少。(2)宁波府属产地有三县：（甲）奉化；（乙）象山，此产上海市场颇有所见，惟质之优劣，因余（某君自谓）以未尝此项货品经营，不敢臆断；（丙）慈溪，出产甚少，不过供本土之用而已。(3)台州府属产地有四县：（甲）黄岩；（乙）仙居；（丙）天台；（丁）太平。此四县之出品优劣，产额多寡，皆未详。(4)温州府属产地有三县：（甲）瑞安；（乙）永嘉；（丙）乐清，即俗所谓柴爿茶叶是也，盖此茶其叶粗大如紫叶故名，且味汁均劣。(5)严州府属产地有二县：（甲）遂安；（乙）寿昌。(6)杭州府属产地有四县：（甲）新城；（乙）富阳；（丙）余杭；（丁）昌化。出品优劣及多寡，均未详，幸西湖龙井茶，颇具声誉。(7)金华府属产地有五县：（甲）东阳；（乙）义乌；（丙）兰溪；（丁）永康；（戊）汤溪。出品优劣、多寡未详。

（七）江苏省产地有六。(1)淮安府属产地有三县：（甲）阜宁；（乙）桃源；（丙）清河。(2)江宁府属产地有四县：（甲）句容；（乙）高淳；（丙）六合；（丁）溧水。(3)松江府属产地有二县：（甲）青浦；（乙）娄县。(4)海州产地仅赣榆一县。(5)扬州府属产地有四县：（甲）仪征；（乙）宝应；（丙）甘泉；（丁）泰州。(6)徐州府属产地有四县：（甲）宿迁；（乙）铜山；（丙）砀山；（丁）邳州。尚有苏州府属之吴江及洞庭山亦有出产，质较优而不多，有名碧螺春者，即此产也。

（八）广东省产地有八。其府县名，因年久遗忘，无从记忆。大约该省所产之茶，以红茶为大宗，亦可作砖茶。其中有称乌龙茶者，销路最广，价亦较昂。盖该省固为吾国产茶地之一，出产数量极多。惜余（某君自称）年迈志衰，不能游其地，一见其产区也，至今思之，恒抱缺憾，甚望海内吾业同志，有以教之，则幸甚矣。

（九）贵州省产地有三。（1）贵阳府属产地有三县：（甲）贵定；（乙）广顺；（丙）龙里。（2）黎平府属产地不详。（3）大定府属产地有二县：（甲）黔西州；（乙）毕节。大概该省所产之茶全属绿茶，推销于上海、汉口，转输国外者，亦为吾国输出茶产之一部分。而制砖茶者亦多，因不善焙制，所以售价每不能与他产抗耳。

（十）云南省产地有五。（1）曲靖府属产地有三县：（甲）寻甸州；（乙）平彝；（丙）陆凉州。（2）临安府属产地有四县：（甲）石屏；（乙）河西；（丙）建水；（丁）阿米州。（3）永昌府属产地有三县：（甲）永平；（乙）保山；（丙）县名遗忘，大约前此称厅，而不称县者。所产一种平水绿茶，其味滋浓，其气芬馥，装置小箱，每箱约一二斤者，或谓即瑞蕊茶，是否未确。（4）楚雄府属产地有五县：（甲）广通；（乙）定远；（丙）镇南；（丁）大姚；（戊）琅咸。（5）元江州属产地只平兴一县。以上五府中之产品，以曲靖府产为最优，凡作砖茶，大率用此。即以他产制砖茶，亦必以曲靖之茶搀和之。据友人言，该省全年产额，在五六年前只五万数千担，近一二年间，别增至十万担以上。而培植知识，亦略增进，加以出品之收拾，销路遂因而扩充也。

（十一）四川省产地大约有七。其产地之府县名称，类皆遗忘，只江津、屏山、阆中、筠连、仁寿、资阳、汶川、仪陇、峨眉、乐山、梁山等十一县，尚可记忆，第不知属于何府之境界，实无从悬揣矣。所有府属能记忆者，大概有成都、叙州、宁远、潼川、眉州等五府，其属县之产地，亦不能详忆，殊堪自憾。查该省出产，吾国输出品中，除安徽江浙外，可称首屈，全年产额，何啻数百万担。不过运输殊感不便，所以运费较巨，而鉴定价格，因亦较昂。大约汉口市场中，恒有此货踪迹，且亦数量较多。而福州市场中，亦及见之。上海市场中，仅有零星之货而已。至于洋庄出口，实未之闻也。惟由汉口市场，销出洋庄殊多，大抵均输入于俄境，他国间亦有采购者，惟数不多耳。

（十二）甘肃省产地有五。（1）平凉府属产地有四县：（甲）平凉，此处出品最优，为绿茶中之佼佼者；（乙）固原，此处出产较逊平凉茶；（丙）崇信；（丁）灵台。（2）西宁府属产地有二县：（甲）碾伯；（乙）西宁。此二县出品较少，市场中不多见。据该籍友人云，大都所采者均系茶芽，泡汁后成梅花形，气味馥郁，尝之似有甜味，亦美品也。（3）巩昌府属产地有六县：（甲）西和；（乙）伏羌，即牟陇茶叶是也；（丙）安定；（丁）陇西；（戊）通渭；（己）宁远。此六县中，以西和县产额最多，全年可产二十万担左右。然余（某君自谓）依据同业者所言，确否未详。盖此项茶叶，目中罕觏，故不敢谓其言之确也。（4）兰州府属产地有三县：（甲）靖远；（乙）皋兰；（丙）狄道。此三县出品有限，大都只供本境之需，未有推销外省者。（5）凉州府属产地有五县：（甲）山丹。按该省为出绿茶之地，独是处之出产可制红茶，且可制砖茶，不过其味不甚可口，销路无多。名山堤茶者，即此产也。（乙）永昌。（丙）甘州，所产之茶，采期较迟，大约必待端节之后，若能过伏，则茶味尤美，所以乡民采茶，每迟至六七月间也。（丁）武威。（戊）张掖，此处从前本不产茶，方于民国初年，有人移种播植之故。近一二年中，亦可采摘，惟数量无多，又未推销于大市场中，故鲜有知者。余（某君自谓）始于去年，闻于该处友人，因附及之。

吾国产茶区域，既如上述。按茶之为物，遍地皆有，大概有山之处，必可植茶。私心悬揣，吾国全国二十二行省，决不致仅有产区十二，不过耳目所及，只如是耳。曾有出产而未列入者，奚啻什百，即如安徽之无为，浙江之余姚，未尝无产茶之区，特以未有闻见，类因产额缺少，不能供应于市场，或品质过劣，不能推销于市场，是以有等于无。总之，产茶区域，要皆因地制宜，且亦因时制宜。北地固多山，何无产茶地闻于世，殆以气候较寒，不若南方之温和，时地不宜，有以致之耳。兹更就推销之市场及其输出额复详述于后。

（甲）汉口市场。汉口为长江之枢纽，亦即为南北之要冲。汉阳、武昌鼎峙而立，水陆适宜，运输称便，所以商贾云集，货物辐辏。长江、汉水汇集于此，东达上海，北由汉水可至陕西之汉中，西绕四川而至成都、重庆，南依长江而至湖南，达洞庭湖。而此两大水路，交互连络，且接壤于产茶地，采销为唯一之便利，故汉口为吾国茶市之第一市场。至湖北出产之茶，其运输之便，固无论已。他如湖南、安徽、江西运至汉口市场，亦较其他市场为便，故愈于散放四方。大概湖北产域之出品，完全属于汉口市场，即运至其他市场者，大都由汉转口。如羊楼峒产品，每年丰收时可约四万七千余箱，歉收时可约三万三千余箱，丰歉平匀以七折推算。蒲圻出产，较羊楼峒稍逊，每年约丰收可出四万三四千箱，歉收可出三万零数百箱。其次则推崇阳，每年丰歉平匀可出三万六千余箱。咸宁产茶地计三处，出产共约二万六七千箱。通山及杨林之出产，年可一万八九千箱。宜昌出产，每年丰歉平匀，约计一万二三千箱。荆州全府，每年出产丰歉平匀，可得七万余箱。以上纯属鄂产，故推销地完全属于汉口市场。至于湖南出品，略举产茶之重要区域，列表如下。

产茶区域		产额
第一位产域	安化	二十四万八千三百余箱(每箱重五十八斤)，上等价约四十六七两内外
	桃源	二万三千五百余箱，上等价二十四五两内外，下等价十八九两内外
第二位产域	长寿	三万六千五百余箱，上等价三十两内外，下等价二十四五两内外
	平江	四万一千二百余箱，上等价二十五六两内外，下等价二十一二两内外
第三位产域	醴陵	二万一千余箱，上等价十六七两内外，下等价十一二两内外
	高阳	三万五千余箱，上等价二十七八两内外，下等价二十一二两内外
第四位产域	湘潭	五万零数百箱，上等价十五六两内外，下等价九、十两内外
	云溪	三万二千余箱，上等价十七八两内外，下等价十一二两内外
第五位产域	聂家市	四万六千余箱，上等价二十一二两内外，下等价十六七两内外
	浏阳	一万九千余箱，上等价十五六两内外，下等价九、十两内外

综观上述产额，数达五六十万箱内外。盖此项运输，必经岳州通过，而至汉口市场。近据岳州税关报告，（民国十年）每年经过本关出口之数量，约七十余万箱，每箱以五十斤计之，总数为三十余万担，乃至四十万担以内。湖南茶之价格，平匀以三十两计，年约银额在一千万两以上，是专指汉口市场承销者而言。至于其他附

属各产地，及转往各埠者，虽属少数，约计当在十分之二三，必有过之而无不及。然皆不在上述之内，其销路以俄罗斯为最多，英、美、奥、义次之，加拿大、土耳其又次之，欧州大陆又次之，日本及本境各省则居最少。故汉口市场对于茶业之市面，他市场不能望其项背也。近据汉口税关报告，由汉口出口（民国十年年终）至国外者，四十二万三千一百六十八担，平匀每箱五十斤，计半担，合八十四万六千三百三十六箱。至国内各埠者，四十九万二千五百零四担，合九十八万五千零八箱。长江迤下而至上海，数量占十分之六七（转口货统计在内）（他省之产，输入输出亦不少，因无统计表，无可稽考），银额平匀二十五两，估价二千七百四十七万零一百六十两。又据汉口茶商，谓五年前出口之茶，大约推销国外者，居十分之六七，国内各埠，不过十之三四。今则国外递年减缩，甚且居国内之下，吾国对外贸易之成绩如是，宁不惜哉。（未完）

华茶产地及推销之调查（再续）

冯养源

（乙）上海市场。上海茶之来源及本省之出产数量，固不亚于汉口，而其推销之广，输额之盛，骤睹之，似驾汉口市场之上。而实则汉口转口至上海市场者，数颇不赀。如两湖来源，占上海来源之一大部分，尚有其他各省，如浙江、福建、安徽、江西之大宗产地输入，本省固无论已，此外又有广东、四川、甘肃、贵州、云南等少数产地之输入，百川汇集，宜其集合数量之广大，甲于汉口市场也。至于日本、锡兰、印度等产品，固亦有输入者，而我国人对于外来之茶素不喜用，所以输入之货只能供上海侨居各外商之需求，或各埠之侨居外人间来收购，其于吾国商业前途及社会之嗜好心理，毫无关系，因置不论。惟吾华茶对于上海市场之输入输出两额，以及价额之统计表，惜无从调查，虽有税关可稽，总不能完全。盖上海水陆运输外，尚有无须经过税关及漏捐之输入输出额，其数量均不在税关报告之内，是以考究无从。兹但就产地之产额录之于后，其见闻所不及者，只得挂漏，以待折肱家之继续。残缺之讥，固莫能免也。按上海市场，由汉口市场转口输入之两湖茶，年约三十万担左右，计在五六十万箱。徽州府所属六县（祁门、婺源、休宁、歙县、绩溪、黟县）每年产额，丰歉平匀，约在二百五十万箱强弱。其集中地为屯溪，当每年春夏之交，上海茶栈家派遣水客或茶商，必先聚集于该处，故有约略之统计额，大概凡茶运集于屯溪者，完全装至上海一埠，他市场不能侵掠者也。惟此六县之产，皆为绿茶，间亦有红茶，以祁门产为尊，然总不过少数而已。吾国输出国外之茶，厥赖此产。但俄人素嗜红茶，故除红茶外，大都运往欧美各国。其六县之产，品质最优者为婺源，次为歙县、休宁，惟绩溪产为最劣而多。歙县、休宁，品质虽不逊婺源，唯产额较少，故居次焉。祁门本产红茶，品质之良，誉满全球，数量之多，足冠全皖。上述红茶之少数云者，盖该处地势，水陆运输，水道多由芜湖或安庆轮埠，或经九江而直抵汉口市场。至于陆路大都转往福州市场。其至屯溪而能至上海者，仅少数而已，且半为绿茶。然近一二年，祁门红茶之推销于上海市场者，非可同日语矣。黟县所产之茶，品质尤恶，数量较少，故不列入。上述之等级内，除祁门红茶大半运往汉口、福州两市场外，其他各产属于上海市场居多。惟昨今两年，祁门红茶上次两种，转运上海市场，几占全产额之半。今年为尤甚，上月间余（记者自称）偶询茶栈中人，谓祁红今年到货特甚，大概往年转输汉口、福州两市场者，今年新产完全为上海市场所独占。盖今年洋庄销路大畅，祁红之货，需要尤殷，故各茶商于开采前，已向内地产域各茶行设法包揽，因之今年祁红运沪独多，云云。按上述之语，不过一时之遑，不能作为定率，然往后沪多汉少，或可预卜。至于浙产，当宁波、杭州水陆两道未开通以前，运输颇感困难，而水脚又昂，故各处均有散放。近数十年，逐渐便利，迨火车开通后，他市场完全无浙产形迹矣。安徽之徽州茶、绍兴之平水茶以及宁波东南地方所产之宁波茶，其集中地，悉为宁波，转运至沪，每年数量，由宁波口岸输出额达三十余万担，乃至四十万担，金额达五六百万两。近年因沪杭车运输较轮运为便，致徽绍两种茶产悉为杭州所夺，平水茶则完全为杭州蚕食殆尽。宁波茶行，竭力设法补救，仍无挽回余地。故宁波目下所运出之茶，独本产一种而已，大概由日本销去为多，顾品质较劣，远不如绍徽两种，因之日本亦不能推销。盖从前有绍茶、徽茶两种搀和，故受外人乐用，现在无来源不能搀入他产，致看相益形恶劣，遂被屏弃。刻闻宁波茶专供美国销路，均由上海市场承销，大约每年产额达四五十万箱（或谓一百四五十万箱不确）。绍兴府属五县平水茶，约二三十万担强弱，以会稽、山阴二县所产者为最优，上虞、嵊县、新昌三县次之，其品质皆胜于徽州茶，大约每担价银最近售盘，自三十五两，递次至十一二两不等。上海茶商，每年于三四月间往采，谷雨前后纷纷可以运沪也。兹将上海市场由各产地运来之红绿茶种类，约志如下。

红茶种类有六：一、祁门茶；二、宁州茶；三、长寿茶；四、吉安茶；五、湖南北茶；六、温台茶。

绿茶种类有六：一、平水茶；二、徽州茶；三、熙春茶；四、屯溪茶；五、婺源茶；六、龙井茶。

此外尚有红砖茶、绿砖茶以及粉茶、茎茶、叶茶（不用火烘者）、香附茶等等。去年闻新关报告输出额如下（均由沪运至外国各埠者）：红茶，一百四十六万六千八百八十四担。绿茶，四十二万四千八百八十九担。红砖茶，十六万二千八百四十担。绿砖茶，四万八千八百四十担。叶茶，一万九千八百四十七担。

（丙）福州市场。福建为吾国全国产茶重要区域之一，每年产额之输出，厥为他省冠，故福州市场为闽茶聚集地，宜其市场之兴旺也。然福州总市场内部，又可分为两处，一为厦门，一为福州。惟厦门市场，输出输入之额，差落有限，大抵每年输入者，为中国台湾（日据时期）之乌龙茶最占多数，其他杂产，亦占一小部分。本省茶之输入者，为北溪、武夷、安溪、建宁、宁洋之产。其输入他产，每年总额（民国九年），得税关报告之确数，为八十四万四千六百八十八担。本省茶不过十二万二千六百一十四担。由是观之，则他省茶占百分之八十五六，而本省茶仅百分之十四五而已。查近年中国台湾（日据时期）产额倍增，故运至厦门市场，推销各地之茶，亦与之俱增。且乌龙茶为中国台湾（日据时期）之特产，品质可冠全球，社会视之，一若珍宝，所以售价之贵，他产实难望其项背，且颇博信于外国市场。闻中国台湾（日据时期）一岛，当明治四十一年间，全岛产额绿茶（即台青茶）有五百四十二万八千九百余贯（每贯合吾国天平砝一斤四两），约四千三百四十余担之巨。此为最少之产。而红茶（即乌龙茶）有四万五千七百六十五万八千一百余贯，约三十六万六千一百二十余担。近年骤增至绿茶一千六百二十八万余贯，几及三倍以上；红茶增至十一万四千四百余万贯，竟达两倍有半。故迩年厦门市场，对于乌龙之输入输出额，亦增上两倍有奇，将来销路之扩张，方兴未艾也。至于福州市场，举凡闽茶，大都经此市场，而转上海或汉口两大市场，转输出各贸易区域。故每年产茶之盛衰，当登场时，一观福州市场之兴替，即可了然矣。兹将民国八年以前之福州市场输出于诸港者，约计如下：红茶二十二万三千三百数十担，绿茶五十一万零七十余担，叶茶二万八千余担，红砖茶十二万七千九百余担，绿砖茶三万二千一百余担。又输出于外国及香港地区市场者，亦约计如下：红茶四十二万六千四百余担，绿茶八万四千八百余担，叶茶二万九千八百余担，红砖茶十六万二千八百余担，绿砖茶八万八千余担。其运至上海市场之总额，一时不易确准，盖上海派茶商向产地收购，人数既多，地又四散，且无一定之统计表，又无税关为之估量，是以无从详考。即本地茶业折肱家，恐亦未能稔知。大势论测，并全省产额之约计，又参以杂产之输入，交互推算，大抵输往上海之总额，不在运至诸港、外国、香港地区之下。此厦门、福州两市场之每年输入输出之大概情形也。

总之，华茶为吾国生利之大宗，逐年输出国外之茶，奚啻一千六七百万担，平匀每担以四十两计，值华银六百七八十兆两之多。挽回利权之巨，他产莫与比伦。吾国人苟能如日人培植中国台湾（日据时期）茶之勤劳研究，以期其产额加增，品质优胜，自得占世界贸易市场一席地焉。

记者于茶业一道，因属门外汉，惟据某君所述，证诸沪上各茶商报告，大致相若，惟每年推销数量与平匀估价，稍有不合。据茶业中人云，最近每年国外之输出额，大约在千万强弱；而平匀估价，因最高者原有六十余两之定价，而最次者在十两内外，以及十八九两者，数量实倍于最高价，故平匀价只能扯三十两云云。

《钱业月报》1922年第7期

宜速挽回华茶销路

中国向为世界独一无二之产茶国，自印度试植茶树后，且精究制法，遂为华茶之劲敌。且华茶制法不佳，种植无方，又加以各种重税，华茶在外洋之销路，遂日衰而不振。自一八八八年后，印度茶之销路，遂有蒸蒸日上之势。当时政府与茶商并不注意改良，以致印茶之销路日扩，华茶之销路日缩。今将华、印茶历年之销数略述如次。

在一八八八年至一八九二年间，印茶计一亿零五百五十二万九千磅，华茶二亿四千二百二十一万三千磅。一八九三年至一八九七年间，印茶计一亿三千五百四十万八千磅，华茶二亿三千四百五十万七千磅。一八九八年至一九〇二年间，印茶一亿七千二百六十八万九千磅，华茶一亿九千二百四十二万七千磅。一九〇三年至一九〇七年间，印茶二亿一千零六十一万一千磅，华茶二亿零三十二万八千八百磅。一九〇八年至一九一二年间，印茶二亿五千五百三十九万四千四百一十八磅，华茶二亿零二百一十三万零一百八十六磅。一九一二年至一九一三年间，印茶二亿七千八百五十一万八千四百一十一磅，华茶一亿九千七百五十六万磅。自欧战发生后，华茶之销路更劣于前。一九一一年出口之数，计一百四十六万二千八百零三担，至一九二〇年缩至三十万五千九百零六担。至一九二一年，虽略有增加，然亦仅有四十三万零三百五十八担。在此数年中，华茶之销路仍无争胜之望。今更以历年各种茶类之销路分述之。一九一一年，红茶七十三万四千一百八十磅，绿茶二十九万九千二百三十七磅，茶砖四十一万六千六百五十六磅，茶屑八千六百五十七磅，茶片九千零七十三磅。一九一四年，红茶六十一万三千二百九十六磅，绿茶二十六万六千七百三十八磅，茶砖五十八万三千八百八十三磅，茶屑一万二千四百一十二磅，茶片一万二千一百四十五磅。一九一七年，红茶四十七万二千二百七十二磅，绿茶十九万六千零九十三磅，茶砖四十四万三千六百三十六磅，茶屑五千四百七十二磅，茶片七千九百一十七磅。一九二〇年，红茶十二万七千八百三十二磅，绿茶十六万三千九百八十四磅，茶砖一万一千六百九十五磅，茶屑一千八百七十九磅。一九二一年，红茶十三万六千五百七十八磅，绿茶二十六万七千六百一十六磅，茶砖二万三千五百四十六磅，茶屑一百四十三磅，茶片四十六磅。倘政府与茶商犹不速事改良，以期恢复，恐华茶在外洋之销路将从兹匿迹销声矣。

说中国制茶要赶快改良的道理

余景德

我今天所说的这个问题，是专说中国制茶必要改良的话。这改良两个字的意思哩，不是说中国制茶的方法全然不好，定要样样都照着外国的方法去做的意思。是说中国制茶的那些方法中间，有几样不好的，我们要把它改一改的意思。要晓得我们制茶的方法是哪几样不好呢，先就要晓得他们外国人吃茶所讲究的是些什么事。

因为我们中国的茶叶必要售给外国人了，才能够享外国的利。若是不合他们的嗜好，无论我们自己觉得怎么样好的茶叶，他们不愿来买，我们也不能勉强地劝着他们买，这个茶叶的利权还能够让给我们享受吗？我现在先把外国人吃茶的习惯讲一讲，然后再把我们制茶的方法要如何改良，改良以后有什么好处，一样一样地说出来，同看报的诸君商议商议。那外国人吃茶，第一就是讲究清洁，无论红茶、绿茶，总要泡出来的茶汁水色鲜明。若有了溷浊渣滓，他们就不爱了。第二就是看那茶香、茶味，总要那个茶有自然的香气和本来的真味。若是带着别种的香或别样的味呢，他们也是不欢喜的。第三就是看那茶的形状和颜色整齐不整齐。若是那茶的长短粗细不甚均匀，或是红茶里面因为酸酵——俗称发汗——不透带着青色，绿茶里面因为炒焙不匀，有了焦黑淡黄等色，他们都要看作下等茶了。

这上面说的还是他们随便看茶的方法咧，若说到他们的茶叶检查所或讲究吃茶的人，他们的看茶方法就更加精细了。原来他们买茶的各国，在那茶叶进口的地方都设立一个检查所，凡是进口的茶叶，总要经他们的检查员认可了才准进口去卖。那检查所看茶的方法，除了普通查看以外，还要用化学分析的法子，看那茶叶的中间有没有着色搀假的弊病，于卫生上有无妨害，还要看所含的养分是多是少。照这样的看法，若是看出了大弊病，就要将茶叶勒令退回，甚至烧毁、重罚。就是被他看出了小小的弊病，也就败坏了茶叶的名誉，断绝了茶叶的销路。所以印度、锡兰、日本这些产茶的国家，从前所有的各种坏处，于今都渐渐地改良了。我们中国的茶叶，照着上面所说的几个条件，能够件件受得他们的查看吗？阅者诸君哪，我们虽不可自己败坏自己，把华茶的好处埋没了，然而也不必自己欺哄自己，说那些隐隐约约的话去欺人。平心而论呢，我们的茶叶，因为气候、土质的关系都很相宜，所以茶叶原质是很好的，色泽、香味也还将就看得过去。除了这几桩以外，就有许多不合他们的嗜好了。既是不合他们的嗜好，所以我们不得不改良，不问旧法新法，总是要制出来的茶样样尽他们看得中意，我们才能够挽回这个利权。纵然是我们以为很好的方法，如果不中他们的意思，也就不能不改了。

究竟这应该改的是些什么事，要怎么样的改法呢？我现在只把制茶的一方面说个榜样给诸君听听。我们中国无论制哪样的茶，第一个弊病就是不洁净，恰恰和他们第一讲究的清洁是个反对的。我们要改良这件事却是很容易了，只要制茶的时候预先把一切制茶器具洗刷尽净，堆茶、晒茶都用簛席或芦席垫在下面，制红茶的人把赤足洗净，或者穿着厚布做的袜子也很方便。那袜袋的样式呢，是五指分开的，和手套的样式差不多。揉茶的人站在茶台上，不要下地，晒茶、炒茶和一切的杂事另外派别人去做，免得把地上的龌龊东西混到茶叶里面去了。红茶酸酵的时候，把茶叶装在洁净布袋里头，晒在日光地方，遇着阴雨的天气，就放在有火的焙笼里，上面用草荐或棉絮蒙着，或是放在干燥橱中，都可以一样酸酵。第二要改良的，就是那晒茶、炒茶要有一定的时候，揉茶要有一定的次序。像那制红茶的，茶叶晒太久了，干了水分，茶叶就揉不紧。晒的时候太少了，茶叶生硬，容易揉成破叶。总以水分略干，叶梗有了弹力的时候为好。制绿茶的，炒叶时候太过，或是搅反不匀，茶叶必有焦味，或有不成线状的叶片杂在中间。炒叶时候不足呢，茶叶又有青气和涩味。总要火力平均，操作熟练。最好是用木炭堆成锅底形，使锅底周围和炭火距离七寸之谱，锅内的热力才能平均，再有熟练炒叶的工夫，自然可免太过不足的弊病了。再说到揉茶这件事。无论手揉足揉，都有一定的规则。制红茶的，用力不可太急，团团转揉，时用左右转折的揉法，不要流失了茶叶的原汁，好让它缓缓地卷紧。制绿茶的，先用左右前后转揉法，次用回转揉法，后用两手合叶搓揉，照这样制成的茶叶，形状像线索一样，是外国人所最欢喜的。切不可胡乱搓揉，把那茶叶弄成个不整齐的样子。还有那掺假着色的两样事，我们湖北产茶的地方尚不多见。要知道这两件事是他们茶叶检查所最忌嫌的，如果有了这掺假着色的情形，也是要赶快改良的。以上所说的一切弊病，是我们制茶所不免的，那些改良的方法，也不过是就着中国制茶的情形，选那急于要改并很容易改的说一下，好叫制茶的人家容易照着去做的意思。阅者诸君哪，我们茶叶的原质本好，只要略略改良，这个大利就可以保存，这是如何不好呢？若是能够慢慢地仿着外国用机器去做茶，或者照他们人工制茶的法子，那就更好了哪。这种机器或人工制茶的方法，记者也还粗粗地有点经验，稍缓几时，再记出来同各位商量商量罢。

民国十年吾国之丝茶贸易观（节选）

子　明

茶叶贸易

溯自欧战启衅，扰攘四年，俄乱纷起，迄无宁日，数年来华茶之国外销路，影响所及，日渐衰退。迨民国九年，更形不振，输出萧条，几濒停顿。迄于去年四月间，沪上存货山积，无法疏通。业茶者莫不同感困难，不敢放手经营，于是对于祁门路庄诸货，均议决停办一年。茶叶产额，遂大为减少。不料自新茶登场以后，欧洲去路顿形活动，年终之时大有求过于供之概，景象之佳为数年来所未有。然终以产额减少，无以充分发展，至为缺憾。查去年出口茶额，共四十三万零三百二十八担。就中以运至美国及檀香山者为最多，计十二万七千五百四十七担，香港地区次之，为十二万零六百七十五担，英国三万一千五百一十四担，印度三万零一百三十担，土耳其、波兰、埃及等处三万三千零一十四担，法国一万五千四百五十担，其余各处则为数千担以至数十担不等。兹根据去年之海关贸易册，将各茶运往各地之数额，列表比较于后，以观其消长。

（单位：担）

运往地别	各种红茶	各种绿茶	各种砖茶	毛茶	小京砖茶	茶末	合计
香港地区	64 651	53 645	9	2 267	—	103	120 675
澳门地区	5 730	224	—	7	—	19	5 980
安南	1 902	—	—	—	—	—	1 902
暹罗	2 921	117	—	—	—	8	3 046
新嘉坡等处	4 632	282	—	—	—	—	4 914
爪哇等处	691	2	—	1	—	—	694
印度	2 047	28 082	—	1	—	—	30 130
土、波、埃等处	200	32 814	—	—	—	—	33 014

运往地别	各种红茶	各种绿茶	各种砖茶	毛茶	小京砖茶	茶末	合计
英国	26 609	4 898	—	6	1	—	31 514
璐威	7	—	—	—	—	—	7
丹国	267	—	—	—	—	—	267
德国	5 063	1	—	—	—	—	5 064
和国	5 362	—	—	—	—	—	5 362
比国	30	—	—	—	—	—	30
法国	2 654	12 695	—	101	—	—	15 450
瑞士	11		—	—	—	—	11
义国	17	4 307	—	—	—	—	4 324
奥国	444	1	—	—	—	—	445
俄国 欧洲各口	—	—	6 703	—	—	—	6 703
俄国由陆路	982	3	15 488	—	—	—	16 473
俄国黑龙江 各口	104	11	1 091	—	—	—	1 206
俄国太平洋 各口	148	62	77	1	45	—	333
朝鲜	24	108	—	15	—	—	147
中国台湾（日 据时期）	367	6 731	42	—	—	—	7 140
飞利滨	253	5	—	—	—	—	258
坎拿大	369	5 054	—	—	—	—	5 436
美国及 檀香山	9 039	118 372	136	—	—	13	127 547
南美洲	468	—	—	—	—	—	468

运往地别	各种红茶	各种绿茶	各种砖茶	毛茶	小京砖茶	茶末	合计
澳洲纽丝纶	1 467	201	—	—	—	—	1 668
南非洲	119	1	—	—	—	—	120
合计	136 578	267 616	23 546	2 399	46	143	430 328

查去年茶类输出，较之九年，均有起色。红茶因祁门等停办一年，产额不多，后虽见于销路转机，仓卒开办，然卒以区区箱额，供不应求，于是连年陈茶，亦为之一扫而空。共计全年输出红茶十三万六千五百七十八担，较九年增加八千七百四十六担。绿茶则美国去路甚为畅达，英法等国亦有动办，共计出口二十六万七千六百一十六担，较九年增加十万三千六百三十二担。各种砖茶因俄国需要未起，输出不多，共计二万三千五百四十六担，较九年增加一万一千八百五十一担。其余如毛茶输出二千三百九十九担，较九年增一千八百八十三担。小京砖茶四十六担，九年无输出。惟茶末输出仅一百四十三担，较九年减少一千七百三十六担。兹再列表比较之如下。

（单位：担）

茶类名称	民国十年出口总计	民国九年出口总计	民国十年较民国九年之增减数
各种红茶	136 578	127 832	增 8 746
各种绿茶	267 616	163 984	增 103 632
各种砖茶	23 546	11 695	增 11 851
毛茶	2 399	516	增 1 883
小京砖茶	46	—	增 46
茶末	143	1 879	减 1 736
合计	430 328	305 906	增 124 422

《银行周报》1922年第23期

十年来之茶业贸易观

子　明

　　茶为我国大宗产品，输出之巨，由来已久。但自晚近以来，印、锡红茶相继勃兴，英国市场华茶已渐见减少。日本绿茶之改良，美国市场华茶亦受极大之打击。加以欧战之后，各国金融均起变动，俄国乱事频仍，销路亦已断绝。且当茶叶输出之时，在国内外所捐之茶税，层敲叠剥，负担过巨，茶商处于苛税之下，更不克与无税之印、锡茶业相争衡。以故年来华茶出口，遂如江河日下，大有一蹶不振之概。政府有鉴于此，因于民国四年将出口茶税酌减百分之二十，由一两二钱半减至一两。八年十月十日起，又将出口税全免两年。去年因出口茶业仍然不振，续免一年。今则为期将满，闻又因由茶商之请求，允再续展年。在政府为奖励对外贸易起见，未始非差强人意之举。但我国茶业之不振已达极点，非施以彻底改善之法，断不能图谋补救。故只知奖励而无办法，仅知免税而不研求免税后如何发展之道，则免税仍无补于事。此所以免税以来，茶业之穷蹙，反见日甚也。兹特将十年来之贸易情形，逐年分述之如下，可见十年以来衰落状况之一斑。

　　当民国元年，茶叶出口共计一百四十八万担。此时衰落状态，已见暴露。以当时之出口额，较之一八八六年最盛时期之二百二十一万七千二百九十五担，其减退之巨，已大有今昔之感。孰料十年以来，每况愈下，即欲回复元年之状态，亦不可得矣。民国二年，红茶出口五十四万担，较元年少十万担；绿茶出口二十七万七千担，较元年少三万余担；砖茶则运往俄国太平洋及边疆等处者，计六十万六千担，较元年多十万担。是年英国销路大为减少，较之元年计减去四百七十五万磅。民国三年共计出口一百四十九万担，是年贸易幸于欧战之前已将告竣，故未受战事之影响。计红茶出口六十一万担，约较二年增加七万担，绿茶略为减少。美国与坎拿大采办皆见增多，欧洲所购红茶之数，亦较上年稍增。砖茶出口不如上年之盛，红砖茶较上年减八万四千零三十八担，绿砖茶较上年增六万一千九百零一担，合计仍减一万二千一百三十七担。民国四年，销路忽转旺盛，洋商争先购办，并不计货之粗细，一律收进，于是价格陡增，即最粗之茶，亦由十二两而涨至三十二两。共计出口一百七十八万担，就中红茶七十七万担，绿茶三十万担，砖茶六十四万担，小京砖茶及茶末亦各增一万余担。但考其骤涨之原因，并非华茶之转机，实时会之适逢耳。果至五年又见下落，出口额由四年之一百七十八万担减至一百五十四万担。而华商初仍不知，依然入山争购，迨入后无人过问，价格步跌，乃只得折本求售。是年茶商亏耗竟至二百万两之谱，幸俄国方面，尚有动办，略可补偿，不然恐更有不堪设想者矣。民国六年，更形不振，各茶贸易无不锐减，出口总额由五年之一百五十四万担减至一百一十二万担，茶商损失益巨。不料民国七年竟一落千丈，出口总额跌至四十万担。查红茶出口，向以俄国为大宗，每年平均输出大率有二千八百五十万磅，现因该国发生内乱，交通断绝，销路遂完全停顿，即运往英国者亦激减至三百万磅，运往美国者激减至一百万磅。中外茶商损失之巨，为向来所未有。民国八年，略有增加，方以为欧战既停，华茶销路可以从此恢复旧观。孰知民国九年，又复停滞，红茶销路以俄销未通，衰落达于极点。绿茶因美国存货拥挤，亦不动办。统计出口总额只三十万担，为历年以来最低之数矣。因之十年之春，沪上存货山积，无法疏通，业茶者经连年之亏折，已成惊弓之鸟，遂议决对于祁门路庄等货，均停办一年，坐令大好茶叶枯老山林，产额遂大为减少。乃自新茶登场以后，欧洲去路忽形活动，美国及印度行家亦颇有采办，于是华茶市况大有求过于供之概，其售价之高、获利之厚，初非茶商始料所及。但以产额过少，无由充分发展，共计出口仅四十三万担，较上年略增十二万余担。兹将十年来各茶输出数量列表于下，以资参考。

（单位：担）

年别	红茶	绿茶	砖茶	毛茶	小京砖茶	茶末	合计
民国元年	648 544	310 157	506 461	—	8 499	8 039	1 481 700
民国二年	542 105	277 343	606 020	5 603	9 843	1 195	1 442 109
民国三年	613 296	266 738	583 883	7 325	12 145	12 412	1 495 799
民国四年	771 141	306 324	641 318	1 563	30 712	31 295	1 782 353
民国五年	648 228	298 728	560 185	1 229	26 669	7 594	1 542 633
民国六年	472 272	196 093	443 636	145	7 917	5 472	1 125 535
民国七年	174 962	150 710	75 160	201	63	3 121	404 217
民国八年	288 798	249 711	143 394	278	1 440	6 534	690 155

年别	红茶	绿茶	砖茶	毛茶	小京砖茶	茶末	合计
民国九年	127 832	163 984	11 695	516	—	1 879	305 906
民国十年	136 578	267 616	23 546	2 399	46	143	430 328
合计	4 423 756	2 487 404	3 595 298	19 259	97 334	77 684	10 700 735

　　观于上表，十年来之茶业贸易，大有每况愈下之概，以最近九、十两年之数额，较之民国初元之数额，约减少百万担以上，更以比之一八八六年之最盛时代，则几相去七八倍矣。于是可知中国茶业之前途，已濒于岌岌可危之境，非探本寻源，施以根本之改良，断难有振兴之望。而吾国茶商，见不及此，所呕呕希望者，惟有俄销之复通，一若俄人一旦收买，中国茶市即可恢复原状者，是诚浅近之见也。盖以前俄商之收买华茶者，皆隐受彼国政府之保护，华茶进口，税则稍异。今则俄政府对于华茶，均将征收重税，且印、锡茶业日伺其侧，大有取而代之之概。是则将来俄销虽通，恐亦不能再如昔日之盛况，可以断言，抑有进者。英国对于华茶，其征税之重，亦有令人难堪之处。近来英政府对于印度、锡兰入口之茶，已轻减二便士，而独于华茶则否，其待遇之不平等，已为世人所共见。倘此种不平等之待遇继续存在，则华茶在英国市场将更难与印、锡茶业相竞争矣。惟望政府当局与茶业人士，急起直追，力图改良，使我国出品优美，驾于他国之上，则将来销路自能畅达，俾此项主要之输出品或有复苏之望也。

《银行周报》1922 年第 29 期

一九二三

徽州绿茶栽培及制法之调查（转载）

茶叶为中国出口货之大宗，其在国际贸易上亦占重要之位置。欧战以前，茶叶销路甚广，几有求过于供之情形。欧战数载，各国经济恐慌，我国茶商曾受极大之影响，货积于沪，莫可脱售。今岁各国销路稍旺，纵可乐观，然仍不足以补前亏。矧夫印度、锡兰之茶，蒸蒸日上，日本亦正在细心栽制，恐将超我国而上之。我国产茶之区，无虑数十处，若以出货多寡论，则徽州首屈一指。兹调查其栽培法及制法如下。

（甲）栽培方面。可分三项述之，一曰种植法，二曰培壅法，三曰保护法。种植法最要者有五事：第一，注意栽植地。茶性喜温恶湿，须择壤土及砂质壤土栽之为宜。惟在高原者，枝叶不甚茂盛，而汁较浓厚；在平原者，枝叶虽繁茂，而汁较淡薄。此因高原地势较高，而所受之露重，故其汁甚浓；平原地势较低，而所受之露轻，故汁稍薄。高原地较瘠，故枝叶不繁茂；平原地较肥，故枝叶茂盛。第二，注意栽地整理。未种之先，耕松土壤，耕之深度，约以尺许为适中，其四围必开沟渠，庶几易于排水，不然水多被淹，有妨生长。第三，注意选种。选种之法有二，一为育种，一为苗种。所谓育种者，即取大叶佳种之茶树上所生之茶子，其大如桂圆，至霜降熟时摘下，去其外层硬壳，用水浸之，经数小时捞起而种于业已整理之栽地。所谓苗种者，即取山谷间之野茶，择其叶大者而种之，其生长较育种者为快，故农家多用此法。但育种有不可不知者，即散种或点种是。点种固已整齐，无庸再费手续。若是散种者，则待种子发芽成长五六寸时，必分植之，每株约纵横相距五尺，至少亦须三四尺，盖留其展柯余地也。而苗种亦有不可不知者，即其从彼处移到此处之时，该作物每有不惯之现象，当时宜加意培养，不可任之天然。第四，注意播种期。播种期可分两期，一在春季，一在秋季。气候寒冷之区，宜于春天播种；气候温暖之区，宜于秋天播种。二者适居反对位置，良有理由。第五，注意播种法。种时栽穴宜深，茶苗种下，压地使实，不如此，则不足免风之动摇。每株距离应该一致，有三角形者，有四角形者，种种不一，各随所宜。每穴宜种苗六七株。培壅之道有二，一曰施肥，二曰耕锄。春初施肥最好，苗种后一二年只用薄粪尿灌之，及其长大，则就根边掘穴，施以粪尿、桐粕、堆肥、犬粪、兽毛及草木炭等。但是猪粪尿切不可用，因其不利于茶树之生长也。耕锄之作用，在松其土，松土以深为佳，时期以秋季或春初为宜。茶属常青之灌木，然亦畏寒，故至隆冬之时，其叶多枯萎而卷，是不可不保护之。保护无他，冬时用稻草束缚之，则受冻之患可免，即仍受冻，亦不过其外表而已。此外野火之传祸，往往致于茶丛，其损失之巨，莫逾于此。故宜将茶场之周围用锄铲削之，其铲锄之面积，至小距开茶场一丈，使勿生野草，以防火患。牛马等畜喜食茶叶，亦须设法预防，以免损失。过老之树，则宜斫去。茶场受日光过强之处，四周须植柏子或树桐树，以为调剂。茶树上有动植物寄生，须歼灭之。

（乙）制法方面。可分两层，一为户家制茶之手续，一为号家制茶之手续。户家制茶，或曰第一次之手续；号家制茶，或曰第二次之手续。现在先言户家制茶之情况，曰摘茶，曰炒蒸，曰揉茶，曰焊茶。摘茶之时期，大概在立夏边，新叶发生渐大，其叶缘缺刻亦渐深。摘法自下而上，片片分采，不宜连枝掇下。摘下来之茶叶，必须摊开，不可久闭。箩篮之中，摘下之茶，当日须即制成，过宿则有红蒂、红叶之弊。红蒂、红叶之茶叶，其色必不优美，非但于色有妨，即其味亦甚差。茶既摘下，即须炒之。炒时锅宜烧热，约在华氏表一百八十度。取茶二斤或三斤，放锅中，用手翻抖之，俟其水出，已蒸发至适度时，即当取出。茶经蒸炒，极软而有粘质，可将炒好之茶置于茶帘之上，用两手揉之，揉成细条为佳。揉时两手并列，稍作弯形，向前揉时须用力，向后则反是。焊茶便是取揉过之茶放入锅中，两手翻抖之，翻时愈速愈妙，锅灶之火宜小，否则不免有焦灼之弊。细火焙成之茶，茶色格外翠绿，香味亦佳。又有用烘茶及晒茶法，揉过之茶，放在火上烘之，或置日光中晒至水分蒸发三四分干，然后下锅焊之。但此法制出之茶色不鲜明，香味亦劣。号家制茶之手续，曰拣择，曰加焊，曰过筛，曰做色，曰别类，曰装置。拣择者，即除老留嫩之事。老茶曰茶朴味涩，为茶叶之最下货，苟不施以拣择，未免瑕瑜互见。拣择之事，大概女子任之，休宁、祁门之女子，赖此而生活者，十之三四。加焊者，系因户家制成之茶耽搁时日，不免受风而潮，搬运方面亦不免沾有湿气，故加焊者，即所以防其失色也。过筛者，因茶叶经过种种手续，总不能松紧粗细一律，筛之使细小者不夹之于整货中。别类者，如户家制出之茶，中间不尽可为珍眉或家园，亦不尽是毛珠或熙春，因其所含质量大有优劣，是以必须别类。做色系因茶色不好者，而加之以人工，使其颜色转好，不得有亏折之虞。装置所以保护已经制成之茶叶，通常最内一层系用薄锡制成箱状，外糊以纸，再置于木箱中，外层敷以漆，最外一层以竹编之。徽州绿茶，其栽培上、制法上果不加以学理之整顿，行见堕落不可逆料，吾愿世之有心人亟起而刷新之。

华茶出口减免税厘展期已准

税务处咨行各省展至明年底止。

税务处咨行各省云，案查出洋华茶，暂免海关出口税，并内地税厘减征五成一事。前据汉口茶业公所来电，以出洋华茶减免税厘，续限将满，积困未苏，本年洋庄又形失败，砖茶产地正感不宁，年限过促，事变纷乘，拟请特予续展年限，并称各茶结束全在年关，并恳嗣后续展改至年底为止等语。并据上海茶业会馆代表，呈请展期各等情。当经本处咨由财政部，会同农商部暨本处呈请再展期至十四年底为止。并于民国十二年十一月十六日，奉大总统指令，呈悉，准照所拟办理。即由该部处通行遵照此令等因，奉此自应令关遵办，所有出洋华茶，应即自民国十二年十月十日起，继续再予免纳海关出口税及减半征收内地税厘至十四年底止。除分令外，相应咨行查照，饬属遵照等因云云。

挽回茶利宜设茶叶屯聚所

黄沛霖

茶为我国农产物出口大宗，利益很大，人人全知，近年来虽说茶市不旺，而屡年进款也还不少，为什么要设茶叶屯聚所，才能挽回利益呢？因为我国茶利，据先年海关年报报告，每年卖出的总额差不多有三千一百七十四万两银子之多。他们外国人看见这样大的利益，羡慕得非常，也就不惜金钱，在我国浙江、安徽一带，买些茶种，雇些茶工到他们国里去，告授他们栽茶、制茶的法子。不晓得他们外国人，比中国人很得多，一研究这个茶业，他就精益求精，做些机械，把茶制得极好，并且装置得非常精巧。不像我们中国，听其天然，什么都不讲求，于是他国的蒸蒸日上，我国的茶未免相形见绌。他就乘此机会，在报纸上登传，说我国的茶什么样龌龊，有碍卫生，说他们的茶什么样清洁，于卫生有益，弄得我国茶市异常萧条，比较先年已减少好多倍数。本来我国的茶纯系用土法制造，哪有那机器制得好呢？但是我国的茶虽然没有他们机器制的好，而他们还是要买我们的，这又是什么道理呢？因为我国的茶汁水、香味都比他们好，无论他国如何讲求，还是赶不到天然的好，所以他们还是要买我们的。不过我国的茶就是制得非常洁净，到了卖给他们的时候，他们往往想占便宜，总吹毛求疵，百般挑剔，或说粗了，或说末了，或说湿了，或说香味、汁水□了，于是把价值批低，且又压磅，到了秤的时候，假说不对样，又要让价，种种摆布，弄得我国商人无法可想。在资本大的商人，还可待价几日，资本小的商人，就是亏本也要卖去。一则恐怕价钱又跌，亏折愈多；再则借人资本，多放日子就是多任月息，与其把茶放着多任月息，不如趁早卖去为好。他们外国人，晓得我国商人这个窍眼，越发假装不买，我国商人苦无别的销场，只要能换几个钱，也就卖去再不做了。就商人论，吃亏是不用说了。然就国家论，那就损失利益不少了呀。

你看要结个团体起来，想一个对待法子，这茶利是怎么能够挽回。茶利一不能挽回，我们中国就有几方面受病嗒。第一件，茶是中国出口大宗，每年卖取外国人银钱很多，国家取税也不少。别种货物，卖给他们，虽说也是可以赚钱，但是他们买过去的时候，他就变化形质，做些异样东西，还是卖给中国，比较赚得更多，反把我们当着一种机械。只有茶这一项完全是卖给他们吃了的，他的钱实在是把得中国赚了的。我们若不想一个对待方法，国家厘税一年就要受病一年，我们再没有别的东西实在赚他的钱了。第二件，农家山上既栽了茶树，就不种别的东西，做得茶来，盘缴又贵，茶不值钱，不做茶来，连一个钱也弄不到，这就是农业上受的一种病。还有几种病，也是连带受的，譬如做茶工人，做起茶来工价高些，男女都可赚钱。若茶市不旺，做茶者少，工价必减之又减，那穷人怎能够谋得生活呢？于是流弊百出，男则流荡，女则失身，岂不是工人社会都受病了吗？如此看来，你看要不要急激设一个法子救济才好。我想于今救济的法子，没有别的，只有商家结起团体来，先定一种章程，集合一些资本家，禀请官厅立案，在通商大埠，茶叶销场地点，组设一个"茶叶屯聚所"起来。这屯聚所的组织，我先要声明一句，不是屯贱卖贵，是由这些大资本家拿出钱来，起些房屋，仿佛一种堆栈的意思，再由商家用选举法，公同选出相当人员执行此事。凡办茶叶的人，都要到屯聚所，把茶叶式样先送出去看了，然后由屯聚所派人检查，再行批出价码，给他一个牌照，使他安心放置，免得错杂无章。凡外人来买，也要先到屯聚所接头，某某若干价，听他买哪一号，总不许商人与外国人私相授受。既定好了，磅也归屯聚所过秤，屯聚所不得许外人捏价，亦不得垄断小商家，须平允正直，并能保外国人的险，所买之茶，如有不对样处，归屯聚所负责。但屯聚所先要通告商家，不准掺假，倘有一家着色，或掺别种树叶，或掺泥土，一经察觉，即以法律从事，或照价处罚，或勒令不做。这些弊病都是奸商惯见不鲜的，总要严定章程，防备不虞。不过屯聚所批的价码，如果外人不愿买和商人不愿卖的时候，就令商人把茶起在堆栈内，不过出点房租，候几日再卖，一方面由屯聚所另给一半价于商家，作为压款，使商人再好陆续采办。价也不得吃亏，磅亦不得受欺，既可免阻滞的毛病，又不至仰人鼻息，那茶利岂不是可以挽回吗？不过屯聚所照这样组织，用人必多，需款必巨，应当由卖茶的时候，每箱抽几个供用钱，给此中用度和利率，才得公允，不然谁肯出钱为人活动。这所说的还是一种治标的办法，那治本的办法，还是要在那栽茶、制茶上去研究。然事分缓急，计尚权宜，如果泥于一途，是犹"临渴掘井"，哪能应此急病呢？所以我先就管见所及，公诸有心茶业诸君子，等到我有工夫的时候，再把那栽茶、制茶方法，一一告诉大家。

《湖北省农会农报》1923年第2期

我国茶业之转机及其前途

萧　训

国势之强弱，大抵由于商业发达程度之高低。商业茂盛，则国内金融活泼，则财政充裕，百政可举；其关系之切要，已为吾人所熟知，毋待余之多渎。但欲觇察一国商业发达程度之高低，只查看其国每年输出或输入之超过数目，就可了解过半。此种观察，施于我国尤有奇效，因为在各国每年之贸易统计中，常呈互相超过之现象，而我国则自一八六四年至一九二二年之五十九年中，除一八六四、七二、七三、七四、七五、七六等六年为输出超过外，自后之四十五年中，则无不输入超过甚巨。当欧战时，各国不遑他顾，且需要紧张，吾国政府及人民诚能假此机缘，努力奋发，何难一跃为出趋之国；无如内乱纷起，南北戕杀，既无提倡商务之举，反增商人行运送之艰。民国八年虽输出税增至六万万余两之多，较民国元年输出税增一倍；然九年因欧战停止，即跌落至五万万余两，盖战役甫终，世界商业即形剧变，而吾国商业之弱点，遂尔毕露尽矣。且战时我国输出虽锐增，然终不敌输入之巨，输入超过至四十余年之久，欲求国家金融不至枯竭，事何可能！

各国对外输出，莫不各有其主要产品，如英国之煤铁、机械、布类，德之铁器、砂糖、染料，法之机织品、葡萄酒，日本之丝、茶、日用品等，皆所素著。我国地大物博，昔年输出货物，以丝、茶两业为最。考茶之出口，开始于十六世纪，一六五七年，英俄两国市场即有吾国茶叶之交易，而英人在伦敦亦有茶肆之设；十六世纪时，驻俄华使持绿茶以赠俄，俄人至爱之不忍释，可见华茶为外人喜爱之一斑矣。自与外人通商后，输出甚盛，盖华茶在当时世界产茶各国中列居第一位，而用茶最多之国，则为英，为俄。英国年销约一亿八千九百九十八万九千一百七十一斤，然以前对英输出，虽有增加，尔后则渐见减少。查一八六〇年为五千七百六十万斤，一八八六年为七千八百一十六万六千五百斤，至一九〇六年，竟减至八百七十二万七千斤，四十年之间，约降至七倍之下，其低落之程度，可谓速矣。当时一方英国市场既锐减，俄国市场则需要甚大。欧战以前，俄国所销华茶，几占华茶总出口三分之二；次如奥大利亚、加拿大、美国，亦均输入华茶不少。然自华茶垄断世界市场后，印度、锡兰、爪哇、日本等处，皆群起而与之竞争，关于栽培、采摘……种种方法，皆能改良研求，于是华茶输出，浸而受其影响矣，浸而出口额为之大减矣，不数十年，而印度产茶居世界产茶国之第一位矣，锡兰次之，爪哇次之，而我国竟降至第四位矣。盖我国业茶者既只知贪求厚利，不注意茶之纯洁；而土人又只知固守成法，不务改良，于是茶之品质日劣，而外人遂舍华茶而争问印度、锡兰等处购买，输出减少，理之必然。兹将调查所得，输出数目列表如后：

清光绪元年至二十二年，每年华茶出口约三千万两上下，最多之数为三千六百余万两。

光绪二十三年至宣统三年，平均每年不及三千万两，最少之数，为一千八百五十一万余两。

（单位：两）

年份	华茶出口额
民国元年	33 777 517
民国二年	33 936 769
民国三年	36 457 096
民国四年	55 562 519
民国五年	43 560 417
民国六年	29 107 687
民国七年	14 066 872
民国八年	22 398 436
民国九年	8 873 135

观上表，可知民六、民七、民八三年顿减之速，而九年仅八百余万两，尤为九年以前之五十年中所未曾有。尤怪者，吾国茶叶输出既渐减少，而输入反渐增加。查印度、锡兰、爪哇等处之茶，其初进口价值仅及百万两，一九○七年以来，即年约三四百万两之间，至一九一六年——民国五年，竟达六百七十余万两，占是年华茶出口之六分之一，一增一减，较之昔年，真令人不寒而栗。夫我国产茶各地，地土适宜，且茶质之香醇，几为世界所公认，产茶区域，奄有安徽、湖南、浙江数省，版图辽阔，若人民能加意于种植、培养及采摘之道，政府又能奖励勤勉，茶商又能固结团体，则欲仍执世界茶市之牛耳，固意中事，况最近二年以来，输出尚呈良好之转机乎。

华茶之跌落，以一九二○年——民国九年为最，已如上所述。然去年我国茶市输出之情形，则颇有变化。去年茶季开始，自民国七年以来各年存在汉口之货底，即已销将尽，祁门、宁州、汉口、福州各茶，皆甚畅销。迄八月中，伦敦存底已空，德国需要日紧，法国销路渐广，孟买商又从而收买，所有市上存货，皆能转瞬间被吸收而去。至季末，竟致红茶全无余存，询为一九一六年以后所未见之盛旺。总计去年全国出口总额，红茶为二十六万七千零三十九担，绿茶为二十八万二千九百八十八担。而前年（一九二一）红茶出口数目，仅为十三万六千五百七十八担，绿茶为二十六万七千六百一十六担。两年相减，计去年红茶出口增加十三万零四百六十一担，绿茶亦增一万五千三百七十二担。且茶末（即花香）在伦敦价格颇高，故亦增加不少。去年营销既旺，山家及茶商对于今年茶市，因之大为注意。

本年全国输出总数，此刻当然无报告可查。惟以上海一隅而论，则自新年以后，茶市即有供不应求之概。如路三之珍眉、秀眉等良货，市上竟至绝迹。红茶因孟买商庄积极收买，故价格亦甚坚定。二月内，粗红依然畅达。行月内，红茶末竟用以补红茶之不足，以应市需，可见外国需要之急。四月内红茶粗头，随到随销，绿茶亦呈供不应求之势。当时英美商行，拟派茶师抵汉口直接运销。查汉口茶市，停罢已经多年，今竟重整旗鼓，外人急求之状，可以想见。故当时各地茶商，皆预备增加产额，而尤以两湖为最踊跃。五月内，新茶到沪，发展极速，开盘价格较去年高十余两。六月市面略跌，湖南安化县所产之红茶，大受影响。迨七月，则忽见转机，祁门、宁州、安化、桃源诸地之红茶，市价均见伸涨，惟绿茶则甚迟滞。八月红茶市价尤为紧俏，售价之高，为前所未有。至九月，绿茶仍疲，惟秀眉价格尚好；而不成模样之粗红茶则畅销甚盛。兹将本年自一月至七月底止，华茶从上海对各国出口数目列下：

国名	红茶担数	绿茶担数
英国	54 710	4 958
美国	24 597	20 527
德国	6 629	172
澳洲	5 688	3
印度	5 267	13 272
加拿大	4 027	899
法国	2 781	8 121
意大利	2 528	—
其他各国	5 665	18 958
总计	111 892	66 910

此处宜注意者，即（一）仅指沪上一埠而言；（二）截至七月底止，其他各旺

月，尚不在内。故沪上人士，莫不谓华茶销畅之盛，为近数年以来所仅见。本年茶市之畅达，既已如上所述，然何以自一九二〇年一落千丈之后，而华茶忽有若是之转机乎？此种市场变化之原因，本极繁复，然细加考究，亦可分为下列数种：

1.前已言及印度与锡兰茶叶之进步，已大足减少吾国茶叶之出口额，但今年因该处收成减色，故华茶得有如此之转机。

2.欧洲各国战后生活费用愈趋愈高，饮料如咖啡一磅之价，可以购三磅之茶，故英国今年对于华茶进口税率，已允每磅轻减四便士，向来每磅课税一先令者，改为八便士，较之往年，计减轻三分之一。又向来销售华茶不多之市场，今年亦甚形增加。

3.自中德复通商以来，德人嗜好华茶，较前增倍。

4.战前华茶销售最多之俄国，现在中俄商约尚未成立，然近来饮料缺乏已达极点，闻今年俄人在伦敦间接购买华茶，即以输出之木材与之交换，故英人有在上海调查俄人素喜用之茶砖云。

5.华茶自一九二〇年大落后，茶商及山上，颇自知警砺。去年出货之品质，较昔年略有进步，而祁门茶之改良，尤为信而有征，故外人亦乐为之销受。

惟吾国年来对美输出之茶，则逐渐减少。据最近《上海时事新报》所载，美国近十年输入他国茶叶之数列下：

（单位：磅）

年份	中国	日本	其他国家
1913年	25 700 000	44 400 000	16 700 000
1918年	4 200 000	56 400 000	6 340 000
1919年	600 000	40 000 000	30 360 000
1920年	600 000	29 700 000	49 900 000
1921年	4 600 000	21 400 000	40 490 000
1922年	16 200 000	26 000 000	43 342 000
1923年	13 500 000	36 000 000	47 160 000

查此可知华茶输往美国不及日本与其他各国甚巨。然美自禁酒以后，饮料之需要必大。《大陆报》云，美自禁酒后，茶之销路约增一半，十年之内，当倍于今。又云，中国茶商如欲推广对美茶叶之输出，则宜注意划一标准、直接交易、广告运

动等问题。印度对美之茶市，在美每年耗去之广告费约八万镑之谱，而此种费用即取自税。当印茶出口物，向来每百磅收少之一罗比，近拟加至六安那。由此可见华茶对美销路之低落，良非无因。苟国人能内而注意改良之道，外而登布广告，周知主顾，使遍知华茶之优点，则对美贸易，亦不难扩张。

上节已言及对美输出宜加改良之必要，然仅限于所部，非统筹全体而言也。若英，若俄，若德，若奥，若加拿大等国，皆昔年销运极畅达之地，迨后所以一蹶不振者，其最要原因，不外（1）山上不知应用科学方法，使之改良品质，加增产额；而（2）茶商又乏团结之精神；（3）政府又毫不提倡茶务之改良，而已。二年以来，外国市场既渐有转机，且需要之程度，加增无已，我国上下诚能齐心努力，共谋挽救，则华茶前途，未始不大可乐观，否则虽曰得天独厚，然长此委靡，效不至变茶园为荒草荆棘之区不止。输出日减，而输入日增，坐视后起者攘夺吾人之市场，任天然蕴藏之产品生长于山中，纵外人不临之以兵，然亦殆矣。

华茶改良之必要与提倡之宜急，余既已言之矣。如何改良之道，鄙人对于农学素少研究，当然不敢作精当之陈述。惟平日所见他书与鄙人自身在湖南所见各山上之种植各种情形相较，自觉不妨略陈数端，或亦有一得之愚也。

吾人首先所应当明白者，即茶叶何以能为人类之饮料？按茶树为灌木类之一，叶底油核"Oil Glrnds"甚多，油质即藏于此等油核之内，茶之香味，由此油质所出。而饮之所能令人精神舒畅者，以叶中含有刺戟质，即一种有机之盐茶质，名曰丹因"Tqeine"者之作用也。花苞之内，含有子房，每一花苞，有子房三个，每子房藏有一子。采子通常以阳历九月十月之间为宜。

（A）种植。乡人对于茶园之如何开辟，种子之如何采集，以及下种应用之手续，皆墨守旧法，绝对务任。查印度、锡兰等处，对于此等方法，施以颇为适宜。其法即先将土壤锄松，作成子床，于子床之旁，作沟渠以界限之。既播茶子于子床后，一俟芽发即移之苗圃，如遇太阳猛烈，用蒲席遮掩，使不至为阳光所害。至苗圃之四周，皆以藩篱围绕，庶各种牲畜或动物，不致乱入。待茶树生长至六七寸时，即再移插于茶园。未移之前，先将茶园之土壤耕松，再挖成小穴。每穴植一株，每株距离约三尺左右。既植后，以土覆之，四周之土，不使践踏太紧，使树根得长生自由也。此法较之吾乡乡人种茶之法为精，可仿行之。

（B）地土。植茶以高山为最宜，平地次之。如安徽高逾四千尺之葛坪山、青龙山所产之茶，皆味香色浓，与锡兰七千尺高山之茶，同为驰名天下。又如印度之大吉岭、阿萨姆，皆产茶最著之地，然与吾国安徽之祁门、建德二县，同在纬线二十六度至三十度之间，而大吉岭又邻近世界最著名之一万二千尺之喜马拉雅山，故所产皆为无上之品。又如湖南之安化县，亦以产茶著，然皆万山重叠之区，可知茶之佳者，多产自高山也。乡人辟地种茶，每就山地之陡斜，不开成梯级形之平地，殊不适宜。盖地势陡斜，亘大雨如注，即顺势将地面肥美之成分冲洗。若将山地辟成梯级形之平地，再为种植，则：（一）土层养分不致为雨水所冲；（二）茶树根即可避风霜之苦；（三）采茶者亦可免攀登之劳。至土壤则以黑色而含有黏质者为最宜，因黑色土之腐植质甚多；而土壤中之最肥者，又莫腐植质若也。红色黏土亦宜，以含铁质甚多；黄色黏土则较劣。闻安徽建德茶土之属于黄色土者较祁门为多，故建德之茶不如祁门，是则信而有征。

（C）培养。吾人试一考查我国产茶各地，即知乡人对于培养茶树之毫无注意。盖彼等几无不以茶为副产品，而茶园空地，或满种大豆、油菜、玉蜀黍（此种情形以安徽茶园为多），或轮种豆类、高粱、麦、红储罗蒲等（此则以湖南为多），将土壤中大部分之养分吸收净尽。此等情形，大抵由于乡人笃守"民以食为天"主张太深，故茶园之株里行间，必使之满种杂粮，而大昧于以"良好之方法，栽培茶树，必收良好之效果"之义。甚者一家所有之茶园太广，则杂粮所不及之地，则任其野草遍生，芜秽不治。土壤中之肥美成分既被减少，则茶叶产额之锐减，与茶之品质之日劣，自是当然之结果。故极浅改良之法，亦当于茶树春季开始萌芽及采摘与结子之时，常用铁锄耕松，除去野草，施以油枯、茶枯等类之肥料。各种杂粮，不可混种其中，而高粱至玉蜀黍之类，则尤宜禁止，以其吸收养分之力甚大也。

（D）修剪。乡人多以茶树一经修剪，则树枝势必减少，因之茶叶亦大受影响，不知此乃适得其反。盖茶树虽属灌木类，然不修剪，则亦长高至数十尺，于是树之小枝减少（此种情形，吾人在乡间之常所见，即茶树之高者枝微剪少，而矮者反是），盖修叶适度，则太阳光线易向全树放射，空气亦易流通，故枝叶之发达更甚。且所剪之枝，每能发多数新枝，安在其有损乎！

（E）采摘。乡人采摘之法，极有伤于树枝，且影响于收获者尤大。考印、锡采摘之法，与吾国大相殊异。吾国土人，通常将所出之新叶连同叶梗，一并摘去。叶枝间之幼芽，因无大叶覆蔽，每萎缩不能充分发育，故每年采摘之时期短速，次数减少。而印、锡园地之采摘时期，约有七八月之久，且可摘至二十余次。原印、锡之采者，当新叶发出五六片时，先仅摘上部最嫩之二叶一尖，摘时又不将第三嫩叶全部摘去，每于叶梗处，留下全叶之六分之一，以为保护树枝与叶梗间幼芽之用，故十日后即能再采一次，较之吾国乡人野蛮采法，宜其收获有天壤之别矣。

（F）焙烘。焙烘对于茶色之浓及茶质之香，均有莫大之关系，而茶叶之色与质，在市场购买时之关系极重，故焙烘时切忌过火，庶色与味两得其宜。

（G）装箱。华茶每被人发现茶梗及他项伪物，此固一方面由于乡人之无知，然奸商亦不能无咎。盖山上之茶，苟有搀杂，商人固可拒绝收受。奈少数商人，不独不拒绝，且变本加厉，希冀一时博巨大之赢余，致使外人窃笑厌恶，印、锡乘机出口大增，良可痛也。即如今年绿茶之迟滞，固大部分由于欧洲存货太多，然本春季沪上竟接伦敦来电，称珠茶中验有砒毒，亦不无几分影响。故装箱时，务宜查验，如发现搀杂伪物，宁可舍置，以顾全茶叶之名誉。

上面所述各种改良方法，自知粗浅而不精当，然确是积极挽救华茶之必要法门。自然，积极改良方法，以越能应用科学越进步越好，不过鄙陋如余所知若此，所以不敢再往前说。如他日再有新得，或阅者诸君能将所示之新法示之大众，自可互相研究，广为宣传。此外尚有两种消极挽救方法，即（甲）所希望政府之提倡，与（乙）希望茶商之合作，与华茶前途，也有重大关系，用特提出以与阅者商榷焉。

（甲）所希望政府之提倡者。

在未述此希望之先，尚有一件新闻，须报告于读者诸君之前。据最近《东报》载称：

> 锡兰及印度茶叶近年与日本茶叶在世界市场之竞争甚烈，现锡印茶已存战胜之势。……日本农商务省，曾派员调查衰落之原因，同时筹商救济之策。现据该委员团报告，谓：截至一九一八年，日茶出口，年在三千万斤左右。一九一九年，骤然跌落，一九二一年跌至一千二百万斤，一九二二年渐见恢复，然仅增至二千二百万斤。查出口跌落之原因，半为市价增高，而茶质反劣，半为日锡印之竞争。……该会对于补救一层拟有若干计划，最要者为减削售价。欲削售价，须先减轻成本，故应利用机器，以省人工；改良采茶方法，善用肥料，并于生产及销售二项采用合作制度，又茶质必须改良，法宜利用机器及练熟工人；剔除败叶；注意于焙烘、打包、存储等方法……

鄙人不惜破费人工，将此段新闻重新抄下者，盖有二项应注意之点焉。（一）日茶跌落在一九一八年后，然一九二二年及今年即渐恢复，该国农商务省，即惊惶失措起而组织委员团。（二）所有若干补救计划，系日本农商务省所组之委员团所拟。阅者将此二项记清后，请再破费一分时间，将下面之批示，念看一遍。

……华茶滞销原因，盖由于产制方面，毫未注意……欲图补救之策，须在栽培、采择、焙制各方面，亟起改良为积极之进行，若专求税厘减轻，斤斤于消极之维持，在政府徒损失一大宗税课，于华商仍鲜补益，碍难照准……

此批抄自《中外经济周刊》十二号，内载商联会为振兴华茶出口起见，特具呈我国北京政府之财政部，呈文所得之效果即上所抄之数行，阅者至此作若何感想。鄙人所以欲将此二项消息连续抄下者，其意则不难一索即解。夫日茶输出欧美市场，远在我国之后；然而数十年之功，即能驾我国而上。该国政府提倡之热心为何如？人民植业之毅力为何如耶？三年出口少见跌落，政府即提倡挽救，不遗余力，而我国政府，则对于区区商联会免税免厘之请，尚大打官腔，一则曰"斤斤于消极之维持"，再则曰"在政府徒损失一大宗税课"。试问"斤斤于消极之维持"比较之不"斤斤"者是否略胜一筹？试问政府近年是否损失千倍万倍于免茶厘税之数于军阀流氓之手？何以日本农商务省不独"斤斤于消极之维持"，而且将"亟起改良为积极之进行"之责任一肩独挑？何以我国政府不独要放弃"消极之责任"，而且注目到区区损失之"大宗税厘"？夫各国出产品之输出也，或税率轻微，或完全免税，或至不独不征一毫之末，而且大悬奖金，而我国则到处厘金，国货出口税与洋货进口税同一税率，商业之不振，金融之日枯，政府乌能辞其咎也。

草文到此，正患词穷，翻阅沪报，忽得一段消息，称"江海关赖税务司通告，奉总税务司令华茶出口免税已允继续，至一九二五年末"。同时检阅十月三十一日《晨报》，载农商部以我国茶丝两业日见退步，特派员前往苏浙两省调查，以为改良之根据。兹闻业已调查竣事，呈报撤差，对于改良丝茶产销诸大端，筹议甚为详尽，闻袁农长以事属可行，拟即咨行苏浙两省长查照办理云云。两项挽救华茶消息，皆能使鄙人弃却悲观笔调，再向前进。免税之令，或系商联会再三请求之效果，自是可信，但改良茶业之筹议，咨行苏浙二省，是令人不能无疑。盖吾国产茶

一二一

各地，在安徽两湖而不偏在苏浙也。惟此种消息，不必深究。总之，政府能长此负提倡茶业之责任，吾人固所深望；惟吾人尤望其能按年派员赴印、锡各处调查营茶各种新法，报告乡人俾资采用。对于华茶免收税厘之期，亦望其长久继续，而尤望政府咨催各产茶地，多设茶业学校及改良茶业研究所，以重实效，而策挽救。盖我国既称以农立国，则政府对于农业事务，即当设法改良以臻善境。农业国如美如日，今日已能应用科学于各种农事，而我国则尚茫然。美国国立一农业大学，年费二百余万元华币；日本东京农大，年费亦达一百万元；而我国合全国各农校，尚不出一百数十万元，版图辽阔若彼，农事荒芜若此，岂派员呈报与一纸咨文所能生效耶？

（乙）所希望于茶商者。

上所述希望政府之事，在著者实在之心理言之，不过聊充篇幅。盖吾人一检日报，睹农部裁员添员、减薪索薪之忙碌情形，即知所希望之效力为如何矣。处兹劫日，毋论救济茶业之消极或积极责任，总以吾人自己担承较为妥实。兹谨以十三分热忱，希望我国业茶者，联络各地茶商组织一大团体，办理下列诸事：

（一）派员赴印度、锡兰、爪哇、日本各产茶地点，调查种植、培养、采购、烘焙……种种方法，研究何者为吾国山上可以采用而实地劝导之。

（二）派员赴各销华茶场调查需要情形，暨需要者之心理而随时报告本团。

（三）各产茶县镇，各设分团，担任推广茶业教育及各种改良方法。

（四）华茶将出口时，在各销售市场，登布最确实精详之广告。

（五）设法自运出口，不让洋商在国内各大市场把持市价。

鄙人之言，将尽于此矣。苟茶商诸君，诚能如此，则本年华茶之转机，不独使国人略知华茶之进展有望，且日后华茶之前途，或能借此以博最后之优胜，亦未可知。总之，茶业为吾国主要输出产物品，国人若不忍坐视华茶之一蹶不振，则请于此千钧一发之转机，加以注意焉。

一九二三年十一月二日脱稿

《商学季刊》1923年第4期

民国十一年之茶业贸易观

子　明

吾国出口货大宗，除丝经外，当推茶叶，其输出额之多寡，颇关系于国际贸易之隆衰。但近年以来，印度、锡兰等茶日趋进展，华茶遂不免相形见绌。加以俄国销路亦已断绝，华茶更大受打击，其衰落之状况，大有江河日下之势，影响所至，不仅在数年来之损失，而且及于今日之结果。何以言之？销路既不畅，产地因而减少，至于今日，则昔日种茶之地，或改种他树，或尽为荒地。业此者无利可图，亦不复注意及此。于是产额日益减少，品质愈无进步，即将来海外需要复畅，恐亦无复如昔日之盛况矣。征诸去年之情形而可以晓然者也。

去年茶市状况，承数年来凋敝之后忽见转机，其销路之畅达与价格之高昂，均为近年来所罕有。茶商历年困苦，因以稍苏，此不可不谓差强人意之事也。查去年茶类输出，共值关平银一千六百九十六万六千零七十五两，较之前年之一千二百六十万五千七百八十八两，共计增加四百三十六万零二百八十七两。红茶一项，自民国七年以来之存货亦一销而空。以大数计之，祁门茶有四万二千半箱，宁州茶一万三千半箱，汉口茶十万半箱，共计十五万五千半箱。祁门、宁州二茶，品质尚佳。祁门茶每担售价九十两至三十五两，即最普通之三号茶，每担亦售至三十五两至二十五两。宁州茶每担价五十两至三十两。汉口茶优等每担售二十六两至二十四两，中等每担售二十二两，次等每担售十六两至十三两。迨至年终，已无存货。俄国方面，虽有需要，亦莫能供给矣。绿茶收成、品质，略在前年之上。由九江出口之□，较前年为多。欧洲及北非洲销路尚畅，但以美国销路殊为呆滞，不无减色。福州工夫茶品质俱佳，销售亦易，去年开盘较早，五月底头茶即已售空。至六月底，有工夫茶六千五百半箱，小种茶一万四千二百半箱，曾得高价卖出。所有之货，皆以欧美畅销，不久脱售殆尽。砖茶与前年无甚变迁，惟毛茶则所减甚巨。兹特根据海关贸易册，将去年运出各地茶数列表比较如下。

运往地别	各种红茶	各种绿茶	各种砖茶	毛茶	小京砖茶	茶末	合计
香港地区	60 894	47 465	386	581	—	77	109 403
澳门地区	3 044	—	—	—	—	8	3 052
安南	2 068	—	—	—	—	—	2 068
暹罗	3 760	10	—	—	—	—	3 770
新嘉坡等处	4 016	479	—	1	—	—	4 496
爪哇等处	682	17	—	—	—	—	699
印度	8 827	38 827	—	—	—	—	47 654
土、波、埃等处	1 167	63 552	—	50	—	—	64 769
英国	63 431	9 965	—	—	—	2 515	75 911
瑙威	4	—	—	—	—	—	4
瑞典	2	—	—	—	—	—	2
丹国	799	—	—	—	—	—	799
德国	20 385	25	3	—	12	—	20 425
荷兰	13 370	—	—	—	—	—	13 370
比国	72	—	—	—	—	—	72
法国	8 316	32 042	—	100	—	—	40 458
日国	15	2 239	—	—	—	—	2 254
瑞士	10	—	—	—	—	—	10
义国	5 754	1 815	—	—	—	—	7 569
俄国由陆路	4 623	284	17294	—	—	—	22 201
俄国黑龙江各口	262	12	4619	—	—	—	4 893
俄国太平洋各口	446	46	8	—	—	—	500
朝鲜	29	180	—	2	—	—	211
中国台湾（日据时期）	658	8 217	—	—	—	—	8 875

运往地别	各种红茶	各种绿茶	各种砖茶	毛茶	小京砖茶	茶末	合计
菲利宾	304	111	—	—	—	—	415
坎拿大	3 778	10 157	—	—	—	—	13 935
美国及檀香山	53 698	67 173	306	84	—	—	121 261
南美洲	556	—	—	—	—	—	556
澳洲纽丝纶	5 876	372	—	—	—	—	6 248
南非洲	193	—	—	—	—	—	193
合计	267 039	282 988	22 616	818	12	2 600	576 073

　　观于上表，去年茶类输出额共五十七万六千零七十三担，就中以运往美国及檀香山者为最多，计十二万一千二百六十一担；英国次之，计七万五千九百一十一担；土耳其、波斯、埃及等处又次之，计六万四千七百六十九担；印度、法国各四万余担；其余则自数担以至数百千担不等。吾人以此表中各数，试与前年相比较，颇有可以注意之点。美国方面红茶大为增加，前年为九千零三十九担，去年增至五万三千六百九十八担。绿茶销路则反为减少，前年为十一万八千三百七十二担，去年减至六万七千一百七十三担。英国方面，红绿茶均属增加，计红茶增加三万六千八百二十二担，绿茶增加五千零六十七担。法国增加亦甚巨，红绿茶共增加二万五千担。德国红茶一项，前年仅五千零六十三担，去年增至二万零三百八十五担。其余各地，大致均较前年为增。于此可知各国对于茶之需要，渐复殷繁。俄国销路则以交通未复，仍与前年相仿，总计去年红茶销数，较前年增十三万零四百六十一担，绿茶则仅增一万五千三百七十二担。故去年茶市，红茶固甚畅销，绿茶则殊未见发展，抑有进者。去年茶市虽属顺利，驯至历年存货亦一销而罄，但较之畴昔盛时，仅及十分之二三。猥曰无□，实茶数不足耳。苟去年额增多，则输出之数决不止此。此无形之损失，实历年来茶业失败之结果也。试观最近十年以来输出之数额，与去年相比较，可以知之矣，列表如下，以供参考。

（单位：担）

年别	红茶	绿茶	砖茶	毛茶	小京砖茶	茶末	共计
民国元年	648 544	310 157	506 461	—	8 499	8 039	1 481 700

年别	红茶	绿茶	砖茶	毛茶	小京砖茶	茶末	共计
民国二年	542 105	277 343	606 020	5 603	9 843	1 195	1 442 109
民国三年	613 296	266 738	583 883	7 325	12 145	12 412	1 495 799
民国四年	771 141	306 324	641 318	1 563	30 712	31 295	1 782 353
民国五年	648 228	298 728	560 185	1 229	26 669	7 594	1 542 633
民国六年	472 272	196 093	443 636	145	7 917	5 472	1 125 535
民国七年	174 962	150 710	75 160	201	63	3 121	404 217
民国八年	288 798	249 711	143 394	278	1 440	6 514	690 135
民国九年	127 832	163 984	11 695	516	—	1 879	305 906
民国十年	136 578	267 616	23 546	2 399	46	143	430 328
民国十一年	267 039	282 988	22 616	818	12	2 600	576 073

　　观于上表，以去年输出之数额与民国初年相较，仅及三分之一，不过与七年、九年、十年相比较，聊胜一筹耳。于此可知去年茶市之畅达，其去昔日之盛况尚远也。今年茶商鉴于去年茶市之顺利，于是搜买之心大有争先恐后之概，但由吾人观察所及，今年外洋销路，红茶或可发展，绿茶则难抱乐观。盖以中德通商以来，德人嗜好红茶较前倍增，德国之销路尚有把握。俄国原为红茶唯一之消费国，自俄国乱事起后，销路久已断绝，近来饮料缺乏，已达极点，虽阻于条约，尚不能来华设庄采办，但闻有由英人间接运销俄国之说，则俄国销路或可稍有把握。其他各国，需要亦均见增加。我国茶商苟能乘此时机，对于购制上加以改善，未始非华茶发展之机会。惟绿茶销路，去年自美国停顿以来已受阻碍，乃今年春间英国复于绿茶中验出毒质，因之更受一大打击，恐此后绿茶前途，殊未易抱乐观也。

　　综上所述，华茶之销路虽较前二年略多，但比之畴昔状况，仍有每况愈下之概。故吾国茶业苟欲于世界市场中占一位置者，非加以根本之改良不可。如改良种植，改良制造，改良装潢，等等，均为今日最要之急务。俟将来销路渐广，再行推广茶田，增加产额，则数十年后，华茶出口或能恢复昔日之盛。倘再墨守成规，不此之图，则印、锡茶业方日伺其侧，恐将取华茶而代之矣。世人仅以为俄人恢复购买之力即足以振兴华茶销路者，尚是浅近之见也。

《银行周报》1923 年第 20 期

印度、锡兰茶务之发展与华茶之关系

概　说

茶为吾国输出品大宗之一，其初销行于海外市场颇盛，嗣因世界文明日趋进境，人民欲望亦随以扩张，对于昔日一切制品，大有不合所需之势。华茶销行海外，历时已久，各国人民视为日用必需之品。惟吾国素不以精益求精为目标，对于茶之种植、制造以及海外贸易现状与消费者需求心理，不加以研究改革，而一任其自然状态，于是外人乃有提倡植茶，改良制法，以夺华茶之利者矣。而国人于此，尚未警觉，年复一年，英日茶务，俱日臻发达，而华茶销路乃受莫大之打击。兹略述印、锡茶之成绩，并与华茶海外市场之关系，俾改良华茶者得以参考焉。

一、印、锡茶之起源

初印度、锡兰本非产地，其后隶属英人版图，受其经营整顿。察核风土气候，锡兰高山距赤道仅六度乃至八度，雨量丰饶，印度大吉岭一带，距赤道二十七度有零，气候颇类于中国，皆利于茶之生殖。于是英人锐意经营，始求种于日本，日本秘而不与，继乃至我国，于湖南觅得茶种。复以重金啖国人随之往，教以种植、制造之法，先施之于印度，继推行于锡兰。既知种植、制造之大要，乃悉心研究，应用科学方法，以考求色泽、香味之改善，一切碾切烘筛皆用机器，用力省而出品匀。迄于今日，仅六十余年，然其成绩，则已凌驾声名素著之华茶矣。

二、印、锡茶之种植与制造之精进

印、锡各地对于茶之种植俱极慎重而完密，不若我国一任之于无识农人，或且以副业视之也。其播种茶子，先辟一畦，铺以肥土，撒茶子于内，阅八九月（或五六月）再分种之。一年之后，树枝已渐长，乃剪头使生横枝。三年后乃行初次大割（法如冬季之割树），至第四年，则修齐其错枝，第五年修之使其高不逾十四英寸，第七年约二十英寸，至第八年始采摘。采摘之法，以少采期茶为要，使其含蕴较久，则本力充足矣。因茶树性质，若采摘愈勤，则苞发亦愈速，但力衰而树亦伤，故宜审慎。迨及年久，树身过老，乃行大割法，将树身所有枝节，悉行割去。至于平时，历年剪割之手续，与茶之质量，关系殊大，须视地之高下定剪割次数之多寡。施肥亦以土质之肥瘠为定，其肥料大半以兽骨或蓖麻子饼。其栽培得法，修剪合宜者，大约满二十年始大割一次，否则八九年即须大割矣。

其制茶也，悉以机器，成本既轻，制法又便。自碾压以至装箱，统以机器成之。机器各部，咸统属于一全轴，可同时并作，又可随便拆卸。其发动力，则借水力、煤力、火油力、电力不等。其炼制程序，约分为下之数项：

（一）晾青。每日采集新叶，过磅后，匀摊晾架，晾干水分。晾架木框布地，亦有用铁丝网地者，每座约十五六格，其距离以能容伸手铺叶为度。视天时之阴晴，施以人工之调和方法，务使空气燥湿得宜。晾青时间之长短，与茶之色质有关，大约总以二十四小时为合度，亦有延至三十六小时者。

（二）碾压。晾青之后，即入碾压机以碾揉之，使叶内细管络破裂，泡时则易于发味，且使形成一律之茶叶式样。碾压时间，自一小时至三小时不等。惟搓至二三十分钟后，即须运至打叶机打散其成团成块者，再以筛机筛之，筛出细叶，而以其余复入碾压机再搓。凡筛过之细叶，均铺于地上，覆以湿布（但不可近茶叶），使之变红，需时约三小时之久。

（三）烘焙。变红之后，即入烘炉烘焙，热度约二百三十度上下，经三十分钟（或二十分钟）而成。但烘时热度之均匀，极宜注意，务使不致有外焦内潮之患。

（四）筛干叶。筛为长方形，木框，铜丝编成网地，筛孔由粗而密，逐层各异，大约每组约三层或四五层不等。上层最粗，出茶口门，分置各面，下承以箱，故茶自一层直至四五层，逐层筛下，自分等级，无或混淆。尚有一种新式筛机，为螺形之圆筒，其网孔先粗后细，翻旋之际，等级自分。

（五）装箱。已制之茶，装入茶箱，松则泄气，密则耗质。以机器装之，其摇动力均，故铺装匀而底面一律。

统计印度、锡兰等所产之茶，自采摘以至出口，需时不及三日。盖每日采下新叶，以三十六小时晾干，三小时碾压，三小时变红，其他自烘焙至装箱，经过约三小时，自锡兰运茶出口约需十二小时，自印度大吉岭出口约需二十二小时，共不足三日也。以视吾国之濡滞，为何乎？故今后吾国茶商，不仅于种植制造上求改良，亦须于运输上求敏捷也。

三、吾国印、锡茶之进口与华茶出口之关系

印、锡茶进口，始于光绪三十年海关册见之，初不过一万余担，其后逐年增加，几达二十万担，总值都四百余万，亦云巨矣。此则为英人提倡之成绩。按印、锡茶，每年多产一磅，则政府奖银五分，且无重征苛敛之捐税，故其产额日富，而华茶之销路大受影响，而英国对于华茶之征税，又较印、锡茶为重，此华茶声势所以小弱也。俄国为华茶惟一销路，而印、锡茶近亦耽耽于其旁。吾国去年茶贸易尚较顺利，然仅及最盛时五分之一耳，即与民国六年较，亦不过二分之一而已，固不可引为自满也。吾人以华茶出口与印、锡茶进口列表观之，尚可见一现象。兹就民国以来进出数额列表于下。

（单位：担）

年份	华茶出口总数	印度、锡兰茶进口总数
民国元年	1 481 700	117 420
民国二年	1 442 109	146 795
民国三年	1 496 109	95 656
民国四年	1 782 353	109 790
民国五年	1 542 633	149 446
民国六年	1 125 535	81 249
民国七年	404 217	14 083
民国八年	690 155	33 548
民国九年	305 906	1 024
民国十年	430 328	603
民国十一年	576 073	687

吾人观于上表，则知华茶出口自民国六年而大减。至斯以降，减乃日甚，民国九年仅三十万担，跌落之巨，至堪惊骇。考厥原因，虽由于俄销停顿，而英美销路之减，亦其主因。盖印、锡茶畅行于英美间，竭力思攫取华茶地位而代之。观于上表，其对华输入亦自民国六年而减。蛛丝马迹，或可想象得之，殆彼移其对华输入之注意，而着眼于尽数输往别国以与华茶竞也。而吾国出口适以斯年而剧减，则印

锡茶努力于海外市场之发展，从可知矣。

结　论

虽然统观上述，吾人可知印、锡茶之所以兴，与华茶之所以败，全由于人为的设施之判别也，非华茶之原质果有缺点。且印、锡茶仅限于红茶，绿茶尚未得法（日本近来绿茶改良颇有成效，美国市场华茶颇受打击），而其所产红茶，并未能超越最上品之华茶，特以其合于西方人士之嗜味，而价廉质纯耳。是皆吾华茶所可力致者也，且华茶在海外素为人所珍视，故吾人今后只求努力振兴茶务，改良种植，培养专门人才，采取印、锡机制之长，研究海外市场需求状况，迎合消费者之心理；对内则茶商山户联络一体，政府则提倡保护，实事求是。夫然后，以我资格最老、品质最优、产量最丰之华茶，何患不恢复已失地位，而执世界茶务之牛耳也哉。

《中外经济周刊》1923年第28期

中国茶业改革方准

吴觉农

第一章　总论

不必说，在这种工商业竞争的舞台上，在这种科学主义流行的世界中，我们承袭了闭关主义的余毒，只依恃着自然的一点天惠，两相接触，焉得而不失败，焉得而不落后！

中国茶业现状这样晦暗失败到这步田地，一言以蔽之：无非人家能够改良，以图进步；我们只会保守，不知道应时势的需要，以谋发展而已。

溯自四十年前，华茶驰骋于世界市场者，为数达三亿磅以上，计银在二亿两左右，国计民生，相关甚大。现在则如何？红茶，则不敌印度、锡兰、爪哇；绿茶，则不如日本；乌龙茶，则又远不及中国台湾（日据时期）。一查世界贸易年表，真不能不令人兴沧桑之感啊！请看表一世界主要产茶地出产比较表（原表缺）。

现在就近点来说，自从民国纪元以来，内受政变的影响，又没有改革的政策，外受各国的轧铄，又碰到了欧洲的大战和俄国的革命，于是从三亿磅（一八八六年）的巨额，骤降而为四千余万磅（一九二〇年）的最少额。去今两年，虽比较得略好，但较之从前，真是不堪回首！现在把民国十年来的输出额录下。

（单位：担）

年份	华茶输出额
民国元年	1 481 700
民国二年	1 442 109
民国三年	1 495 799
民国四年	1 782 353
民国五年	1 542 633
民国六年	1 125 535
民国七年	407 217
民国八年	690 155
民国九年	305 906
民国十年	430 528

（据《中国海关贸易册》，China Returns of Trade and Trade Reports）

不仅如是，可以说失败而又失败，悲观而又悲观。我们在各国出口表中检查起来，每年输入中国来的茶，如一九一七年（民国六年）竟达二千四百多万磅，这仿佛是有谷的大财主，开了爿米店，还向人家去籴饭米咧！这一半虽因为那时汉口、俄国商人为制造砖茶计，输入印度、锡兰、爪哇的粉茶，以充原料；又因各通商口岸的外国商人以充饮料之用。但是由此也很可以明白外国茶的猖獗。外国茶的改良，无论红绿粉茶，以驾我国而上之了！阅者疑我这说话吗？请一看以下几表，就可了然。

各产茶地输入中国的数量表

（单位：磅）

产茶地	1917年（民国六年）	1918年
印度（红茶及粉茶）	9 139 000	3 245 000

产茶地		1917年(民国六年)	1918年
锡兰	红茶	5 523 087	1 552 896
	绿茶	137 741	—
爪哇	叶茶	812 574	810 648
	粉茶	5 677 475	893 367
日本(绿茶)		1 020 555	464 879
中国台湾(日据时期) (乌龙茶等)		2 263 289	227 440
合计		24 573 721	7 194 230

（注）上表印度、锡兰的统计，据《英国殖民地统计概要》（*Statistical Abstract for the Sseveral British Colonies, Possessions and Protectorates*），爪哇据《和兰殖民地年报》（*Jaarerjfers Voor het Konin Krijk der Nederlarden*）中所译出的英国政府发行的 *Tea and Coffee*。日本和中国台湾（日据时期）据日本农商务省的统计年表。

上表民国七年以后，虽然减少不少，但是这种重大数目的逆输入，实在给我们以极大的兴奋剂。但是何以会输入到如是之速呢？此地也不能不略表几句：其一，是税则上的关系，华茶输出税现在虽已免税，但是内地税仍未全免，而本国需要的茶，仍旧要受厘卡的留疑勒索，外茶输入，倒能销行自在。内地商人又只知保守习惯，不知道推广新销路，所以如日本的推销满蒙、印度茶的输入西藏及沿海各部，年年的增加起来，这实在不足深怪的。

现在别的闲话且搁起不说，便有系统起见，将这茶业问题分作三段：

第二章华茶与各国销路的关系，第三章分说失败的原因，第四章述补急的几种重大的方法。

第二章　华茶在各国销路状况

华茶推销各国，因为有几百年的历史，所以环球各国差不多都有华茶的足迹。如果能一一加以扩充，自然有增无减。地球上的人们，与年加增，人们的嗜好，随日进步。茶不但是日常必需之品，而且清香可口，健胃涤肠，友朋环坐，足以增兴趣；清斋独坐，可以助文思；就是勤工劳农，于力作休闲之期，清茶三两碗，也能使疲惫的身心得复旧观……所以茶在世界能推行得如是之广，原不是件偶然的事啊！现在先把一九一五年世界茶叶需给的状况列出几个表来，一供参考，也觉得很有意思的吧。

世界主要产茶地的输出额（1915年）

产茶地	输入额
总额	九亿二千余万磅
印度	三亿余磅
中国	二亿三千万磅
锡兰	二亿一千万磅
爪哇	七千余万磅
日本	四千万磅
中国台湾（日据时期）	二千万磅

世界主要国茶叶输入额（1915年）

产茶地	输入额
英国	四亿三千万磅
俄国	一亿九千万磅
美国	一亿磅
澳大利亚	四千万磅
加奈大	四千万磅

其余如欧洲大陆各国及南美、非洲各地，为数亦属不少。底下只把与中国关系比较地最为密切者，为英、俄、美三国，撮要地叙述一下。

第一节　华茶与英国

华茶入英国的纪元，远在二百六七十年以前，孟特罗氏（Albers de Mandelslo）在一六六二年的著作中说：

"茶是从东印度公司最先输入到欧洲，更由爱林登氏（Lard Arlington）运入到英国。一六六〇年的时候，已经被一般人所赏用了。"

由此可以断定，在一六六〇年以前，中国茶早已输入英国了。

现在英国已成为世界唯一的饮茶国了，英国人有一句口话说："What would the world do without tea?"也可以想见嗜茶的深了。

还有一段滑稽的故事，在英国的王家读本（*Royal Reader*）里说，当初的英国人不晓得茶的吃法，把茶叶拿来一煮，将浸液丢去，而嚼其滓汁者，一直到现在，还是传为笑谈。里边说：

When tea was first brought to England, it was very costly, and some of the people did not know how it should be made, so they boiled the leaves, and ate them, after leaving thrown the liquid away.

又有一句话也很值得注意的：

Tea is the leaf of an evergreen shrub which grows in China and Japan.

这是茶叶产生于东方的特征，后来逐渐扩充，竟达到每年三四亿磅的巨额，这实在是茶业史上最注意的事情啊。

自从一八三四年一月二十四日，印度栽茶事业的议决案颁布以后，越四年，而英国市场才开始有印度茶的输入，过了二十二年，到一百万磅了。一八八八年，万国开第十五回的印度茶输入纪念会，据当时的报告，印度和锡兰茶，已占英国输入额全量之半。一八九三年，消费在英国的华茶，只占到印度的四分之一，锡兰的二分之一，全英国消费额的一成半而已！民国五年（即一九一六年），输入英国的茶叶达三亿七千七百余万磅，而华茶只占其二十分之一。民国九年，更减到四十分之一。我们回首前尘，真不能不生今昔之感啊！现在根据英国的 Annual Statement of the Trade of the Vnide Kingdom with Foreign Coantries & British Possessions 的年表，把最近几年英国的制茶输入和供给各国的状列为表如下。

英国制茶输入额

年次	数量（磅）	价格（镑）
1913年	365 043 464	13 782 905
1914年	371 932 596	14 221 496
1915年	431 220 602	19 578 952
1916年	377 660 422	17 745 317
1917年	241 262 304	14 708 882
1918年	463 628 123	28 995 970

年次	数量(磅)	价格(镑)
1919年	494 353 466	33 050 853
1920年	431 717 976	26 928 953

各产茶国输入英国的茶量

(单位：磅)

供给国	1913年	1919年	1920年
印度	203 459 657	286 892 201	248 982 992
锡兰	110 936 427	137 332 873	124 704 524
爪哇及苏门答腊	32 052 717	37 146 096	40 190 736
中国(香港、澳门在内)	16 272 548	26 755 017	15 927 535
其他	2 322 115	6 227 280	1 912 189
合计	365 043 464	494 353 466①	431 717 976

　　华茶在英国的销路，从沸点忽降而至零度，论起失败的年限，只不过在这六十年中；而其所以致失败的原因，不容说，是被印度、锡兰茶的挤轧啊！而英国商人的在国内宣传和印度的努力，则其功也决不可灭。所以难怪英国人现在呼印度茶为"our tea"了。而且英国政府对于印、锡茶入口税，特别减免五分之一——此事曾于今年由我国公司提出交涉，总是不生效力。所以华茶在英国的销路要想恢复原状，无论怎样是不为成功的了！不过还有一种希望，就是华茶的品质含有特异的芳香，所含单宁(Tannic)又适乎其中，不如印度、锡兰茶的含量过多，致妨碍胃的消化，所以英国人常把华茶与印、锡茶拼用，这就是华茶在英国市场不至于全数覆灭的一个重大的原因。英国医生证明："华茶合于病人的卫生。"现在俗谚有句："人生不饮华茶，视为生平憾事。"所以目下英国的上流社会，对于我国优等红茶还很乐用，但是华商及生产者应该注意两事：(一)必须更求优良的出产，以投英人的嗜好。(二)要在英国市场增进数量，必须有积极的方法、自动的精神！如果只靠英国商人做承转的机关，那么华茶在英国市场只会减少，绝无增加的希望。

---

　　① 此处按表内数据计算应为"494 353 467"，为与前表保持一致，不做改动。

第二节 华茶与俄国

俄国是世界第二的需茶国，而且是近代华茶第一个大顾客。自从俄国革命以后，各国都采了一种封锁政策，华茶遂不能输入俄国，所以民国七年以后，华茶外销骤然减了三分之二（参看总论华茶输出额），唯一的原因就是中俄通商的中断。现在把民国六年华茶输入俄国的数量列表如下，就很可以知道中俄茶业的关系了。

民国六年华查输出表

国家和地区	数量（担）	银额（两）
俄国	734 943	15 349 514
美国	171 600	6 693 795
香港地区	78 431	1 756 368
印度	32 476	1 569 496
英国	34 954	1 205 361
法国	21 419	893 511
其他	51 712	1 639 642
合计	1 125 535	29 107 687

观上表，可知华茶在俄国的销路，数量占百分之六十，银额占百分之五十，中俄茶业关系之重大，不是很了然么？

从数量分析起来说，俄国所以占华茶出口量二分之一者，其大部分为砖茶（Brick Tea）。这种砖茶，不但是俄国人所占用，而且是俄国人所特制。例如，汉口在欧战以前成为一红茶出口之大市场者，因汉口有俄商的三个大公司，每年所制砖茶，数量达五十万担，值银八九百万左右。三个公司即：

工场名	位置	每年生产额（担）	压榨机（台）
顺丰洋行（Litvinoff & Co.）	汉口英租界	20万~24万	7
新泰洋行（Trading & Co.）	前俄租界	11万~13万	7
阜昌洋行（Molebanoff Peehatnoff & Co.）	英租界	14万~17万	4

此外尚有华商兴昌洋行一家，但是为数较小。自从俄国革命以后，这四工厂完

全停工，砖茶无论矣，即红绿茶亦一无销路。故从前汉口每年出产红茶八十万箱（民国四年），现在只不过四万箱（民国十年），只剩了二十分之一。从前产红砖茶五六十万担，去年只销二千担。绿砖茶从前销二三十万担者，去年只销了二万担——因绿砖茶在内蒙古尚有多少销路。故近几年以来，中国两大茶叶市场——上海之绿茶市场，尚能维持；而汉口之红茶市场，已完全等于消灭，所以此处务请阅者注意！

中国近年华茶失败之故，完全由于俄国出口的杜绝。例如，民国六年，华茶销俄者，计达七十三万余担，去年不到二万担，这是华茶减少唯一的原因。记者于三年以前曾在《殖产协会报》中大声疾呼，谓欲恢复华茶市面，唯一的救济在赶速与俄国开始通商，奈何我国外交政策处处仰人鼻息，迄今还未实行！记者草此论文时，俄代表越飞氏与日本代表正在长春会议，我政府亦拟与该氏开始谈判了。希望此文发表时，中俄已有通商复活的机会，我愿使此文成为明日黄花，不愿乃时阅者犹觉得感起中俄通商的必要，这是记者所馨香祷祝，而且引为最荣幸最乐观的一事了。

此处为参考计，不得不把中俄茶业通商的历史简括地说几句：

俄人纳陀氏（Bretsch Neider）在中国做公使馆官员十八年，精研中国历史，曾于一八八二年著 *Botanican Sinicum* 一书——详见本期增著《茶原产地考》——对于中国茶史，记载颇详，也可以说是中俄茶业史上最著名的一部著作；但是对于输入华茶到俄国的开始，并没说明。据一般的记载，谓于一六三八年（即明崇祯十一年），已有华茶输入俄国，但乃时不过是别国风俗上感到一种兴昧，随便拿点样品去品评一下而已。一七四七年，闻已输入九十波特（pud，一波特约合中二十八斤），至一八〇〇年，已增到二百万斤。一八四八年，俄国政府预备在高加索和黑海沿岸自辟茶园，那时候就可以知道华茶在俄国的销路了。自从一八七〇年，俄国极东舰队航路开始和西伯利亚铁道直通以后，华茶在俄的销路越大，那时印、锡茶业还在襁褓时代，所以俄国销路也为华茶所独占。但是到一九〇四年，华茶已减少十分之三，即俄国总输入量为四千七百三十九万二千五百九十五卢布，而华茶只占三千三百一十六万三千七百二十六卢布。所以到一九一五年，印度茶已战胜华茶，占了四成，锡兰茶和爪哇茶占三成，华茶也只占了三成而已。这完全是英国人商业上手段的敏捷，印、锡红茶的改良，有以使之然也！

但是我们从乐观的方面来说，中俄商业前途倒也很有希望的，在欧战以前，有几个特点很值得我们的注意。

（1）俄国输入关税，从前由亚洲国境输入者，概免关税；一九一五年以后，虽行改订，但由亚洲入境者，只征二十五卢布五十哥，从欧洲输入者，须三十一卢布五十哥，这是特别优待我国的所在。

（2）中俄境界毗连，又有西伯利亚铁路为之衔接，如果将来能于铁路运送上特订优待条例，那么商业上自然更较便利。

（3）俄商直接在汉口、九江、福州设立公司，利用机械，制造敏捷，而且代华商去鼓吹贩卖。

（4）日本虽距离较近，但日俄外交上素缺圆满，且对于日茶特征重税。又日本缺少红茶，商业上似难发展。

以上几项是战前的情形，可是从劳农政府成立以后，于一九一八年起，茶叶已归国家专卖，税额增加到百分之五十以上，俄商能否再来中国？西伯利亚铁路运费能否特别优待？……则均待我国外交家能否注其全力办理这华茶交涉以为断。又英国商人早已在俄都活跃，组织大公司，私定优待条件，而日本亦加派专员，着手活动。如果我国商人还在袖手旁观，不再利用机会，那么中俄虽然恢复通商，将来茶业能否复原，现在也不能遽加论断。要之恢复华茶，第一个办法，在中俄恢复通商；第二个办法，还在外交家和我国商人的手腕如何以为断。（华茶与俄国产销关系请参观本期Y.D.译的《五十年来世界茶业贸易概况》末段。）

第三节　华茶与美国

美人惠尔须氏（Joseph M. Walsh）在《茶的历史和要诀》（*Tea Its History and Mystery*）里边说，"Tea和China是形异而义同的"，所以从前美国人一喝到清香的茶叶，就联想起东方的中国了。华茶何时才进美国，虽已不可查考，但是在一七五○年闻已有华茶输入，一七九○年已达三百万磅，一八二二年增加到一倍以上，一八四○年时忽增至二千万磅以上。据美国农务省的统计局报告（*The World's Production and Consumption of Coffee，Tea and Cacao*，一九○五年出版），该年进口额为二千万六千五百九十五磅，而中国输入额达一千九百九十六万六千一百六十六磅，几乎百分之九十九都是华茶咧。印度茶于一八四○年，日本茶于一八五○年才开始输入，而为数都极微细。但是近年如何？绿茶远不及日本，红茶又不及印度、锡兰，且将为兴起之爪哇与苏门答腊所压倒。现在将最近美国入口茶量及百分比列下（据

The Tea and Coffee Trade Journal. Oct.1921）。

地名	1918—1919年		1919—1920年		1920—1921年	
	数量（磅）	百分比	数量（磅）	百分比	数量（磅）	百分比
印度及锡兰	18 458 221	16.3%	38 609 142	39.9%	28 963 625	40.5%
中国	11 075 854	9.8%	12 985 490	13.4%	10 963 265	15.3%
日本	57 652 159	50.9%	39 134 952	40.4%	24 650 362	34.5%
爪哇及苏门答腊	26 152 301	23.0%	6 133 274	6.3%	6 923 998	9.7%

（注）美国年度由八月一日起至次年七月三十一日止。

我国看了上表，知道日本在美国的销路比华茶要多五倍有奇（例如一九一九年度），比印度、锡兰多三四倍，而在一九一九年度的爪哇及苏门达腊比我国亦多两倍半。近年华茶在美国的情形，可想而知了！现在当简单地说明其所以然。

日本茶能够在美国广销的原因，因美国向来喜吃绿茶，而日本完全是绿茶的出产国。近年以来，因品质的改良，宣传的厉害，所以一年一年地把华茶蚕食去了。我们一查过去的历史，在一八五〇年，美国输入总额为三千万磅，而华茶占二千九百万磅左右，日本只不过三万五千磅，仅占华茶的九百分之一。一八九三年，芝加哥博览会（Checago Exhibition）开会以后，输入美国茶额已达一亿磅之巨。乃时日本茶已占中国茶的五分之四以上。一八九七年，美国颁布《粗恶及不正茶禁止条例》（*An Act to Preurnt the Importation of Impure and Unwhologome Tea*，1897）。因华商知识的浅薄，改良旧习的困难，所以华茶入口几乎全被拒绝。日本呢，因政府及茶业组合对于着色及粗恶不正茶拼命取缔，于是得取华茶之地位而代之，在一九〇六年的进口数已和华茶相等，次年已战胜华茶。所以，一九〇七年可以做中日在美国茶业胜败的一个纪念日了。以后日茶在美国就年过一年地增加了。在此处更不能不附带说一句话，美国人喝茶的方法和中国人不同，他们把汁水泡出后，和牛乳拼用，所以只泡一次。日本绿茶揉捻较烈，且用蒸叶法，多含芳香，故一泡汁水极浓，中国茶反之。这也是日茶战胜华茶的一个原因。

印度、锡兰、爪哇等地，所产的本来都是红茶。在二十年以前，美国红茶需要还极少，但是英国茶商用其毕生之力在美国宣传，又因红茶汁水浓厚，香味佳良，所以近年以来红茶已渐渐地压倒绿茶了。我们看了以下简单的一个表，就可明白。

美国红绿茶比较百分表

种类	1917年	1918年	1919年	1920年
绿茶	43%	31%	41%	36%
红茶	37%	56%	41%	48%
锡兰茶	20 %	15%	18%	16%

以上是单说华茶在美国销路的历史，现在不嫌烦琐，把美国茶业所以不十分畅销的一个共同的原因，也不能不拿来在这里报告一下。

美国饮料中的咖啡（Coffee）的勃兴，不但是间接有关于华茶的销路，且直接是关系于各产茶国的隆替。因为美国人喝茶，每人每年的消耗虽在一磅左右，但是饮用咖啡却比茶叶要多十余倍。近来咖啡事业及推广方法，又日渐兴隆，所以茶在美国不能像别国的增进之速了。把茶和咖啡的比较表列在下边，就可以知道了。

美国茶和咖啡输入量

（单位：磅）

种类	1910年	1915年	1920年
咖啡	873 983 689	1 126 041 691	1 417 063 513
茶	85 626 370	96 987 942	97 826 106

总括以上华茶不能在美国发展的原因凡三：

（1）绿茶被了日本的蚕食；

（2）受印、锡红茶的压迫；

（3）受咖啡业的竞争。

话虽这样说，但是华茶销到美国的数量，要占中国茶出口的第二位——参看第二节华茶输出表——要是我国今后果能改良栽培，增进品质，则美国销路还是很可乐观。现在我写几条于次：

（1）美人嗜咖啡虽比茶厉害，但是近年咖啡的价格增加了三分之一，茶价也跟了增涨，我们正可以利用低利的劳金、天然优良的茶质，不难和咖啡竞争于美国市场。

（2）美国于禁酒以后，消耗茶叶增加正多，美国驻华公使馆的商务官说："今后十年，美国茶叶的消费可以增到六倍。"所以华茶尽有扩张的机会。

（3）东西两大共和国，今后物质上精神上天天接近；中华茶丝，正可竭力宣传，不但可以恢复旧观，如果运用得法，不难握美国茶业的霸权。

（4）日本虽多绿茶，而劳金昂贵，近来虽利用机械，然总不免有粗制滥造之弊。我国如能改良制品，则恢复美国市场之绿茶，盖易如反掌也。

（5）印、锡红茶虽为一大劲敌，但是我们以天惠之土地，用自种自制的方法，今后对于红茶品质，如能加以改良，则与印、锡竞争，亦必无失败之理。

第四节 华茶与各国

其余各国，因为数有限，不再一一另赘；但是既有销路，就不难逐渐推广，是在我国上下之眼光如何耳。现在把前年输出各国的数量，录表如下，借以知道华茶行销之广——民国九年还是华茶外销最低的一年。

民国九年华茶外销国家和地区及数量表

（单位：担）

国家和地区	红茶	绿茶	砖茶	合计
香港地区	59 535	35 551	4	95 090
美国（布哇在内）	20 597	50 677	69	71 343
英国	17 904	16 786	—	34 690
法国	2 260	26 286	—	28 546
土耳其、波斯、埃及	969	16 635	—	17 604
俄国（欧亚各港）	3 204	22	8 340	11 566
印度	833	8 926	—	9 759
日本	184	3 279	3 281	6 744
澳门地区	6 449	266	—	6 715
加拿大	996	3 951	—	4 947
海峡殖民地	3 869	233	—	4 102
澳大利亚及新西兰	3 268	180	—	3 448
和兰	2 646	142	—	2 788
法属印度	2 715	22	—	2 737

国家和地区	红茶	绿茶	砖茶	合计
暹罗	828	133	—	961
意大利	7	825	—	832
爪哇	711	—	—	711
丹麦	292	—	—	292
斐列宾	250	2	—	252
南阿非利加洲	171	—	—	171
朝鲜	36	79	—	115
南阿美利加洲	80	—	—	80
德国	23	7	1	31
比利时	5	—	—	5
挪威	2	—	—	2
合计	127 834	164 002	11 695	303 531

我们鉴于以上的一个统计表，就可以知道华茶与各国推销之广了。现在为参考计，把主要的几点再摘出来说一下。

如澳大利亚及新西兰，平均每年每人饮茶达七磅以上，为世界一等的饮茶最多之地，每年输入量均在五千万磅以上，华茶销路只占二千分之一。稍事注意，当然大有发展的余地。

加拿大每年平均输入额为一千三百一十六万五千九百五十三磅，在一九二〇年的报告，日本茶增进三成八分，锡兰茶增进三十八成，印度茶增进四十六成五分，只有中国茶反减少二成四分，这都是政府和商人不注意的结果！

德国在战前交易极大，前驻德公使颜惠庆博士，接德国茶业协会的《德国的中国茶振兴论》——详见民国二年（？）农商部接颜公使报告——说："德人极爱华茶，在一九〇一年，已输入三百五十七万二千磅，一九一二年，增加四百八十万八千磅。如果今后能宣传得法，不难再加两三倍也……"可是从颜公使报告以后，我们不改良，不扩充如故！但乃时德国茶业商会，既愿为华商助力，今后亦不难再事扩充也。

其余如法国，现正日求亲密，将来商业上似大有发展的余地；南部美洲、斐列宾及非洲、印度各地，也都极有希望。要之在我们政府及商人，各个注意起来才是啊！

以上既把华茶与各国的情形，约略地介绍过了，关心于茶业的阅者，自不难知道一个概略了，以下就想把华茶所以失败的原因，一项一项地罗列出来，以做参考。

第三章　华茶失败的原因

记者对于茶业的失败论，由华茶的栽培，而制造，而贩卖，几乎到处都是失败的原因。抱悲观的读者，一定要发生无限的感慨；乐观者呢，或者要讥骂我了，"悲观的论调，惹别人的反感"。但这都误会了，我们对于国家和社会的腐败，一定要找出所以腐败的原因来；茶业的衰退也须要找出衰退的所以然，才能多补救过去的缺点，生出我们将来的希望。如同良医用药，必须要知道病人得病的根源一样。现在记者就想代表病人，约略作一份病症报告书，希望有国手发几味对症的仙药，或者这垂危的茶业，有重见天日的希望啊！现在先来介绍用客观的眼光论列我们华茶衰退的情形。

一九一七年，Raymand C. Xaekay 氏在美国发行的《茶和咖啡的商业杂志》（*The Tea Coffee Trade Journal*）上面，发表一篇很长的论文，题曰 "China's Tea Trade & Indian's"，说华茶衰退的情形很详，我摘一节在下边："二十五年前，华茶在世界上占很大的位置，为什么现在一年不如一年呢？推其原因：（1）生产者缺乏协济的组织（Cooper Atiye Society）。（2）栽培茶叶不用科学的方法。（3）税则的繁重。（4）政治上的骚扰……印度、锡兰茶，又正在这一个时候，政府能够用全副的精神去奖励鼓吹，而且能够利用科学的方法从事于制造、栽培的事业……所以华茶的市场就渐渐被人所蚕食了！"

又一九一六年，日本静冈茶业试验场技师川崎正一氏，调查中国的茶业状况以后，他们报告里边末后也有一段论到华茶衰退的原因：

（一）树龄已达到老年，树势很衰，又不知道施肥、剪枝和栽培上改良的方法。

（二）政府绝对取不干涉主义，对于茶园栽培、茶叶制造的方法，一点不去顾问，不去改良；贩路扩张等事，他们的脑筋中，恐怕连痕迹还没有吧！

（三）内地厘金杂税极重，到现在还没有废除。

（四）茶商都想位置独专，个人各贪个人的暴利，不知道公益为何事！

（五）摘采方法粗杂，有损树势。

其余说起的人很多，我也没有工夫再一一地介绍了，现在由记者观察所及，一一地写出来，希望阅者耐着心好好儿的一看。

第一节　栽培方面

（一）栽植的不周密。中国人向来有一种老脾气，对于平地的作物，还肯注意；山上的东西，就不在他的眼里！譬如森林一项，除了寺院旁边、坟墓周围以外，都靠着天然的居多。茶也是这样，我们到各处的产茶地方一看，试问能够整整齐齐栽培的，有几处？栽植既不整齐，于是管理上，施肥上，摘采制造上，就都受其影响了。至于收量上的减少，更可不必细说。

（二）不用剪枝的方法。利用剪枝，不但形式整齐，而且能够使收量增多，品质齐一，摘采容易；但是中国农人，不知道利用这种方法，不晓得无形中减少了多少的收量啊！

（三）不肯善用肥料。肥料和收量，有直接的关系，固无容我多说。就是要想制造后，形式整齐，色泽鲜绿——华茶颜色多为死灰色，商人有用矿物质着色，冀有鲜绿者——香味丰富，都不能不利用肥料。但是华人死守着"施肥料害品质"的旧说，就是不研究不试验的结果。

（四）品质的复杂。论到品质这一层，虽然连印度、锡兰、日本都是从中国拿过去的，但是印度、锡兰都能繁殖优良的品种，如印度杂种"Hybrid"和"Assam"原种和中国种所造成的杂种，有专门采种的茶园（日本目下亦正在研究中）。但是中国呢，年代既如是其久长，地域又如是其广袤，假使把各种的品性形态研究一下，一定相差很多。而且种植的农民只知道能够发芽的种子就来栽培，制造的人又不管它是什么种类，绿茶、红茶、乌龙茶，随便制造！不但特性不能发挥，而且把固有的特长，恐怕也泯灭不少啊！据近来日人的研究，华茶品种的不良，因含"Anthokyan"色素很多（德文曰"Anthokyan"，英文为"Anthocyan"），对于绿茶的品质上，关系很大。日本人自己曾说，改良日本的红茶（日本红茶最坏），还在四十年以后；所以他们现在正拼命研究品种的改良咧。

（五）摘采的不良。栽培法已经不良极了，摘采既困难，而摘采的妇人又是不熟谙方法的居多（日本妇人一日可采三十四五斤，多则四十斤，中国摘茶妇女，至多不过十多斤——但这关于栽培者亦半）。如湖北省羊楼峒一带，因了要制造绿砖茶的缘故，把剪桑树的刀子，连老枝条也大剪而特剪地剪去；一方面又因栽培方法的不良，所以树老山荒，有的只剩了几根枯干了。

（六）资本与劳力的关系。中国的农民都像被征服的阶级一样，一切资本都非借贷不可，而且非出二分三分钱的重利没处借；那么要使农民出本钱下肥料，雇人剪枝，栽培周密，当然是不可能了。而且华茶出产地，如浙、赣、闽、皖、湘各地，在五六月之间，正是蚕忙稻忙的时候，劳力上自然分配不匀，所以提倡产业组合及改良小作法，为目下急务中的急务了。

（七）道路的不良。茶园大都在崎岖的山间，我国又没有国道、县道、村道等良好道路的开辟，所以肥料及生产物的运搬、人工的管理，都不能如锡兰、印度、日本的便利。

（八）规模狭小又乏共同的组织。华茶虽有一种自种自制，合无量数小农所制造的茶叶，成为一大茶业国的特长；但是一方面也因了规模的狭小，又没有共同生产（Production Association）及共同贩卖（Sale Association）等组织。共制共卖，不但省了许多无用的耗费，而且可免中间商人的中饱；可是我国农村向来缺少这种组织，难怪农民生活的一天苦比一天了！

关于栽培方面的情形，一时也不胜枚举，现在只好中止；但为比较计，特把中日两国关于茶园收支的状况列个表出来，以资比较。

（一）中日茶园收入比较

国别	收叶量	干茶	价格（百斤算）	总收入（合华银）
中国	200斤	50斤	20~25元	10~50元
日本	600斤	150斤	50~70元	75~100元

（二）中日茶园支出比较

国别	地租	肥料管理费	摘采费	制造费	总支出	纯收入
中国	1元	2元	2元	3元	8元	2~45元
日本	4元	10元	10元	15元	39元	36~66元

（注）这两表虽系我私人的观察，但可以断定没有十分地错误了。如果这个表没有十分地错误，那么从纯收入方面一看，相差达15倍以上，这不是很可注意么？这虽然对于原价上，关系很大；而收量的多寡，约差三倍，实在为一重大的原因。

第二节 制造方面

制造上范围极广，由方法上说，分红茶、绿茶、乌龙茶、碾茶、砖茶等；由手续上分，有农家的粗制茶、栈号的再制茶等。现在只好把普通的拿来说一下。

（一）绿茶不蒸叶的缺点。制造绿茶，最初的方法，名叫"蒸叶"。我国向来都用镬炒，不用热气蒸——用气蒸的方法，是日本茶所专用，而且为日本茶品质上占唯一优胜的地方，详细容当另草专篇——日本人说："日本茶现在所以能够战胜华茶，不在价值的低减，而在香味的优良。日本茶从前也用中国的旧法，自从改用蒸气，把蒸叶的方法发明以后，茶的销场就一日千里地进步起来了……"现在把同样的原料，因气蒸与镬炒的关系，比较其结果如下。

种别	镬制（中国式）	蒸气焙炉制（日本式）
贮藏	变质者多	变质者少
形色	枯燥	优良
水色	溷浊	清澄鲜绿
香	滞而不快	清爽
味	重	清快

（注）又从价值而论，在日本以同种原料制造，镬制与蒸气焙炉制相比较，前者只有后者的一半，即用气蒸者，比镬炒的价值高一倍。

（二）制造的不洁净。华茶的粗制，向来没有大工厂和共同制造的场所，因此室内的布置整理，都是不洁净的居多，这是无可讳言的。还有一件最患不洁的恶名，时常为茶业各国作同行嫉妒据为话柄者，即足揉的一回事！因为制造红茶多须用力揉捻，乡人用手力比足力为轻，故多用足揉。此风迄今犹未能废除。虽然用手或是用脚，原无若何区别，但是外人的心理上忆想起来，总有点儿嫌恶的。而且印度、日本的商人，又故意地宣传起来，于是华茶的信用遂一天不如一天了！

（三）制茶工人的缺少。华茶制造，都靠利用人工；调查他们制造的方法，又都陈旧粗荒，这固然是一件缺憾；而且专门制茶的人，又非常缺乏！据杭州龙井茶的情形，明年的工人，必须今年先期预约，手段既未高明，工值又非常昂贵，所以普通农家只能自己滥制，因此把优秀的品质都不能充量发挥了！粗制为茶叶制造上第一步重要的手续，如果粗制不良，再制时也没法再图改良；而且工人制造的方法既不一致，品质形状高低不一。故要想谋华茶的发展，对于各省各地茶业工人的养成、制造方法的改良，不可不十分注意一下呢！

（四）乏共制共卖的方法。这一项，我在上面（八）项也说过；印度、锡兰不用说，都是一种极大的公司组织，对于制造、贩卖，不会受他人的垄断。近来在日本呢，又能够提倡共同制造、共同贩卖的事业，不但制造上因了共同的关系，能够增进能力，改良生产；而且所得的一切红利，也都能共同分配，不会给资本家所掠夺了。共同制造的方法实行以后，凡是有茶叶的人家都能和股东一样，这就是现在国内所提倡的一种"合作社"（Co-operative Society）的方法；但是我国的生产者，都没有这一种的组织，政府又没有这一种的奖励规程。

（五）着色及不正茶的失信用。听说从前凡是茶栈的再制，或是农户的粗制，有的用石碱、石膏、铁砂等图重量的增加，或是想色泽的好看，加用"Prussian Blue"化合物、绀青、洋蓝、姜黄、黑铅等的染料，这虽关于商人行为上的大坏处，也是制造上的一个大缺点！例如美国的一八九七年《粗恶不正茶输入禁止条例》发布以后，翌年输入美国的华茶，就从五千六百五十二万四千五百四十六磅（一八九七年）减为三千九百八十一万二千一百零五磅（一八九八年），几乎减少到五分之二。受禁止条例的影响，当时虽不止限于华茶，因了印、锡、日各国政府事前的警告、各种协会的劝导，能够拼命地改良……日本茶能够在美国得着信用，就因彼时华茶受着色茶禁止的关系，美国的当业者及消费者，就认日本茶为华茶的"自然代用品"（Natural Substitute），后来就一天一天地反客为主了。

（六）人工和机械的关系。印度、锡兰的制造红茶，日本近来的制造绿茶，都有机械化的倾向。照工价而论，不论华工便宜到什么地方去，总归和机械相竞争，是万万敌不过的。照制品的优劣而论，除日本的绿茶，机械制造还在改良中以外，如印度、锡兰用机械所制造的红茶，香味水色，远在我国红茶之上。例如，制造红茶最要紧的手续，是一种揉捻（Rolling），揉捻愈重，香气愈能揉出。华茶是利用人工，即使用尽全身的臂膀和脚胫，哪里能够和机械可自由增减压力及继续运转的来得巧妙适用！所以有人说中国红茶的浸出液，只不过三分之一，确是一句真言。现在再把调查所得，将每百斤的制造费列表如下（据日本静冈榛原郡茶业组合所调查的平均表）。

制造方法	百斤的制造费用（日本金）
纯机械制造	10.78元
半机械制造	18.48元
全人工制造	33.88元

看了上表，就可明白人工制造和机械制造的不同了。又从数量上论，人工每人每日只能做干茶三五斤，用机械则可增加数十倍。所以印、锡红茶能够以极低廉的价格售诸市场，我们华茶自然不是他们的对手了。

关于制造上的缺点，还是举不胜举，恕不一一细说了。现在来说贩卖上的缺点吧。

第三节　贩卖上的缺点

（一）贩卖手续的复杂。这是生产者和茶商最吃苦的地方！经手者越多，中饱者也越多，在消费者出了几倍或十几倍的代价，而在生产者只得了极小的微利，这是在社会组织中最不良的结果，而尤以华茶遭这流弊为更甚，请看下表。

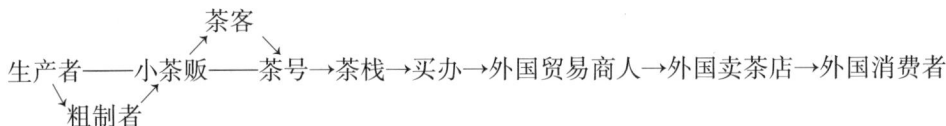

生产者——小茶贩——茶客
　　　　↘粗制者↗茶号→茶栈→买办→外国贸易商人→外国卖茶店→外国消费者

（注）"茶号"是内地再制的号家，"茶栈"是各通商口岸的栈家。

照上表这种情形，当能明白生产者与消费者收入和支出的大不相同了。所以生产者或贩卖者，如果不联合作共同的制造与共同的贩卖，则茶业前途受亏不少。

（二）不能直接贩卖及不谙外国情形。上海或汉口的茶商，由内地辛辛苦苦地运到通商口岸，已经是狠不容易了！到了口岸之后，必须先把样品，经茶栈的介绍，经过买办之手，再由外商估定价格，才能交易。所以价格的高低，市面的涨缩，生杀之权，操诸外人。加之外国茶市缩涨的情形、需要供求的标准，又没有专门调查及报告的机关。所以今后茶商如果不群策群力，内谋团结的方法，外图直接贩卖的计划，茶业前途，仍旧是黯然不振的吧。

（三）乏团结的能力。在现在商战剧烈的时候，要想以一二人之力去和他人竞争于舞台之上，那一定是失败的了。例如，锡兰关于团体方面，颇极坚固，栽培者有"锡兰栽培者协会"（Planter Association of Rylon），贩路扩张上有"三十人委员会"（The Thirty Men Committee Association）；印度有"印度茶税委员会"（Indian Tea Cass Committee Association）、"印度茶业协会"（Indian Tea Association），每年支出的费用都在几十万留比以上。日本则各县各郡各村的生产者和制造者，都有各种的组合；又由"中央茶业联合会议所"统率之，每年费用占百万元左右。但是中国呢，名义上虽有几个公所公会，但是里边的组织既没有精神，会员只知利己，办事人又无知识，以此例彼，真不能不使我们汗颜无地啊！

（四）不知利用广告。广告术和商人的贩卖，犹可比马力的大小去转动机械一样。锡兰于一八九四年，把出口茶所抽来的税费，都利用为广告宣传之费，计二十五年中，所消费之数，达一千万留比以上。中国曾经费过一个大钱么？日本只在美国一处的广告运动费，每年不下十万元，无怪别人的一天胜我一天了！前驻旧金山领事朱兆莘先生在上海总商会演说道："美国各地的咖啡店里，都表出锡兰及中国台湾（日据时期）茶的商标，独独看不到华茶的标帜！"他后来又提出三层办法：（1）利用广告。（2）改良装货方法。（3）开设吃茶店。拟请求政府每年补助百万元，以作广告宣传之用。但是现在的政府，百孔千疮，自顾犹且无暇，不是也成一场春梦吗？但是唯一的方法，只有茶商自己的自觉，由自己组织健全的团体。亡羊补牢，还未为迟啊！

（五）缺乏资本。华茶既没有团结互助的能力，又没有专为茶商融通低利的银行，所以茶商运货到各口岸以后，无论价值的涨落、将来的有无希望，都不能顾虑，除争先卖出以外，没有待善价而沽的希望！在从前印、锡、日本的茶业尚未全盛，外商尚能高出价格，自从茶市场中有各国的茶叶竞争以后，外商也不能不低减价格，而商人亦不能不贬价先卖，故近几年以来，前之因茶而起家者，现在都因茶而破家了！

（六）关税厘卡的流弊。按各国无论采用 Muller Henckel 氏的保护贸易税，或是用 Smith 氏的自由贸易税，绝不如中国的关税，把输出品重征叠税，而且内地的厘卡杂捐，比之法国十三世纪的暴税政策，过无不及！平均华茶的税率，由内地以至外洋，要征收到茶价的百分之六十以上。从前在华茶"贩卖的独占"（Seller's Monopoly）期中，抽点税并不觉得什么妨碍；但是现在以抽重税的华茶，以和无税而反受奖励的外茶去竞争，岂有不失败之理！（关于这税费的办法另详下章）

（七）包装的不良。包装能够精致，不但贩卖上带广告的性质，而且又清洁，又便利，很能引起买者的欢心。例如，在美国茶店贩卖茶叶，如果不预先包装完好，买主要立等了称量起来，那他空耗了许多时间，情愿敬谢不敏了。而且把大箱远远地经过了海岸，日子已经很多，而华茶原料又都未经充分的干燥，故品质就很易变坏。

（八）水陆交通的不便。我国交通的不便，无容我再分说了。一方面使货物运搬迟滞，而商人的资金就流转不灵；一方面又使运费抬高，贩卖上受着无形的许多不利益了。

（九）外航的迂回和船舶的缺少。日印等国运往欧美各国因路途较近，船赁已比较我国便宜许多，且由各政府对于航行外国的本国船只予以补助金，使得与茶业者约定价格，预备船腹，所以和华茶相较，在运赁上要减少十之三四。

第四节　制度和行政方面

（一）政府缺保护奖励的方法。丝茶两项是中国出口最重要的物品，关系于国计民生者，至重且大；但是政府呢，只知道收茶税，勒茶捐，留难货物……别的应该提创奖励的事业，则一无注意！别国茶业的勃兴，政府如越人视秦人之肥瘠，商人的加用颜料，丧失信用，政府不去禁止！夫以不受保护奖励，而反层层敲剥的茶业，立于茶业竞争的场里，自然是不战而自败的了！

（二）法制上的不备。我国农工商及其他法制的不完备，在世界之中也可首屈一指了！即使有了一点残缺的或是直译的规约，又大都被商业上的习惯及团体的束缚所制限，也都感到不便极了！又如商业上银行的组织，货币制度的混乱，也都使农工商人感受极大的苦痛！

（三）研究机关的不备。我国各种事业的落后，一言以蔽之，是"不能利用科学的精神"。关于茶业的研究，更连影踪都还没有！所以三十年来，绿茶的品质不及日本，红茶的香味不及印度、锡兰，这都是没有经过研究和改良的关系。我更恳切点说句吧："假使今后的华茶再不用改良的功夫，恐怕连内地的供给也要被外茶所蚕食呢！还想挽回外销么？"这是从我的心坎中迫哑的呼喊，还望国人加以注意！

（四）统计调查的不备。要图一国实业的振兴，或是想考察一地方实业进步的情形，非有精确的统计和各地实业的调查报告不可。我国茶业的情形，除海关册有出口的数目报告以外，就找不出别的资料来！不但研究的人没有参考的资料，即行政方面，也无从下提创注意的精神。所以商人的失败，农夫的歉收，都只好归诸运数而已！

（五）政治上的腐败。华茶自从一八八六年——清光绪十一年——运出数量达到三亿磅的巨额以后，就和清季的衰运，跟了缩小；民国建设，兵事未已，农民不安于其乡，商人不安于其市，而茶业也从而不振了！

第五节　其他的关系

（一）受各茶业国的播弄。印、锡、日各国对于排斥华茶的猛烈，不遗余力，例如，英国一方面利用茶捐，宣传自国茶叶的优良，希图发展；一面又摄影映画，在各处丑诋华茶的龌龊。记者看到许多外人的著作都有华茶不清洁的画图和言论，使爱呷华茶的西人也不敢再去赞美华茶了。而且如锡兰的茶业扩张费里边，居然大书而特书地列着一种决算，曰"华茶排斥费"，也可知英国人的商业道德了！而华茶的信用也就被他们糟蹋得不少啊！

（二）欧战的关系。华茶之所以遭极大的打击者，就在欧洲战争之后，当时德澳各国都被封锁，美国又特别征收战时的入口税；又因金融的紊乱，商业因此凋疲，而其中之最遭打击者，则为俄国的苏维埃政府成立以后，各国恐怕赤色的宣传，禁止与俄国通商，而我国依俄国为转移的华茶事业，亦从此中止——此段详前。

（三）咖啡业的竞争。世界饮料中最著名的，为茶与咖啡（Coffee）。但是咖啡的贸易额，比茶要多出四倍以上，所以贩卖的势力自然也大得利害了。又西人嗜茶不及咖啡的深，而近年咖啡的生产又着着增进，输送既极容易，价值又比茶不高，所以这又是茶的销路上的一个障碍。前年各西洋茶商拟联合产茶各国，作积极的饮茶宣传，事虽未曾见诸实行，其迫切情形，已可知了。

（四）印、锡茶得地之利及资本之厚。华茶虽受了一种品质优良的天惠，但是不能利用天惠发展优点；印、锡茶，地居热带，四季都能采摘。据一九一六年印度茶业协会的报告，印度投资于茶业的资本达三亿五千万Rupee，平均利率达一分五厘半至三四分。

上面把茶业失败的情形大略地分说过了，挂一漏万，自知难免。但是企业界能够日夜补这几种缺点，则中华茶业就有蒸蒸日上的希望了！

第四章　振兴华茶的根本方策

华茶产地，西从长江的发源地，东达于海，又沿东南海岸线而直下以迄于广东，在这四方形的里边，为省十几处，占地数百万顷，真是世界无比的一个产茶国！我们且不说外销，单就内地需要而论，为数之巨，也是世界的一等国了！据惠尔须氏（Joseph M. Walsh）的统计说，华茶产额，每年为十一亿磅（一八九〇年的统计说八亿为内地的消耗，三亿为出口额）。夏特叟氏（Odserver）说，中国茶园面积达三百万英亩，产茶总额为六亿磅。现在我们依据民族气候相同的日本而论，日本每人每年饮茶一磅，我们为产茶古国，上下各阶级都以茶为人生消遣惟一的妙品，所以每人年耗以一斤而论，已达四万万斤，占全世界茶叶需要的三分之一了。但是从外销迟滞以来，地老山荒，出产低减，即内地茶价也逐年增高。所以我们为外销发展计，固当亟图改良，就是为内地生产计，也不能不亟待整顿，否则印、锡的红茶，日本的绿茶等，不但侵入通商口岸——见第一章总论——或许要传入内地，乃时再想设法以塞漏卮，恐怕已经后悔莫及了。现在仅就管见所及，择其主要者说明于下，希望我们政府和实业界知识界诸君子加以注意，则茶业前途不会无救也。

第一节　茶业人才的养成

中国茶业失败最大的原因，在无茶业的人才！无论为商，为工，为农，都是靠着数千年来相沿的一点经验，那么改革发展当然绝望。所以目下最迫切的问题，就是为茶业人才的养成，办法如下：

（一）茶业专攻科的设立。择适当地点，选产茶地，如云南、贵州、四川、湖北、湖南、江西、安徽、浙江、江苏、福建、广东各地中学校或甲种实业毕业的学生，设立茶业专攻科，聘请东西洋专门技师，教授栽制及化验各法，旁及应用各科学。卒业以后，不但可充各省专门技师及学校教员，而且可以为实地农工商的茶业经营者。十年以后，茶业的专门人才散在各处，茶业前途不难发极大的曙光。

（二）派遣各国留学生。各产茶地制造方法的如何改良？各需要国需茶的如何情形？知己而不知彼，绝难收必胜之权。故按年宜派遣人员留学各国，对于印度、日本等产茶各地，则采其新法；对于英、美、俄、澳各需要旧地及南欧、非洲、南美的新销各处，则考察情形，需人孔急，为效甚巨。所以应量力酌派人员留学各处，既可以知道各地的情形，且养成各处专门的茶业专家，利益之大，无待细说。——去年安徽曾派陈鉴鹏君赴印度考察茶业三年，不能不令我们佩服许省长具有远见。

（三）亟设巡回教师。目下各地的茶业人才既很缺少，而需要方面又很迫切，所以应由农商部亟选有茶业研究的人员，派充作巡回教师，定期分赴各省，利用甲乙种农商实业学校及各地茶业商埠作短期讲演，一方面可以传播茶业知识，一方面并可托该员调查各地的茶业状况，费轻而效著，目下亟应创设。

（四）茶业传习所。各省栽培、制造等方法亟须改良，为造就实地应用的茶业人才计，莫好于各省各产茶地区筹设茶业传习所，以一二年短少的时期以内，授以适用栽培、制造的方法。且目下新学制中，正有一二年短期的职业学校制，茶业传习所正是短期职业学校最适切且最适于需要的办法。

（五）甲乙种农校加课茶业。我国农校办理已十多年，有一种最大的病根，就是一切课程都直接由国外输入，科目编制不适于当地情形，所以卒业学生都不能和社会发生关系。江苏、浙江等农校，对于蚕业虽有特别的蚕科，或是蚕桑功课的加入，但是对于与蚕丝并重的茶业，还放在特用作物中，不当一件紧要的科学，这是一件很可訾议的事情。查日本于产茶附近的农校，或者附设极大的制茶工场，或者添设茶业的功课，或者定期请茶业家的讲演及实习。我国茶业的重要，远过日本，而于衰颓不振的老大茶业国，尤应该特别注意，故今后产茶各区，宜酌量人才，添置茶科，或增课茶业，对于茶业的贡献，当然为功不小吧。

以上仅就一般的而言，务请教育界酌量情形，加以推广。至于（一）（二）两项的经费问题，请阅最后茶税改革意见。

第二节　团体的筹备及进行方准

我国农工商实业有一最大的缺点，就是没有组织的团体。是锡兰茶业之所以勃兴，于一八九三年有锡兰"三十人委员会"始，而印度于一九〇三年也创设"印度茶税委员会"，对内尽改良提创的责任，对外作宣传扩张的方法。日本对于团体的组织，尤较印、锡为早，而组织方法亦较印、锡为完备。盖自一八八三年已发布茶业组合规则，分全国为三府十九县，各郡市设组合，隶属于府县茶业组合之下，中央又设中央茶业组合，以为之统率。所以对内对外都极有系统，宜其茶业之隆盛，能够驾我国而上之了。然而回顾我国则何如？组织法既无系统，而办事者又乏专门的茶业常识，故今年一方面亟应培养人才，一方面亟须组织团体，现在先把组织的方法分述于下：

第一项 组织法

（一）中央茶业委员会。会设于中央政府的首都，定委员五十人，由每省茶业联合会派选两人（计产茶省分陕西、河南、贵州、四川、云南、广东、广西、福建、浙江、江苏、安徽、江西、湖北、湖南十四省），计为二十八人，由政府聘任专门家十人，又由农商、财政、外交三部每部委派四人，每年定期集会一次，讨论对内对外及一切应兴应革的事业。会设常驻正副委员长两人，由委员会选出，任期三年，又由会聘任专家及办事人员若干人，执行委员所议决的一切事务——经费详下税则项。

（二）全省茶业联合会。全省茶业联合会是规划全省的茶业事务，尽监督及建议的责任。组织法由在省实业界人员及各县市联合会代表组织而成，下以联络各县，上与中央茶业委员会互通声气。其所需一切经费，由省税补助及茶税一部分充之。组织内容可参酌中央茶业委员会及县联合会。

（三）县茶业联合会。凡县内有关于茶业的团体及茶业人员，都可做该会会员——详请参观本期《日本静冈县茶业组合联合会议规约》——离县稍远的市镇，如茶产较盛者，得另设分会；又如上海、汉口为茶业荟萃之区，得特别设置上海或汉口茶商联合会，但须仍隶于中央茶业委员会之下。

（四）乡村茶业者合作社。乡村农民如果没有合作的团体，不但产业不能兴，就是经济上也受许多之痛，故应设置乡村的茶业者合作社的种种规则，并由各县联合会劝告各乡村，组织合作社，其规模大小、人员多寡及合作方法等，可随各乡村自由定之。县联合会得有指导联络的责任。

第二项 设施的事业大纲

（一）中央茶业委员会。

（A）全国茶叶进口税的监督及预算决算的编制。

（B）预定全国茶业奖励设施的方准、建议及实行。

（C）每年定期召开全国省市联合会议，做成议案及报告。

（D）各省巡回教师调查员及海外留学生与贩路扩张委员的派遣。

（E）茶业人才的养成及中央茶业试验场的研究与计划。

（F）茶业杂志及年鉴的刊布，各驻在地领事馆的报告及海外派遣员调查报告的整理。

（G）全国茶业品评会及协进会的开办。

（H）内地茶业银行的设立，或补助奖励。

（I）输出检查所的设立及最低标准茶的配布（在标准茶以下的茶叶禁止出口）。

（J）外商的联络及交涉事宜的处理。

（K）对于政府茶业事务的咨询及建议。

（L）其他关于全国茶业事项的一切问题。

（二）省茶业联合会。

（A）省内茶税的监理及预算决算案的编制。

（B）全省茶业行政方面的建议及实行。

（C）省内茶业改良方准及研究调查事项。

（D）省茶务讲习所及试验场的建设，或请求政府的开办。

（E）省内巡回教师及调查员的派遣指导。

（F）移出入茶的严格检查。

（G）全省茶业状况的调查报告。

（H）省茶业品评会及协进会的开设。

（I）县市茶业协会的联络及联合会的召集。

（J）关于省内茶业争端的处理及和解。

（K）其他关于全省的茶业事项。

（三）县市茶业联合会。

（A）模范茶园的设置及病虫驱除预防的研究试验。

（B）荒废茶园的振兴及改良。

（C）本县制茶生产的统计调查。

（D）制造方法的改良，竞技会及品评会的开设。

（E）优良茶园及优良品制出者的奖励。

（F）茶业讲习会、谈话会及乡间演讲会的开设。

（G）对于省联合会咨询事件的答复及印刷物的配布。

（H）粗恶不正茶的取缔。

（I）专任技师、巡回教师及检查员的设置。

（J）茶业者共同制造、共同贩卖的奖励。

（K）有功于茶业人员的表彰，县内关于茶业争论事件的和解。

（L）乡间茶业合作的奖励与指导。

（M）其他关于全县茶业行政的建设及经费的收支预算。

（四）乡村合作社。

（A）肥料、农具等的共同购入。

（B）茶的共同制造及贩卖。

（C）病虫害的共同驱除、预防。

（D）信用合作的设立，相互为资金的融通。

（E）乡村内关于茶业事项的讲演及受县联合会的指导。

（F）对于县联合会议的建议事件。

（G）并为县联合会的会员。

以上仅举其大纲，如果能够择要施行，则对内对外都能一致，农工行商互通声气，茶业前途就有无限的希望了！

但是团体人才均须由经费以为之发展，否则无米之炊，巧妇所难，故最后特提出税则的办法。——此层意见记者曾于本年七月间山东开农业讨论会时提出意见，现在特于下章详细说明之，希望政府及农界能够早一日实行，则中华茶业就能够早一日得救了啊！

第三节　经费的筹备

筹备经费第一个方策，是茶税的重新整理。

论到华茶向来的税制，出产有捐，移动有捐，地方有税，通过又有税，而从前移出外洋者，又有海关税，层层敲剥，使生产费抬高原价数倍以上，这实在是华茶失败的一个最大原因。但是取了茶税，假使能够拿来，仍旧为扩张茶业之用，那么好比是人民出了捐税，组织国家来保护人民一样，则虽多取之亦不为虐；可是现在则大谬不然！取之于茶税者，数达数千万；而对于改良茶业，保护茶业者，可以说是分文无着。而且捐局的留难勒索，对于贩卖上又发生数多阻碍啊！

现在单就出口税一种而言，于民国四年曾将出口茶税酌减了百分之二十，从每担一两二钱半（合墨钱一元七角四分）减至一两（一元四角）。民国八年十月十日起，又将出口税全免两年，去年今年又续免一年。在政府方面，正值司办仰屋的时候，而能够体恤商艰，免出百余万元的茶税，这确是差强人意的事，但是我以为这种办法仍旧是消极的而非积极的，是治标的而非治本的。因为只知免税而没有积极的治本的办法，对于茶业前途，仍旧是没有什么希望的。例如这三两年来的出口，虽然免税，而每年的出口额依然如故，内地茶业的不振如故，茶业的品质、产量和外人的不欢迎，也依然如故。这为的是什么？就是没有改革的根本办法，虽然免税一百年，一千年，也仍旧如故，而且更要减少出口额吧！那么积极的根本办法怎样呢？自然，一方面亟须培养人才，一方面亟应组织团体。而要想培养人才，组织团体，解决经济问题不外两种办法：

（一）略征茶业出口税充改良扩张茶业之用——进口茶税也需拨入。

（二）额定内地茶捐以相当之数为团体及研究奖励之用。

按印度、锡兰、日本各地，原来无所谓出口税，只于协会及组合中，为图发展茶业计，才征少额的移出入及输出税而已。这就是取之于茶，仍旧用之于茶的办法。现在将各国茶税的办法略述于下，以供参考。

（一）锡兰。锡兰茶的征税始于一八九三年，乃时美国刚开芝加哥博览会，锡兰栽培者协会就想利用这个时期，利用广告推广茶业，遂大家议定，每茶百十二磅，征收十二先令的输出税。后又改为二十先令。除开销征收的费用以外，将该款全部移交"三十人委员会"，里边图研究改良，外边去宣传扩张。总计从一八九四年起到一九〇五年止，征收经费的总额达三百六十余万留比，平均每年为三十余万留比，约合华银二十余万元。以每年如此的巨款，用之于内，奖励研究得其道，移之于外，推广宣传收其功，难怪茶业的发达到这样啊！

（二）印度。印度的英国政府看了锡兰"三十人委员会"成绩的优良，于一九〇三年也创设"印度茶税委员会"，由"印度茶业协会"及有产业关系的官厅组织团体，推举委员二十人，由总督加以任命。于该年起，输出外国的茶叶，每磅征收四分之一派（约我国每百斤征收二角），预定五年为试行之期，实行之后，一面联络锡兰共尽宣传的方法，里面则聘请技师，力图改良，于是成绩日优，遂成了今日世界中独一无两的茶叶出产地。十余年来，出口愈旺，征税愈多，从而宣传奖励也益加猛烈。

（三）日本。日本于一八八三年即发布茶业组合规程，分全国为三府十九县，各郡市设组合，隶属于府县茶业组合联合会议所之下，又以中央茶业联合会议所总其成，对内对外，极有系统。在明治晚年（一九一〇年顷），合计各府县收入及设施的费用，每年已达二十多万日币。现在除政府补助费不计外，每年各协会及县市等组合费收入，年达四十万元。记者对于日本所知较详，现在将各组合的收入费用列下（又第二节第一项组织法中对于经费一层尚未说明，亦可于底下参照）。

（A）中央茶业联合会议所经费收入法。

（1）外国输入茶的课税每百斤征十二钱（现一钱约合中国九厘）。

（2）海外输出茶的课税计每八十磅征六钱。

（3）各府县移出入税，计百斤征六钱五厘。

（4）政府补助金及杂收入。

（5）各府县特别补助金（关于特别支出时，临时募集之）。

（B）各府县茶业联合会议所经费。

（1）海外输出茶，每八十磅征十二钱（与中央茶业联合会议所合征十八钱）。

（2）内地捐，百斤征二十五钱（与中央茶业联合会议所合征三十一钱五厘）。

（3）中央茶业联合会议所事业委托费及县补助费。

（C）郡市组合经费。

（1）组合员会费（每人常年费四十钱）。

（2）茶业用机械捐（购入时大者征两元，小者征一元）。

（3）府县茶业联合会议所补助费及其他。

看了以上的情形，我们可以作一个总结：各国对于茶税，政府只有补助并不分文征收，惟各团体为改良奖励计才稍稍取点茶捐。取之于茶，仍旧为茶所用，这是一个最大的原则。我国如果要谋茶业的发展，就不能不取法于此！

第四节　茶税的分配法

要说明茶税的分配法，不能不先把旧来征收的状况及今后改订后可征收的数目分别说明一下：

（一）旧日的茶税。厘金的起源，始于道光年间（一八五三年），实行以来，迄今不废。又厘金税以外有所谓统捐（即产出税）、地方税（补地方的行政费），输出海外者，又有所谓通过税及海关税（海关税始于光绪二十八年，每担合关平银二两五钱，后减一两二钱五分）。统计每担茶叶，应纳的税如下：

统捐及产出税	二钱七分
厘金税	一两四钱四分
地方税	九分
海关税	二两五钱
合计	四两三钱

以上还不过是普通的咧，厘卡的留难需索，地方税的层层敲剥，还不在其内。大抵各地出产之茶税，有抽卖价之三成者，有抽半数以上者，税则之苛酷如此，茶业的不振可知了。

（二）今后改订的方准。这是由记者参酌海外情形及内地状况加以改订，但在此不能不再郑重地说一句：如果茶税不重行改订，则中国茶业始终绝望。

（A）出口税。可分两项征收：（一）内地税。内地须严行检查，如有着色及下等劣茶，则禁止通过；又为补助各该地茶业团体计，故每担抽银五分。（二）海关税。定每担抽银二角，此费专为中央茶业委员会对内外改良茶业之用。现以每年出口一百万担计（现虽不及此数，但中俄通商如果成功，必能恢复民国五、六年状况），则一年可抽出口税二十五万元①。

（B）进口税。现在每年从印度、锡兰、日本等各地输入的茶叶，年达二三百万两，依华盛顿会议结果，进口税可值百抽七点五，那么以二百万元的进口茶计，可达十五万元。该项费用亦完全归中央茶业会议所，为对内外扩张茶业之用。

（C）内地消耗茶捐。内地茶叶需要至少可达四亿斤，现在以半数为各县产地消耗，半数为移出入各地之数，就将移出的二亿斤，每百斤抽税四角，则年可抽税八百万元。现在以半数为政府及地方税——但是希望在三五年内政府也应该把此数牺牲——以半数的四百万元充中央省县团体及扩张改良茶业之费。

（三）茶税分配法。总计以上三种税收：

出口税	25万元
进口税	15万元
内地消耗税	400万元
合计	440万元

现分配如下：

一、贩路扩张费，一百万元。

二、各团体补助费，一百万元。

三、试验场研究费，五十万元。

四、茶业教育费，五十万元。

① 此处应为"二十万元"，下文（C）中"抽税八百万元"应为"抽税八十万元"，原稿计算有误，后文以这两个数据为基础计算的其他数据皆有误。因无法推断是总数计算有误，还是所给单价有误，故保持原貌，不做改动，敬请读者自行辨识。

五、茶业金融机关，一百万元。

六、奖励费，四十万元。

再分别说明之：

一、贩路扩张费。前驻旧金山领事朱兆莘先生在上海总商会的演说："如欲在美国扩张销路，须由政府每年补助百万元。"——详见前第三章第三节——所以每年的贩路扩张费，暂定百万元，如收入增加及随所遇情形，可再增加若干。

二、各团体补助费。自乡村合作社以至中央茶业委员会，各机关在在均须费用，百万元似觉很少。

三、试验场研究费。现拟规定四川、安徽、浙江、江苏设丝茶栽培制造试验场各一所，云南、贵州合设一所，陕西、河南合设一所，湖北、湖南、江西设红茶及砖茶栽培制造试验场各一所，广东、广西合为一所，福建专设乌龙茶栽培制造试验场一所。合计试验场十一所。其余又须依地方的情形如何，或再分设几所，每场约四万元，似觉不多。

四、茶业教育费。除各试验场应招收练习生及各处筹备茶业讲习所外，应择相当所在，筹备专攻科四五所，或特设茶业专科大学一所或二所，及派遣留学生等。

五、茶业金融机关。近来商困民贫，要想茶业的对外发展，不能不有一种低利可流通的金融机关，以为之补助。故须创设茶业银行，按年扩充，如果发达，并可为国家银行的支行。

六、奖励费。对于私人或共同经营的制茶工场、优良茶园及优良的出品等，均须与以奖励，地大土广如中国，四十万元亦似未多也。

第五章　结论

以上的话，阅者觉得过于冗长了么？但在记者想起来，还觉得挂一漏万，使我有许多想说的话还不曾报告于读者之前，这实在是很抱歉的！

但是我的结论是极短的，只两句话：

中国茶业如睡狮一般，一朝醒来，决不至于长落人后，愿大家努力吧！

一九二二年十月八日于日本静冈牧之原山上

《中华农学会报》1923年第37期

日本底茶业趋势

胡浩川

一

这么样大的大题目，依理在日本考察茶业为时很短少的我，似乎是不应该荒唐地说的。因为我向来对于述作的事，有这样一个武断的信念：我们对着什么问题，只要极切实地做了些研究，为自己相信得过是确有所见的了，就不妨扼要委实说了出来。说得对呢，不成问题。否则，自能得着人来批正。批正得是，这谬说就立刻失了存在的根据，归于人为淘汰。然而"抛砖引玉"，仍有一些价值在它的本身之外。倘使不幸，遇不着肯正误的识者，但是同时或在后，总不能限定没有别人的好的出现，把它形成废物，落于天然淘汰，尽着谬种流播。尤且又怎能限定自己的见识没有得增进，自行改订呢？这是我敢于托老实作这篇长文的主因和动机。

二

要说日本的茶业趋势，在先不能不略略地说些过去的事实和现在世界各国的茶业概况，以做观察的佐证——也就指实我的说话的实际根源呵。

日本的茶，当然是从我国——中国是世界的茶的种源地——移入的了。八〇五年至八〇六年，最澄和空海两和尚相继从我国留学归国，携有茶种，种在近江等地；空海并学得了制法，备有制茶的用具。后来又有荣西和尚著《吃茶养生记》，赞美茶的效能，于是士族也有业茶的了——茶业就渐渐地"蔚为大业"。

一八六五年以前，茶业还没有被农学家们注视，那时人的讲求，不过在碾的方法及煎的手续及饮的叙数上致力。这正同我国的卢仝、苏轼、富弼诸人，只为满足一己的嗜好，"不务其本，而起其末"的意造罢了。

日茶输出，始于一八六〇年（按日茶最初输出在一七五〇年左右，那是由于我国侨居横滨的人的贩卖；这是指日人自行直接输出说的），仅得三十万斤。由是而二百三十万斤（一八六二年），而五百九十万斤（一八六六年），而一千零一十一万五千五百九十三斤（一八六九年），至一八七二年，遂达一千四百零六万六千八百五十三斤。

日人既尝得了茶的利益弘大，又见印度及爪哇（一八二九年从我国取得茶种，开始种植）等经营茶业已有伟绩，而锡兰（一八四二年始从我国移茶入植）及苏门答腊等也相继地起来了，晓得茶业不图进步，不可与争。于是提倡改良，一呼百和。一八七一年至一八七二年，即从实际着手。当这时候，茶的出品多有搀假及着色的（按日本出口茶，今日恐不免有着色之弊，虽是探问不着，然看《茶业通鉴》等有关茶的着色研究，又某茶业组合的规约有一条说：禁止用颜料等涂染于制茶上以充美品，下附一括孤说"再制除外"——再制的茶，都是输出品呀！），贩卖很不易于出场。于是政府因而奖励红茶的制造，派多田元吉到中国，又若干人往印度，考求制法，很有所得，随即设立"制茶会社"做大规模的促进及"新宿试验场"做根本的改良。一八七八年，"制茶共进社"——即现在的"中央茶业会议所"的前身，有功茶业非常的大——与官家合作，立取缔劣制的规条，并且颁布茶业组合的标准法则。从此组合日多，所以奖励试验的方法也越完备，加上消极的监视，出品遂得日精。近三十年来，发明了（其实是规仿印度等）种种的制茶的机械，生产上得着这样经济的经营，茶业根基没有因人工暴贵而起摇动，价值实在大呵！

最近世界各国的茶业概况，简简括括地说："都是不能维持从前的原业的！"虽然比较起来也还有些轻重，就中中国是首屈一指了，其次就要数到日本。这种不况的原因，生产太过剩了为第一。盖自近四十年来，茶区天天扩张——例如印度在一八九八年有茶园五十四万七千英亩，至一九一八年就加到六十九万二千八百英亩了！别国除日本——或者和中国外，多少不一，都有些增加的。产茶地大了，消茶地是不能相与着对等地发展，已定陷茶业于困难了。并且茶业又浴沐于近代的科学恩惠，即栽培得法，增进生产的质和量。例如日本，现在每町的收量，较一八九八年之前，平均多百分之四十三！以这样突飞猛进的生产，推销又受了战争影响，场合缩小，所以格外不了。然而日本比较我国要好些的，一则是制造比较的好，一则是有些会投机罢了。但是资本小于印度，茶质不及锡兰，尤且日本出口的茶纯是绿茶，制造上很是多费人工——约四倍于印度，价值又复较昂，所以堕落的程度还是很深很深的呵！

三

看了前面说的，日本对于过去的茶业多么努力，当这世界茶业不振之秋，不消说是有一转即下的新趋势了。看他们谋改进茶业的专家的言论和力行，如高山卓尔以科学研究品种改良，田边贡以限制滥制及提早采摘宣传，丸尾文雄及野吕米三郎亲到印度及锡兰于茶务上作长期的考察；其他有彻底的研究和深悉关于茶业界的一切问题的，如太谷嘉兵卫、宫地铁治及繁田武平诸人，也常常做有系统而能见于实行的贡献，更可知其概了。那么，请让我把茶事上各方面的实际的进行，分别述之于后。

四

栽培日本茶的质分劣恶，这是土壤、气候种种关系所酿成的，并不是华茶的"别子"独不宜于岛国——前些天的美国报纸有"日本茶为世界质性最劣的茶"的批评（见一九〇三年七月间的《东京朝日新闻》）。其实经过四十年（一八八〇年左右到现在）的久期的反复试验促进的结果，不止数量有惊人的增加，而质地也有特殊的进步，是不可掩的事实。不过难得做标准的比例可以检举罢了。因此，很能引起一般茶业家的兴趣和信心而鼓动了奋进的勇气，越发对着茶业乐得尽力，所以从事于极远大的计划去研究。

日本各地的茶的生叶，制成绿茶，都比红茶要优美得多；只有九州的福冈一带的茶叶制造红茶，要比较各县的精良得多——考其原因，就是土壤成分的互异，所以有些参差。

世界人的吃茶嗜好年来从绿茶转向红茶的倾向——这事很是明白显然的咧——尤以日茶的唯一主顾翁的美国人多些，况且美国当禁酒成功后的第一个年间，需茶的量，即由一百兆磅加至一百五十兆磅。故没有茶业家不注意的，他们不但以为可以恢复已失坠了的茶业，并谓可以更图发展，急急皇皇，而求所以从事之道——第一个着眼点，就在利用需要者的饮用的偏向而事生产。

从前研究红茶改进的人虽然有很专精的，进步终于不如绿茶的快。现在高山卓尔等人，做根本的企图，讲究品种改良，方法大概是：

（A）自然的利用。此法较为简易，即在平常的茶树里观察那比较的有优异的特征的，很适应的育成些极健全的种子，又特别注意地种植，复于一传再传……以至无尽期都这样的选择。这是应用"优生学"从遗传性上促茶的性理的进化。

（B）人工的作成。此法的进行，很不便宜，手术大要有二：

（1）依有性的生理。或是杂植种种茶树的□本于一处，任其相互地受精结种而育美的子本；或是实行人工的他花受精，以圆善种的取得。

（2）依无性的生理。择"出类"的母本，而行插枝、接木、分根及压条诸法。这虽是烦难，而收效的时期比较地快。

以上说的品种改良的实行，尚没有正式报告——因为着手未久——唯于去年七月底在国立茶业试验场，参观用肥料配搭以求红茶出品的精进的速成试验又一法，已有较优于寻常作品的成绩了。据于栽培有学术者的预言：从此精进而不遭什么失败，没有三四十年的工夫心力，不能得着多量的固定特性的母本，够散布子种到普遍；而红茶出品可和世界的名物抗衡。

那么日茶栽培的现势，彰彰如此，今后趋势，可以下断案了：

日本茶业，谋根本的改进，从栽培上，消极地求制造的适应于现在，积极地冀于即现的将来有优异的品种的育成！

五

精造。日茶现在所流行的制法，大致都是折衷我国及印度各国的成法，而加若干心裁以变化地致用的。红茶制法怎样，看研究制茶著名的农学大家泽村真在他的一九〇九年出的《制茶论》里说"日本红茶的制造……一般的未熟之点还不少……制法没有区区一定的，则日本式制法，叙述……困难"（原书片纸六五），可以知道。但是手制不如机械，则老早就证实了。绿茶却是两相反对。

绿茶手制方法极多，没有不很好的，所以没得急于改进的必要，一般茶业界的人士也不加什么讨议的。一九二〇年，"全国茶叶协议会"提案极多，没有及到它的（只农商部有"手制能率增进"的咨问），并且"国立茶叶试验场"有"手揉制茶将来及现在维持奖励的方法"议案的通过——这不但见得是不进步了，简直是已经退化呢！盖是劳银薪资，无不昂贵，手工出品，不能得着多量，即如"玉露"——一名玉茶，为最精粹的手制品，然以成本太大，只能供国内的豪华的少数人的饮用。手制法的优点，在行搓揉手续于烘青之中，得时间的经济，及搓揉随着水分的含量多少而有轻重，不致流失了汁液；又烘焙俱不用锅（复制用锌镀里的锅），成色翠美（茶含单宁，触铁就变了黑），别的不能多说明了。

制茶而用机械，在经济高沸的日本的需要权威，伟大万千。然而我们国人常有说这是为着投合需茶的西人的洁癖而为之者，殊是大误！至于出品的形色香味，俱不如手工制的，然数量很多，生产费也不高——平均比例的价格，仍不失是经济（按日茶手工制较机械制的统计后的纯利益率略高些，盖是求过于供的偶然的现象），故如寺田长七及竹田佑太郎等皆专门地从事于制茶机械的发明及改造者，而且各自设立试验场，实地演习，而图精进。现时通用的机械，较制初兴时的，无不有极远大的进步。至研究机械制的专家，也是济济多才，就中最著名的为田边贡。他们的理想，在努力于机械的能率促进，使它从速有超过人工的成绩。而各地茶业机关，也本着这目的进行，如"静冈县茶业组合会议所"悬无限期的五百元以上的赏金，募集纯机械的技术；"静冈县滨松茶业组合"特开"机械制茶讲习会"，提倡奖励，不遗余力——达到目的，绝对可能，问题只在迟早。去年茶季，最有名的机械学大家内丸最一郎亲往各地指导，且拟年年如此，这尤足乐观的。最近新出栗田式制茶完成机械，有说是"成绩人工以上的优良机"，桥本式制茶精揉机械也有"成绩人工以上"的评语，就中以第二臼井及高林新式的为最优良。虽是出品，和现在中上等的手制品相对着看，不尽合于事实；但据老茶业家说，较之改良未熟前的手工茶，实在是佳良些的。又云南省立茶业试验场场长朱文精告诉我："我来看看现在的机械茶，比我在'国立茶业试验场'见习时候（一九一六年至一九一九年）所见的，好得多而又多了——简直不坏似手工的咧！"——这都是很可惊的事实上的明证。

制茶界中，更有最大的两种新冀求：

（1）一制即成佳品，不须得再劳不经济的复制。

（2）使成茶的形状、色泽、香气、滋味、汁素（注）进步平均。

又有从一九二〇年才发生的新运动，叫做"茶业改良三纲领"。

（1）幼芽摘——提前提摘。

（2）新叶制——采下即行制造，防止生叶失了机性，种成品的恶因。

（3）见性买——制造用的生叶，审性质佳良的买。

这个运动，不但为各茶业组合所努力宣传，如（1）且悬重金的奖励，一般制造家，当然都照行了的。（3）效力最大，因为且可以促进栽培向上。

总之，绿茶制造，已到研精时代。红茶虽还没有独立的方法，然已派人往印度等地实际见习去了。政府又复更定了些奖励的规条（一八七三年左右，曾有奖励规定，后来废了）。茶叶组合中央会议所在静冈等地有专门的"红茶用试验园"之设。太谷嘉兵卫（于日茶发展最有功者，在茶业界有特殊的信仰）等，屡在九州方面努力宣传。红茶制造，将来一定能够引起大多数的实行家悉力考究，以应这时尚潮流呵。

从这可以扼要地说：

（A）一时的红茶制造的研究，必较盛于绿茶！

（B）永久的在促现理想于机械的技术！

六

贩卖。这以没有商业的学识的我，很难知道详情。其实茶商人多少总有些欢喜秘密的劣性根，即是商学专家，又怎么样呢？但是宣传的方法听到不少，且说一件：当巴拿马赛会时，罗列历年的标本茶，表示作品进步；及其他种种成茶，以炫观众；更展演茶业行事的活动影片，就中茶园、茶场及器具等，无不鲜洁爱人（按其制茶场，多不注意清洁，甚至机械等尘封污渍，很不入眼，并不好似我国的内地茶号的污糟；然宣传的背景，自必是造作的了！），至于茶园操作的人，类是少年美女——使艺妓们做的点缀。

虽然宣传是有方了，唯以限于资本，仍不能多尽力。近来已深深地觉悟到非大肆宣传的不可，所以广告利用，不但大家合作，并且公家也与以协助了。组合中人，更复尽意于宣传的研究。

日茶出口的经营，很少资本雄厚的专业公司，如三菱公司等等，当茶市振作的时候，未尝不是广为采购，然一有了差池，便不踊跃了。因此，直接运至销场，很不易于操纵自如。大部分的出品，还待外人来运。现在一般茶业界中的人，对于此辈外人取曲笼的"交欢主义"，故在交易上尚不致如我国，听其估价而莫可如何的。然而这终不是稳健的根本的永久商策。近来西严诸人，大声急呼地提倡设大规模的茶业公司；尤有力的，主张由生产者出来组织，不必——且绝对不能——待着那些对于茶业的发达及改进而不肯研究它的相互间的关系，只知私利的拥护是急的资本阶级中的人乘机垄断；且已草成了"关于生产的组合大运出公司"的计划书，实现的时期，或者已不远了。

其他派遣有技术的得力人员，分往各地，于消茶的状况及需茶者的嗜好，作充分确实的调查，以便扩张销路，而与他国的流行品谋对应策——这也是新出生的一种活动。

总合以上这些情况，可知：

日茶谋贩卖的改善的大势所趋：（一）由生产者直接地达到消费者，减出中赢，而厚竞争的力；（二）顾全生产者及再制者及需用者间的共同利益；（三）大举宣传。

（注）汁素，在日语为水色，我因为易误会为泡茶的水的颜色，不知是茶底汤的颜色，故换这两个字，然也不大妥当。这是去年九月半时限日交出未及起草的义务作文。完成了后留有节略，打算做"改作"的底本。我的至友荣堂，一再地叫我把给《茶业专刊》。我两次着手来做，拿起笔又放了：一次有事，一次临时起了迟迟再加些研究的材料进去做完备些，在《茶业专刊》之二或三上发表。立即停了工作把这意思告了荣堂，哪晓得荣堂仍叫拿去。我深感他好意，觉得这是不可再缓了，于是急急忙忙地把它连缀起来——材料增减不多——不但有些地方不大恰心，即字句也不少欠了斟酌的，这是很心感不安的。但是荣堂从前曾允许了我请他修改的要求，他当然极细心地给我修改的。我郑重地在这说一下，以表我的谢意！

著者附记。

一九二二年四月一日于日本静冈，大泽原，茶业部

《中华农学会报》1923 年第 37 期

改进吾国茶业之商榷

陈时皋

国家经济，视国际贸易之盛衰以为之枢纽。吾国国际贸易，除丝业外，向以茶为一大宗。欧战以来，凡有江河日下一蹶莫振之势，于农业之发展，国民之生计，国外之贸易，均有极切之关要。兹谨就年来从事于茶业之所得，窃认为非由此莫由振兴者，拟具数条以资商榷，尚希海内明达有志斯业者，进而教之则幸甚矣。

甲、就试验的方面以谋改进茶业之商榷

（一）宜设植茶试验场。茶为多年生且系深根性植物，故茶山之设计、茶园之整理、茶树之更新等，其经营管理，至繁且难，且每易摇动栽培家之地位。非有植茶试验场以为之范，则民间茶作一切实施，无所取法，匪惟以后栽培之区域，可断言无以扩张，即旧有之茶作，恐亦树老山荒，日形减缩。试就近数年茶业情形观之，不仅茶之品质日趋恶劣，且生产之量亦渐减少，殊可为茶业前途急忧也。

（二）宜设制茶试验场。茶品质之良否，固与天然之叶质不无关系，尤视制法之巧拙多所转移。盖以如何优美之生叶，若粗制滥造，卒不免为劣品。矧生长适度，即须摘采，随加之以制造，以有定之时间，须熟练之工伙。其技术娴熟者，一时不能多得，势必勉强牵就而致粗滥之弊，在所不免。况近数年制茶事业多用机械，使用运转，借资谙练，凡此种种，更非设有专场，多方试验，以力求改进不可。

乙、就教育的方面以谋改进茶业之商榷

（一）宜培养茶业专才。茶之栽培制造，暨凡从事于茶业，因纯属农业范围之内，含有工商学性质，故必须有相当之学识技能经验，始能适应需要者之心理，而与他国相竞争。然培养此项专才，似应于产茶省份设茶业专科或茶业讲习所，授以茶业上必需之知识与技能，或于产茶区域设茶业传习所，或于制茶期节设茶竞技会及巡回讲习团，以灌输茶业上应具之智能于茶业界，而蔚为实用之专才。

（二）农校宜注重属于茶业上之科目。产茶省份所属之各级农校，宜将制茶学、植茶学成一分科，茶场实习尤须注重，并须时予以实习及参观之机会，以引导一般学子重视茶业之观念与其兴趣，并启发其茶业的企业思想。

丙、就行政方面以谋改进茶业之商榷

（一）颁布茶业公会组织法。欲谋茶业之改进与巩固茶业经营者之地位，须由农商部颁布茶业公会组织法，先于产茶区域设茶业公会，而于茶业总汇之地设茶业公会联合会，俾得茶业上独立之精神，而谋共同之发展。

（二）设置制茶检查所。华茶在外之声誉，近来甚形减削，一由粗制滥造，一由有种种不正当之行为及有碍卫生之制品。且经营者又往往昧于茶之趋势及输向地

之情形，或抵输出埠因检查而受种种取缔者，损失尤为不赀。似宜于茶叶集散之地设制茶检查所，于产茶繁盛之区设临时分检查所（检查所须由茶业公会联合会组织之）。其检查之标准，以参照输向地检查局所规定之程度以为衡，下此者不得输出。于每年茶季前将前年输出海外状况及以后之趋势，布告于各原产茶区，以为本年应行检定之标准。如此庶可促茶质之改进，而经营之者亦不致蒙意外之损失，即华茶在外之声誉或亦可挽回，以冀恢复华茶在外原有之声价。

（三）组设茶业银行与茶用船舶之规定。吾国经营茶业者，资本不充，能力薄弱，或借行使汇票，以资周转，随仰售于洋商，以博赢余之利。纵有一二明达拥资雄厚而欲从事于直接输出者，屡以外输多所抑压，致失旺机仍遭亏折者，前此亦不乏其人。如此非有茶业银行以调剂其金融，有指定优先输送之船舶得接济其缓急，吾恐来华之洋商操纵于内，印日之茶商钳制于外，华茶前途将有不堪设想者也。

《中华农学会报》1923 年第 37 期

改良茶业根本办法草案

提案人　安徽省茶务学会代表潘谦、陈鉴鹏、张维

窃我国土产出口茶为大宗，百年以前欧美各国概为华茶销售之场，嗣因日本继起于前，印、锡直追于后，数十年来美国销路被夺于日本，英国销路被夺于印、锡。以我素负盛名之产茶祖国反居日本、印、锡之下，推原其故，固由我国茶农、茶商墨守成规，不加研究，然亦由我国茶业人才缺乏之所致。敝会为改良茶业根本，计划草拟数案于下（下略）。

（一）各省产茶地方应设茶业试验场或模范种制茶场，以资研究改良事宜。

（二）产茶各省每年应□遣茶业讲习机关毕业生或甲种农校毕业生赴日本、印、锡等处考察茶务。

（三）应请农商部饬中央茶业试验场每年应招见习生、练习生若干名。见习生一年毕业，以茶务讲习机关或甲种农校毕业者为合格；练习生两年毕业，以甲种农校肄业或乙种农校毕业者为合格。毕业后均得送往外洋留学茶务以深造究。

（四）各省实业费项下须另定专款专办茶业事宜。

（五）各省茶税、茶厘每年应提归一成以为办理茶业机关经费。

（六）皖省茶税南轻北重，极不一致，迄今皖南茶税每百斤纳洋二元二角五分，皖北茶税每篓十斤纳洋四角，每百斤纳洋四元。应请函达皖省长及财政厅划一办法，每百斤照征二元二角五分，其北茶每百斤所多之一元七角五分由省政府另行提出以作茶业机关经费。

（七）国内外各商埠须设华茶分销处，俾便零星逐发以□销路扩充，并设调查员一人，专事调查各销场之情形，随时报告总会，转达各茶业机关，以便运输而广销路。

（八）内地及海关须设华茶检查所若干处，严禁品质不良之茶出口，以重通商信用。

（九）茶业机关每年须开讨论会一次，品评各种茶叶味色质之优劣，分别嘉奖，以资鼓励。

（十）每年茶季，各茶业机关须派出讲演员若干人，宣传改良茶业方法。

（十一）中央茶业试验场除招生外，每年茶季须招从事茶业农工商若干人来场实地传习以期普及。

（十二）凡茶业机关须任富有学识经验之专门人才办理（但此项机关宜于独立，因茶业上之学识及器械与他等事业相同者少也）。

（十三）上海、汉口等处茶商应组织中华茶业研究会，专讨论制造装潢以博外人欢迎。产茶各省每年须开茶业审查会一次，先由各茶业机关派代表与中华茶业研究会审查。

（十四）请中央特派茶业演讲员遍至各省产茶地方，召集各茶号及各茶行主人讨论制法均须一律，并劝导组织制茶公司，须购置机械若干架，收买茶菁，从事改良制造，出品如一，以维持茶商对外信用起见（其收买价目同时同等茶菁不得任意涨落，使乡户受其影响）。

（十五）请农商部特派国内改良华茶演讲员若干人赴汉、闽、沪等处召集各茶商组织中华茶业交易所，以为华茶统一机关。但各茶号、栈于统一机关成立时均须一律取消，以免互相掣肘，影响市价。

（十六）国内外各通商口岸须设华茶评茶所，品评华茶滋味以引外人之茶欲。

附茶业厘税办法

（十七）茶业厘税不宜官办，因委任厘税局长消耗太巨，收纳不能划一，于茶业前途大有关系，不得不急谋改良办法。

（十八）凡坐地茶厘准由各该处制茶公司经理征收，至出境数目若干，厘洋若干，必先期报告各检查所查核。

（十九）呈请财政部准用海关茶税，创设中华茶业交易所，收纳其出口额数及税洋若干，亦必先期报告海关。

监督

（二十）制茶公司及中华茶业交易所每年茶季应请财政部派监督员一人监视一切。

（二十一）中华茶业交易所监督得由财政部临时任命，制茶公司监督得由财政厅临时委任。

（二十二）甲种农校及农科大学添设茶业专科以造就茶务学生。

《中华农学会报》1923 年第 37 期

品质增进主义的华茶救济谈

葛敬应

回溯一八九○年华茶之盛，占世界制茶输出总额之百分之五十点九，计二亿五千万磅。乃观于前二年（即一九一九年）之华茶衰况，仅占世界总输出额之百分之十点八，计九千二百万磅。究其原因，约有数端：墨守旧法，提倡乏人，固其总因。而未能以科学的方法，从事于栽培、制造，以与后起之印度、锡兰、日本等相竞争。更以贩卖组织，未经具备，以与彼之注全力以宣传其产品者，相争于输入国之市场。加之民国成立以来，内争未息，百业凋疲，茶业亦不免受其影响。又值欧战时，各交战国因经济及海运之关系，输出停滞。欧战未终，继以俄国之革命，而我国对俄以茶输出占重要之位置者，骤遭打击，向称华客之俄商，亦未暇闻问。欧争息后，因战事而及于世界金融界之影响，未易回复。俄国则因外国之封锁，内乱又纷纷未已，于是我华茶业，更有江河日下之势。有识者亦渐觉悟及此，然斯业中人，终未见有若何方法，以挽此危局。民国八年，茶商因受损过巨，要求政府免除茶之输出税，至今已行之两年。昨年起更继续一年，至本年期满后再定办法。夫茶之输出税，果无征收之必要，实可永久废止，以提倡输出。然处今税则未备之时，暂免征收，亦大可苏茶商之困。然内中有根本问题焉，即产茶地未有完备之生产组织，制成之茶，一任茶商之操纵。年来受此衰况，贩卖者则借辞把持，左右市价，而所免之税，仅使茶商得益，于生产者未得丝毫之利。此不得不谓之消极的茶业政策，其益于斯业也亦微矣。

然则值此世界市场既受战事之余波，一时未能回复其经济状态。一方俄国劳农政府之承认问题，一时不易解决，与外国通商，尚待时日。是则茶业前途，欲达乐观，未知尚在何日。虽然此不仅我国也，印度、锡兰、日本等产茶之地，亦无不如是。然我国与印、锡、日本相较，则同居世界经济之悲境，同失俄国之顾客。而相形之下，尤以我国受影响为最大。由世界第一位之茶输出国，红茶则非但不能敌印、锡，尤且被后进之爪哇争胜，而退居于第四位；绿茶则因日本之竞争居于第二。现今虽无新兴之茶业生产地再加入此竞争中，然历来受此不振，及于人民国家之损失，又岂可胜言哉？故为救济吾国茶业，尤为今日之急务者，莫若专注意于栽培、制造之改良，计品质之上进，立一牢不可拔之华茶名誉，使人人知华茶之精良，不患无人顾问也。

兹举述现今我国对于栽培制造所应当注意者于后。

甲、栽培

我国栽茶之始，远在周秦以前，至今数千年。而栽培方法，未尝有所变更，仅借天与之气候、土质，自未可以与用科学的方法之印、日栽培者比较短长。然彼后起之邦，考其茶史，莫不效法于我，徒以彼能日事研究，以求进步。吾则借祖法以为神圣，至今而栽培方法之得失以分，反有不得不借法于彼。兹略述栽培方面与品质之关系者于次。

一、土质。茶树土质，宜注意于养分之丰富，果不待言，而亦不可不选择其土质之适否。宜不偏于粘质，亦不过于砂质，务使土地中空气、日光之透通，即砾质壤土或砂砾质粘土（俗称红土），为茶树所好。而最适者，则表土宜深，并有枝根、落叶等混入于其间者，则茶树根群发育良好。

二、选种与繁殖。我国栽茶，向不注意于种子之选择，仅自名产地购入种子，而直播于茶园。然种子采收之早晚、种子之大小，有关茶树之发育，故播种时宜精选种子之良否。实莳法，行之于我国已久，果为速于繁殖计，亦无不可，然往往有品种劣变之虞。故宜试用苗圃繁殖，如此由播种后可以选拔苗木之佳者植之，劣者淘汰之，然后以佳者定植（印、锡地方所常行）。而最为安全，能保其良质者，莫若扦插切木（即压条）等法［中国台湾（日据时期）多行之］，如此可维持母体之良质于永久。总之，我国各处情形不同，未尝不可效法一试，成绩佳者，即可推广。至于播种方式，我国向与轮播法近似，惟粒间宜少阔，即每墩约为直径一尺之圆形，四围播种子约十粒至二十粒，其后再行间引，仅留四五本为止。为便利作业计，仍分成条与墩之间隔，条间约六尺，墩间三尺为适可。我国茶园向不注意于肥料，是甚可采用轮播法，亦可试行条播法，以资比较。即自条播后充分行间拔，至每株间隔三四寸为止。如此地下之根部不交叉，生育佳良，作业亦较轮播法为便，树之生长亦佳，惟吸肥远过于轮播，故行之肥沃地方为宜。在理论上似取重后者，望新兴茶园者二法兼行，自有比较之价值矣。

三、耕耘。茶树在栽培上，所谓深根性植物，其主根常深入土中，枝根亦深散四方。因年内行几次之摘叶，是以不得不促根部之发达。即因耕耘而切其旧根，以使新根之发生，使吸肥之面积扩大，又可改善土壤之理学的性质，促肥料之分解，并防止杂草之繁茂，保持其适度之水分。茶树栽培上均为必要，是以每年须适度行之。

四、茶树之肥料。茶树为需叶作物，并为常绿灌木，四季不绝地行吸肥作用，故肥料之有无，大有关系于茶之品质及收叶之多寡。施肥多者，茶芽形大而叶肉厚，其质软；不施肥或肥料不足者反之，叶形小而质粗硬。我国栽茶，向多施用人粪尿。然茶树与肥料之种类大有关系于制茶之品质，果多施窒素质肥料，本为茶树所好，亦且能增多收叶，然磷酸、加里肥料亦为茶树所必要，其中磷酸有关于红茶之香气、绿茶之水色香味等，加里则为茶树成长中所不可缺，宜互相兼用，以达品质之上进。是不得不注意于三要素之配合。我国现今肥料事业未发达，如回复霜害以及催芽等常用之化学肥料，一时既不易办到，果可以人粪尿、油粕等以代之，其中所最难得之磷酸肥料，似可以米糠、骨粉等以代之。然茶树四时均不绝吸肥，为经济上着想，宜以迟效性肥料为其基本，故至宜提倡堆肥□芥等以及实行敷草。凡此均比较地易得，而价亦低廉，望当业者基于产茶地之情形，善为利用，斯为必要。

五、茶树之剪枝。我国茶树，向无所谓剪枝者，放任其自然生长。印、锡地方亦有行之者，在日本则已行之多年，颇有成绩。即茶树至一定年限，以适当之方法，行修剪之作业，则可使茶叶之增收，品质之均一佳良，发芽整齐，受光线雨露得以平均，茶树不易徒长，便于摘叶，并得保持树龄。凡此均甚有关于茶业者不少，甚宜效法实行之。——详见学术门。

六、摘叶之注意。摘叶法之巧拙，不仅关于茶树之发育，与制茶之生产经济，至有关系。我国摘叶，向由女工行之，有的不负责任，不注意其后之发育，有仅摘数叶，有摘尽新叶者。因之头二茶之间隔，有四五十日之多，实大损其品质。是宜先摘取嫩芽（即如吾浙之龙井"旗枪"者然即一芽与一二嫩叶，或如日本之所谓三叶摘），然后在下之新叶长大，为时不过二十日或二十五日左右，即可摘采二茶。此时茶质必较良，而摘叶回数亦多，于经济品质两有利也。

七、病虫害之防除。茶树年年摘采其叶，已受生理上之伤害，不俟言矣。因之而用适当之肥培以保护之，亦吾人当尽之义务。然往往注意于耕耘、施肥等，独于病虫害不加注意，因之而备受辛苦所经营之茶园，不啻为病虫等设居食，是又不可不注意之也。而尤以我国病虫害防除知识未普及时，最属困难，农家对此束手无策，为害烈时，只有祈天告官，而不知病虫害及于茶树有莫大之影响。不注意于施肥或其他作业，尤可有多少收成，其因病害而致于全园枯死，或因虫害而仅留枝干者，实非鲜少。苟不注意，所谓茶业根本之生叶不存，又何制茶、贩卖等之可言。

乙、制造

制茶之品质，不论红茶、绿茶，务具五种之要素，即形状、色泽、水色、香气、味是也。今以我国红茶而论，仅以香气与味尚能比拟于人，水色则远不及印、锡，所得以维持华茶地位者，即在其味与香气及单宁之含量少耳。绿茶则亦仅此二点可较胜，他若水色等则远不及日茶。是以今日改良之急务，当尽力趋重五要素，而再加以华茶天赋之美质，则品质当更为增进，不难挽既往之损失，亦即记者草本篇之初意也。此中最宜改革者约有数端。

（一）红茶之揉捻。揉捻者，红茶制造一至要之作业，其手续之得失，大有关于制茶之品质。吾国向用脚力行之，或用手力者，要皆不能使茶质充分压出或者压出而不均齐，因之制茶之水色、香味不良。而用脚揉捻，究属与卫生不宜，外人时有繁言，而与我竞争者，尤且借辞宣传，甚且用照相印诸书册，摄入电影，形容我国制茶时之光景。华茶名誉日落，谓根于此者亦不为过。是以即宜废除而改用他法，或应用简单之揉捻机。（二）酸酵。我国向以日光照酸酵，致有不能均一。而如因雨天不能以日光酸酵时，即不得不停止制造。是以宜改用室内酸酵，或亦应用酸酵室等。（三）干燥。我国红茶向来无充分干燥，即在酸酵后利用日光，作一度之干燥，即所称毛茶者是也。此后即售之茶庄等，而再干之。因之在此期内，苟无暇再干，因日光干燥之不充分，以致再起酸酵或生霉变质者，时有所闻。是宜于制造后即行干燥，或用干燥器，以计其完全干燥。

对于绿茶制法首宜注意者：（一）生叶之处置。摘采后即行制造，实为制造中之第一要件，可使香味佳良。然我国制茶习惯，常日间摘叶，夜间始制造。日间所采得之生叶，常堆置于普通室内，往往使生叶起酸化，而微受酸酵，致叶生焦斑，从而制茶之水色混浊，而带红色，香味亦因之不良。故宜改良习惯，务使摘采后即行制造，在此未能改良以前，则宜取生叶薄置于竹棚上（余以为用吾国之蚕棚代之，最为经济适宜），而一方注意于室内之温度、光线，以不使生叶起萎凋为适度。如此至制造时，生叶无变质之虞。（二）蒸叶。即将生叶在水锅上之蒸笼内，经过短时间之蒸气，使生叶失其弹性，保持其绿色，不令于制造中再起酸化，而使发挥特有之香味，然后再着手制造（现今日本普通绿茶无不利用此法。日本绿茶之色优于我者，蒸叶实有关也）。（三）干燥。绿茶干燥亦如红茶，均为制茶中所当注意者，因其可使发挥茶之风味及耐于贮藏，务求其充分为至要。

以上所述，不过取其要点，因限于篇幅，未能一一详为说明，甚属憾事。经营茶业，不外三点，即栽培、制造、贩卖是也。今兹所述，仅此中栽培、制造二者，所以谋根基之确立，即所谓品质增进主义也。自二者中述之，似尤以前者之栽培，手续较简，易于举办，制造之改良，有不可不赖于机械及富有经验之技术家指挥之也。总之，宜精密调查各地之风土人情，以及一般经济状况，定改革之先后，事必可以有成，有志斯业者其起而图之乎。

五十年来世界茶业贸易概况

Y.D.

译自《茶与咖啡商杂志》

这一篇原稿，载一九二一年六月的《茶与咖啡商杂志》（*The Tea and Coffee Trade Journal．June* 1921）中，原著者为美国税关监察所所长 A.S.Judge 氏，简切详明，特译而出之。

在五十年前，中国和日本两国所出产的茶叶，供给世界各国的消费。当时的印度茶还极幼稚，爪哇不过在试验的时期，茶业基础尚未确立，锡兰则尚以栽培咖啡为唯一的产业也。

当一八七〇年的时候，世界需茶总额为三亿磅，其大部分完全由中国一国所出产，印度出产额仅占一千五百万磅而已。当时英国需要的数量为一亿二千万磅，占全世界需要额的百分之四十，美国为六千万磅，占百分之二十，而俄国也是个销场最大的老顾客。

经过了二十年以后，（一八九〇年）印度茶的栽培面积已达三十五万英亩，已渐渐地和中国独占的茶业开始挑战了。乃时爪哇茶况，也逐渐进步。锡兰更因了咖啡事业的失败，转其视线而注意于茶业，计一八七八年至一八九〇年的十二年中，改辟咖啡园而为茶园者，计达二十万英亩。而日本也于这时候扩张贸易，改良生产，逐渐地占世界重要的地位了。

一八九〇年的世界贸易

（A）输出国。

输出国	数量（磅）	总输出百分率
印度	115 000 000	23.3%
锡兰	49 000 000	10.0%
爪哇	7 500 000	1.5%

输出国	数量（磅）	总输出百分率
中国	270 000 000	54.9%
日本	50 000 000	10.0%
其他各国	1 500 000	0.3%
总计	493 000 000	100.0%

（B）输入国（出产国自己的需要额不列在内）。

输入国	数量（磅）	百分率
英国	195 000 000	40%
澳大利亚	25 000 000	10%
新西兰	4 000 000	
加拿大	19 000 000	
美国	84 000 000	17%
俄国	90 000 000	18%
欧洲大陆诸国	20 000 000	4%
其他各国	56 000 000	11%
合计	493 000 000	100%

一八九〇年以后，印度、锡兰的茶产，年有增进，而且因栽培、制造的改良，在英国市场上也逐渐抬高其身价。但这时候的爪哇茶还没有什么样的扩充，荷兰政府也未加以注意。到了十九世纪末叶，锡兰、印度的茶业大兴，茶业市场上才开始起剧烈的战争，因之贩价贱卖之风以起。在一九〇五年至一九〇六年间，各处市场的华茶很显著地为印锡两国所蚕食了。

一九〇〇年世界贸易

（A）输出国家和地区。

输出国家和地区	数量（磅）	百分率
印度	176 300 000	29.9%

输出国家和地区	数量（磅）	百分率
锡兰	149 200 000	25.3%
爪哇	16 000 000	2.7%
中国	184 500 000	31.3%
日本	41 000 000	7.0%
中国台湾（日据时期）	20 000 000	3.4%
其他	2 000 000	0.3%
总数	589 000 000	100.0%

（B）输入国家和地区。

输入国家和地区	数量（磅）	百分率
英国	247 000 000	42.0%
澳大利亚	27 000 000	9.2%
新西兰	5 000 000	
加拿大	22 000 000	
美	96 000 000	16.3%
俄	100 000 000	17.0%
欧洲大陆（并欧俄）	30 000 000	5.1%
其他	61 000 000	10.4%
合计	589 000 000[①]	100.0%

　　印度茶业开创之始，曾经经过许多的试验与困苦，在"Terai"及"Caehar"两地的大茶园而且碰到一时的搁置（Temporarity Abandoned），在那紧要关头特用了种种的方法，仍旧没有多大的效果。但是他们终因为遭困难而不沮丧，本其信仰，仍充分加以注意，使生产的充实，且联合资本（Joint-stock），成为一种有组织有计划的经营。结果，到一九〇六年的时候，已成为印度极大的事业了。然而其中的惨淡

---

① 此处按表内数据计算应为"588 000 000"，为与前表保持一致，不做改动。

经营，百折不回的意志，这是我们所不能忘怀的！

自从有人找到锡兰岛南部风雨气候适于植物的栽培，收量出品较印度更为优胜的事情以后，而锡兰茶业也就此作急剧的增进，而且该地交通及船舟也较便利，故在一九〇四年的时候，该地茶园已达二十七万英亩之多。

印度从一九〇七年至一九一三年，又增植茶园七万一千英亩。其后五年，又开辟六万九千英亩。近来预定开辟及尚待着手者，计"Assam"四万六千英亩，"Dovars"三万二千英亩，"Southern Cludia"四万五千英亩。在一九〇七年到一九一八年，计所增植的茶园，达百分之二十六，而其所收获之数量，在一九一八年所得者较一九〇七年又加多百分之五十五。因为平均每英亩的茶叶的收获量，在一九〇〇年，不过四百七十磅，而在一九一八年则平均每亩可收获六百〇九磅，这又是改良栽培所得的结果咧。

因为印、锡茶业发展的结果，同时如爪哇（Java）、苏门答腊（Sumatra）也跟了发展起来，荷兰及英国政府在该两地辟丛林，斩荆棘，使不毛之地也成为优良的茶园。

当一九一三年时，世界需要茶叶之量，几乎超过那供给的数目，因此英国及荷兰的政府和各地的商人也竭力地扩张，爪哇及苏门答腊茶业的进步，那是一个直接的原因了。看以下的输出入表，很可以知道茶运的趋势了。

一九一三年的世界贸易

（A）输出地国家和地区。

输出国家和地区	数量（磅）	百分率
印度	291 700 000	37.3%
锡兰	197 400 000	25.3%
爪哇	65 000 000	8.3%
中国	166 000 000	21.2%（注）
日本	34 000 000	4.4%
中国台湾（日据时期）	24 000 000	3.1%
其他	3 400 000	0.4%

输出国家和地区	数量（磅）	百分率
总额	782 000 000①	100.0%

（注）在该数字中，尚须减去二千五百万磅，是从印、锡、爪哇所输入的粉茶，专制砖茶的原料，而再输出于俄国者也。

（B）输入国家和地区。

输入国家和地区	数量（磅）	百分率
英国	306 000 000	39.1%
澳大利亚	37 000 000	11.6%
新西兰	8 000 000	
加拿大	36 000 000	
英国各殖民地	10 000 000	
美国	95 000 000	12.2%
俄国	190 000 000	24.3%
荷兰	25 000 000	5.8%
欧洲各国	20 000 000	
美洲中部及南部	12 000 000	7.0%
北阿非利加	10 000 000	
波斯及小亚细亚	18 000 000	
其他亚细亚诸国	15 000 000	
合计	782 000 000	100.0%

在欧洲战争还未发动以前，俄国需要红茶极多，其余各国的需要也每年增进，所以各产茶国的茶叶都能被各国所吸收。自从俄国革命以后，茶业始遭打击，又因为欧战期内，船舶缺乏，且被海底潜艇的威胁，使闻者股栗，所以在一九一七年至一九一八年中，各国财产上都发生影响，茶业贸易也受了极大的打击。

英国政府虽然用了专门积载茶叶的船舶，又减轻输入税，但是海运上总要碰到几次的损失，于是生产及供给两方面就发生不平均了。

① 此处按表内数据计算应为"781 500 000"，为与后表保持一致，不做改动。

再查印、锡两产茶地的茶产额，比较从前也增进了许多，因此更发生了生产过剩的恐慌。

在一九一九年的时候，伦敦茶价还很佳良，运销到英国者，没有十分的过剩；但总因供给过多的关系，在生产者的利益方面说，不及以前多了。查印、锡、爪哇在一九一九年的产额为七亿磅，比之一九一三年增多一亿五千万磅。一方面因各国受了欧战的影响，需要上自然要减少不少；而且俄国因被各国封锁，也减少一亿磅的需要额，因此市场上就发生过剩了。

澳大利亚及美国虽然需要增进不少，但因其他各国减退之故，遂使澳美市场也发生供给过多的倾向，因为过剩的茶都想到那边去推销了。因此价格也不免减低，这是经济上当然的一种倾向啊！鉴于一九一九年的产销状况，就可以知道过剩的数量达一万万磅以上，所以产茶各国就受了不少的影响。

一九一九年的世界贸易

（A）输出国家和地区。

输出国家和地区	数量（磅）	百分率
印度	371 500 000	43.2%
锡兰	208 000 000	24.2%
爪哇	111 000 000	14.0%
苏门答腊	9 500 000	
中国	92 000 000	10.7%
日本	40 000 000	4.7%
中国台湾（日据时期）	24 000 000	2.8%
其他	3 000 000	0.4%
合计	859 000 000	100.0%

（B）输入国家和地区。

（单位：磅）

输入国家和地区	数量
英国	388 000 000

输入国家和地区	数量
澳大利亚	46 000 000
新西兰	9 000 000
加拿大	36 000 000
英属殖民地	1 000 000
美国	108 000 000
俄国	15 000 000
荷兰	55 000 000
欧洲各国	15 000 000
南部及中部美洲	10 000 000
北部阿非利加洲	10 000 000
波斯、小亚细亚等	18 000 000
其他亚细亚诸国	15 000 000
残额	124 000 000
总数	859 000 000[①]

我们看了上表，有几点很可以使我们注意的，即印度、爪哇两地增进极速，而中国茶则锐减最多。以需要国家来说，如英国比较一九一三年增多七千二百万磅，美国、澳洲、荷兰也增进了不少；但是最可注意的，就是最大消费额的俄国大减而特减，残额（Balance）中的一亿二千四百万磅，可以说一句："完全由俄国的需要杜绝而起。"而中国顾客以俄国为最大，故因俄国封锁之故，中国茶业遂受了极大的损害！

《中华农学会报》1923 年第 37 期

---

① 此处按表内数据计算应为"850 000 000"，为与前表保持一致，不做改动。

我对于改良华茶之意见

曾邦熙

吾偶阅谢君恩隆《论近年世界茶运之趋势及华茶历年失败之原因》一文，其中有云："自印度、锡兰、爪哇、苏门答腊诸国相率种茶，自是产茶区域顿增，出产渐盛。中原逐鹿，捷足先得，吾国之茶不得不为人所攫夺。此其原因一也。产茶诸邦，对于茶之种植，率用改良方法，技术愈精，生产愈盛。然以有限之销场而增无限之生产，故近年茶市拥挤，不独吾国为然，即各国亦同受其影响。此其原因二也。近世物质文明，天演物竞，外国对于茶叶揣摩入微，争妍竞巧，务投买主之嗜好，举凡形式装潢，皆能极改良之能事。独吾国，凡事故步自封，罔知进取，故同是一物，相形见绌，恒不能博顾主之欢迎。昔有外国某茶业家尝云'中国之茶，品质最佳，独惜于制法不合时宜，致招失败。时至今日，华茶须力求制法之改良，方能与人媲美。譬有优美之丝绸，其制出衣服之形式，乃系乡村之旧式，其质虽美丽，亦断难邀城市中人惯穿新式者之所乐用'等语，其言深切著明，切中吾国商场之弊。夫质美而未学，于人且不可，于物亦然，所望吾国茶商，关于茶之制法，此后精益求精，务期有以改善之也……"读此段文，吾人即可洞悉华茶失败之原因；而知改良华茶一举，此今日亟亟不容缓者也，故余亦于课余之暇，略贡刍言，鼓吹改良焉。

兹者华茶失败之原因，论者很多，无容鄙人赘述矣，但对于改良之意见，尚不多见。余不敏，再将我个人对于改良华茶之意见，述之于后。

一、栽植法之宜改良。考茶树多半生在南温度一带，如两湖、江浙、皖赣等省是也。此种茶树，本来是一种天然生产品，不大费人工栽植的，每年春二三月，即可采取，制成茶叶。惜乎吾国人民，太不求进步，眼光不远，只知有利可得时，年年照旧法采取，不论茶树之好坏，只图摘得多，一时乱采一番，不问茶树的叶子，粗也好，细也好，万一逢衰年时，则不摘取，亦不培植，视之如废草。相沿至今，茶树之栽植，未有寸尺之改良。反观印度、锡兰等国则不然，自从考察吾国制茶之易，有利可图，先乃照吾国栽茶的法子，遍地栽植之，以后年年改良，精益求精。

于是吾国摘茶一年之内只能采取二三次者，而印度等国则每年可采至七八九次；吾国营茶业多半至九月间收场，印度则可连年经营之。又彼能用机器制造，而我不能也。盖因我国茶商每年于八九月之后无茶可收，苟用机器制造，只能用之四五个月，以后势必停止；而机器不用，则起锈，成本又大，势不能也。余忆民国四年间，有茶商在吾湘安化县之东坪市设厂用机器制造红茶，未及一年，受大损失，就停止营业者，即此因也。而印度等国，用机器制茶，无此种困难，且制成的茶，洁而又细，故夺吾华茶在国外之销场矣。今吾人欲谋改良华茶，亦非想法用机器做不可。然欲要用机器做，非根本上从栽植法改良不可。据我个人私意，第一，要地方（产茶之区）长官、绅士提倡，鼓劝人民改良栽植茶树，采时不可乱摘，年年要去草培植，不可荒废；第二，要在各地（产茶之区）设栽植改良所，专门研究这种栽植的法子，俟试验成效时，再传布于各处，照样栽植，或往各地演讲，力劝其照法植之。能照二者而行之，不患栽植法之不良也。

（二）制造法之宜改良。吾国制茶法，各地虽不同，然大略则一也。初先从茶树上摘取茶叶下来，置于火锅烧炒，或置日阳中晒一下，使茶叶稍转弱，用手攞之，或用足攞之，便成细条，再使之发汗一次，烘干之，则成茶也。这种制造法是不大清洁的，尤以足攞茶为最污秽。苟吾人目睹此境，纵爱吃茶，亦不愿吃，此种的元气，何况西洋人素来是讲究卫生的，无怪乎西洋人每谓华茶不清洁，不如吃印度、锡兰、日本所制的茶，因他们都是用机器制造的。故我们要求制之改良清洁，也是要用机器制造才好，顶好在产茶之区设一个制茶公司，专收买未做成的叶子，就是由茶树上摘下来的叶子，完全由公司自己去制造；再者仿设栽植改良所办法，另设一个制造改良所，专门研究制造的法子如何才好，精益求精，使制成的茶，美而且洁，则善也。

（三）营业法之宜改良。我国营茶业的法子，是极简单的，规模也是很小的，自营业到今日，尚未见有经营茶叶的公司出现。而营业者，与制茶之人每不相连结，此是华茶不能改良的大阻碍。我以为要图振兴茶业，非营业者与制造者合为一体不可。再者宜组织公司，招股集成巨资，专门经营茶业，永久不断。若营业法子，旧的尚合宜，不妨采用；若是不宜，则宜设法改良，务期完备为善。

（四）装法之宜改良。我国装茶的箱子，大而粗笨，外面糊些带花颜色纸，红红绿绿，很不美丽，是不能引外人注目的。现在要改良它，首先就要将装茶的箱子改小，便于人人随时可携带，而外面也要积极讲究美观，颜色也要配得合宜，使购买者看见了这种美丽的箱子，心中就想要买一个，那么货尚未有看见，就能使人产生购买力，可知装法之重要矣。

（五）广告法之注意。近世商业中之利器，无不赖广告之力为之媒介物，甚至广告费每年几十万，可见广告之作用大矣。而吾国茶商都是一般旧商人，未有一点新知识，不知广告之为何物，难怪矣。而日本、印度茶商，莫不注重广告一途以推广其营业，甚至摄成种种不堪看的照片（如用脚攥茶之类），散布于各国，使各国人民减少其购买华茶力。而吾国茶商，尚未有若何之表现，只好听人侮毁，无怪乎华茶日趋于衰落一途也。今者欲求华茶之发展，亦非借广告之力不可，我国茶商亦宜极力发传单、登报，将日本人侮毁我们的劣绩极力刷洗避脱，再用种种极美丽的照片，如植茶、茶树、制茶、烘茶、装茶等照片，分布于各国，使各国切实知道吾国制茶情形，总要使华茶见信于外人才好，不患华茶之不起色也。

（六）销售机关之建设。欧美各国在我国营商业者，莫不设有机关通消息，以利商业也。盖商情瞬息万变，未设有通消息机关，迟宕已极，甚至失良机，丧莫大之损失者，意中事也。吾国人民，素乏新式商业知识，且大半营业者都是些小资本，何能有多金设些空机关，况在本国沪汉茶业中心之地尚少此种机关，外无论矣。殊不知业茶未有销售机关，以致各省装运集中于汉沪之茶，每每受些中间人的阻碍，又受洋人的卡价。比方茶运来得多，则洋人故意迟延不进货，而茶商要急于脱手得现金，故不得不以低价售去矣。试取往年茶情表观之，可以看出来，市价有时高至七十余两，有时即落至二三十两，此种现象都是未有销售机关以致之。今欲求华茶之发展，销售机关之建设是不可缓的。不过此种机关顶好由公司自己分设，以吾湘打比，如制茶总公司设在安化东坪，则在汉沪两地均宜设一个机关，流通消息，在汉则可转运至内地各省，在沪则可直接装运往外洋。万一资本雄厚，在俄、美、英、法、德各国均宜设一个销售机关，那么消息更要流通，不致受中间人的阻碍，如卡价、敲竹杠、手续、折扣等费也。

以上是我对于改良华茶之六个意见，苟能一一实行得到，华茶自必有发展希望。不过欲实行这种计划，非互相连成一体不可，因他们都是有连带关系的，如栽植法不良，则制成的茶自然不好，营业、装法、广告、销售也是一样的。据鄙意，宜集合同志，招巨股，组织一个大公司，专营茶业。将总公司设在产茶之区，再由总公司分以下几大部：（1）栽植部，专门研究栽植茶法；（2）制造部，专管进货、制造、装法、出货情形；（3）营业部，分设分部于沪汉各地，专司转运、广告、销售手续；（4）会计部，管账及银钱出入；（5）文牍部，管理一切文件及往来信件等事。此是公司分部之大概情形，今另列成一图如下：

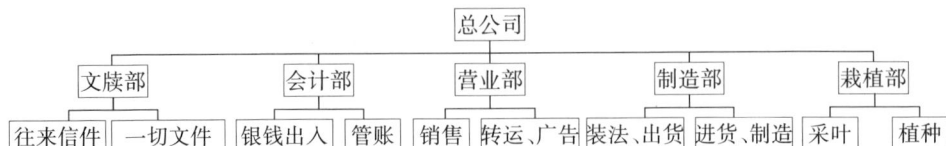

	总公司			
文牍部	会计部	营业部	制造部	栽植部
往来信件　一切文件	银钱出入　管账	销售　转运、广告	装法、出货　进货、制造	采叶　植种

　　如照上图分配，公司的组织是很完善，兼之以分工之法，各部均用专门人才管理，精益求精，不患斯业之不发展也，有志改良茶业者，曷不来群起而谋之。

附录

如蒙赐教请由上海吴淞中国公学转交。

《中华农学会报》1923年第40期

本年中国新茶收成前途乐观

十二年六月九日《云南商报》

　　《大陆报》云，上年华茶出口者，约值一千万两以上，故本年茶之收成如何，颇为茶业中所注意。就现状观察，本年收成较之上年为好，统扯当在六成以上，惟身骨如何，今尚未能言定耳。温州之红绿茶，现已上市，身骨甚佳。祁门茶再逾十日即可上市，平水茶上市预计在阳历六月初，汉口茶本周当有到货。据可靠消息，本年汉口头茶约有二十万箱，宁州茶约有二万箱，九江茶约有十万箱，祁门茶约有七万五千箱，温州茶约有七千箱。统计新茶收成约有三十万箱，比之上年收成十七万五千箱者，诚为较多。惟是上年新茶开市之时尚存有陈茶十万箱，本年新茶上市，陈茶已将销罄，盖上年洋庄茶市甚佳，各种之茶皆能畅销。行市自开盘后继长增高，次等红茶行市收盘较之开盘涨起十之六七，中等红茶售价亦好，惟上等红茶开盘得高价后未见续涨，或且稍跌，统扯总可以谓为甚佳。中国红茶售价，较之印度、锡兰、爪哇茶为廉，外国欲饮廉价茶者，皆欢迎中国茶。中国之廉价红茶，去年销行俄国者，殊不为少，纽约、伦敦亦各办去多数，以备俄人不时之需。去年中国红茶售价固较之前年为好，即以出口数量而论，亦较前年多出四倍，绿茶销路，亦复价好。中国茶市今年局面如何，现在尚不能定，惟据最近消息，俄国购茶甚多，世界之茶或有供不给求之势，如此则华茶销路可望甚好，售见亦可望甚俏也。

《农商公报》1923年第108期

一九二四

上海茶业会馆对于各省茶商之忠告

上海茶业会馆前发通函，警告各省山内办茶各庄，其文录之如下。（一）（祁浮建）去年四万一千余箱，平均计之，仅获蝇头微利。本年约略计之，可有七万箱，论箱数，较去年几加一倍。俄路依然梗塞，独靠英国行销，苟山价与去岁同，极其侥幸，仅得微利，或保本，或稍亏折。若任意抬高山价抢办，则蹉跌在所一定，危机四伏，在在堪虞。夫未算买先算卖，尚冀各宝号俯纳忠言，毋贻噬脐之悔。（二）①（宁州）去年出产本佳，尚要微亏；本年陡增多庄，尤望保全血本，幸毋浪掷金钱。（三）（宜昌）去岁仅有一庄，不满千箱，物罕为贵，幸获大利。惟第二字茶沽价至八十二两，协和运往英国，完全未销。有一客向怡和买十余箱，极不满意，是华商获利而洋商大折阅。本年计有六庄之多，箱数陡加六倍。此路向来销路甚窄，若山价低廉，或不致大亏，如稍不慎，必遭颠覆。（四）（两湖）去岁头春不满十万箱，平均计之得微利，有数庄得大利。本年庄数大增，共计一百七十家。每庄以二千箱计之，头春足有三十四万箱。汉上俄商依旧完全停顿，所靠者惟英美，充其量能销二十万箱，所余之十四万箱，从何处觅销？确查英市粗货涨价之故，因去岁印、锡、爪哇出产仅及前年半数，是供不应求，故洋商搀入印、锡茶发售，取华茶价廉。近年嗜茶之国专取水味浓厚，华茶味薄，几受天然淘汰。幸蒙政府免税减厘为之提倡，延兹一线生路。三年来政府已牺牲一百数十万，茶商稍舒喘息，然所得尚不及政府所失之数。若本年印、锡丰收，价必大跌。印、锡价跌，华茶必一蹶不振，乃时欲摆脱而不能。若能成本低廉，虽滞销尚无大碍。若在山内乱抢乱办，到申汉乱去乱放，损资财、耗元气、害大局，则为祸不堪设想，曩年数见不鲜。惟愿各宝庄大觉大悟，一洗从前无意识之举动，以保我固有之血资。（五）（绿茶）去年屯溪、婺源、徽州、遂安共约十五万箱，湖州、平水十四万箱。论屯、婺、徽多运往法国马些劳地方，嫌箱数过多，故形滞销。加以法郎价跌，由英汇法，先大不合算，更加影响。有某行尚有珍眉二三千箱未能运洋，则新货销路可想

---

① 原文序号皆为"（一）"，为了便于辨识，按顺序进行编排。

而知。英国则验出染色间有砒毒，洋商各有戒心，此层则路庄或无此弊，而土庄用洋靛切宜戒之。湖州、平水多运美国，闻尚平平，究乏翔确消息。（六）大忌用火油箱板改制茶箱，此事曩年迭经汉口茶公所刊印传单，通传各地茶号。乃去年竟有数起茶有此弊端，洋商大起责难，坚索赔偿损失。此事望各宝庄格外留心察视，万弗再蹈此弊，致吃大亏。凡装过火油之船只万勿用以装茶，因茶最易沾染火油气味。（七）以上诸条悉就实事而论，无一字空泛，希望我同业顾全血本，毋存侥幸，毋蹈危机，是所厚幸。

《商旅友报》1924年第1期

中茶毒谈

戴锡南

饮茶之习俗自我国发明以来，渐成举世通用之一种饮料，其关系人体之健康虽极微弱，似非有研究之价值，然不知茶之通用既广，偶一不慎于饮，亦易中茶毒损害身体，此挽近中西学者证明之者也。

查世界饮料除水为最普通外，当推茶次之。中国用茶历年最古，虞夏之朝已饮之，故有四千五百年之久。然欧人之起饮茶也，仅三四百年之远，乃于西历一六〇〇年间始将茶叶输欧，而当时之值价极昂，仅有富家得享用之。于一六五〇年伦敦每磅华茶市价为拾金镑，可知其为奢侈品。于一六六〇年于某欧史中载有巴伯斯（Pepys）对华茶之罕饮谈，固极显然也。然此后不待数年，英国之东印度公司 East India Co.渐将华茶大种输出，渐致实用于英地较多。今日英国每人每年之需茶量为六磅。于一九一八年输入英国茶之岁额为一万五千一百万磅。按此额已较一九〇三年之进口额为多百分之四十矣。兹于美国之用茶，近年来亦有同等之增加。

凡极重之中茶毒病症状况虽不甚多睹，然其轻微者则时有所遇。兹将美国斯毕而门（Dr Spillman）所经治之某修症记录转录之如次。

某西妇因胃失消化，胃液失常，或有劝其单独进食面包与茶者，深信之。然不期其误饮，将三克茶于三十克水中。查茶中最有化学上关系人体者为咖啡因（Caffeine），大凡茶叶中之□当成分为百分之三，故该妇合饮咖啡因九克，等于一百三十五厘也。查咖啡因可以致死动物之成分为每重一磅之动物体量仅需一厘，不到十五分钟后该妇全体有极剧之震栗，体极软弱，且致晕昧不省人事，四肢稍有痉挛，甚至呕吐。如是者约八小时，面色转白，体温减低，脉息微而速。二小时后即转缓而至每分钟四十次者。七小时之久，又渐回到每分钟八十次，其呼吸淡而蹙，体盗冷汗，颇不镇静，头痛而神智不清。再隔八小时则消转而病势大杀，卒于二十四小时间复其原有之体态。此乃中茶毒极剧类之一种，为不常有者。按该症状可表明其最可危险者，乃茶之影响血系与络脑系（Vasomotor），盖脑觉受极巨之激剌也。麦根氏（Sir Famos Mackenzia）尝著一书名《血脉学》，其中麦氏载有一端颇有关于中茶毒之原理，谓患瘘症后，苟饮茶一杯，则其脉之跳跃必于每四次跳后稍作停顿，影响其心房之跳跃至数月之久。此为极普通之试验，各人均可验而注意者也。华特氏（H.C.Wood）尝论咖啡因，略谓人类可进食咖啡因之最多数额为十二厘，如进食此厘数之后，尚需有极剧之精神晕昧者约二小时，或神经错乱似醉酒者然数小时。兹后尚觉恋睡，多次小便，其最显明者乃神经之受剌，且其排泄小便之力，减自百分之十二至百分之二十，其淡合物之淘汰亦然。

按多数化学家谓茶之含茶精也，其化学影响略同咖啡因，然其对于人体之影响，则固有不同处。可见茶与咖啡之化学含分必有所异，所以正待化学家之细心研究也。

尝有某足球队长领其三队员见某医士，因其各有错乱之神经。查该三队员均身体极佳，饮食丰美，体量各在二百磅左右者，然各患手足微颤，心思一无定向，失寐、胃口不开、腹部不消化，因运动员之需，拘泥于某种食品亦有致之，神经虚窥，少精神，对于食物不消化已有二星期之久。在该期间某医士令其进服一种提神剂之含士的年（Strychnine）者，故队长以为该三队员系中士的年毒也。况该开药方之医士，为将与该队比赛敌校之同门，故疑心愈深，再因其精神之变态、心房之跳跃、呼息之加速、足膝之颤动，莫不表示之，尤信以为真。故将其药方查验，则见其最多之士的年分亦不过六十分之一厘，必不足以发生此项病状者也。后经某医士之调查，知该三队员尝进茶极多，盖该队有饮茶之嗜好，每餐后以及未练足球前必饮极浓之茶二三大杯，故每人每天饮茶至少两品脱。而此三人大都为饮茶较多，或身体对于饮茶之能力较他队员为薄弱，故受中茶毒之苦，始知其为中茶毒而非中士的年毒无疑矣。盖自将茶禁饮后而诸症同时消减，此其凭证也。

查我国与各国运动员多好于未比赛前先饮浓茶，且习以为常，且饮过多之茶，反有损于神经肌肉血脉之康健，有害而无裨益。又闻凡过瑞士之亚路柏山者，多带浓茶，谓乃上山最要之必备品，早起时必饮热茶，而在上山时，亦必饮浓茶多一次。查俄人之用于用肌力以前，当作振作剂者。当欧战时调查英国军士各带浓茶于水壶中以代水，而美国军士则喜带咖啡，因咖啡似若较用茶为适口也。然两国之飞行家，则均喜带用浓茶。此皆以不多饮为妙。吾则当有中茶毒之虞，盖或有中茶毒而影响体康与神经，不甚显明者耳。

兹凡智力与神经软弱等病症，或有因茶精而发生者，尚未普知。据某哀尔兰疯神院报告，谓饮茶过多，乃多数致精神病之原因。其病状为痉挛、神经错乱、身心不静，大都因其好饮浓茶过多之故。然人体之构造各异，或有能饮茶虽多而不致受茶精之害者，然亦有身体之构造为不宜于饮茶过多者，此所以有同一饮茶而一受其害，而他一仍康健自若也。执是中茶毒一节，实不可淡漠视之矣。盖凡受其患者，颇不乏人。例若一九一二年于某杂志上载有胡达氏（James Wood）对于哀尔兰身高软弱女佣受茶精之影响者，殆有百分之十。其病状亦为头痛、头晕、神气沮丧、心房悸动、食动不化、痉挛不安静、神经差乱、大便结、胃口不开以及微颤等，后查知该种女佣每日饮茶之量，约在十二杯至十五杯左右。凡其理家妇约须每天用茶一磅，以供诸女佣以饮也。茶乃终日煮于炉中者，女佣不时往喝，故至少亦每日饮五六杯。且凡施治之医士不知其为中茶毒，仅施以一种直接治胃、治神经、补血等药，故未能奏效。虽亦有因进入大黄与苏打而病势减轻者，而其真病源亦不得而知，故著者愿将其真相表露，以备各人之注意焉。

好奇与盖柏林（Hoch and Krrepceeln）二医士于一八九五年尝研究人体与人之智力与饮茶之关系，其结果略志如下：凡人类饮一杯浓茶后一小时间有显明之肌力加增与恶久力，查该种加增当在饮茶后廿分钟，而饮后一小时间乃其加增最强之际，谓可如是者数小时之久云。兹于智力之加增，亦有同样之结果，盖其可发生迅速之思想，助其思想之聚合，对于触物之感力无论读、见或听均能增长能力。据该二氏推算其饮茶后之第一小时中智力可长至百分之五或百分之八焉，同时可享受其体力增长之快乐，爽亮之神经，颇称愉快，虽其发生也丕若酒精之速而且巨，然亦有同等之比例焉。

按各国之用茶也渐多，在下午人之身心疲乏时尤最，一种人工刺激乃不可或缺者，此茶乃极有辅助增长之物品。苟欲因茶有害而不饮之，则似为太过，盖茶为人生有作饮品价值之物品，故本篇之宗旨非主张废饮茶之说，乃主张节于饮茶之说耳。盖或……茶与烟酒之能激刺神经或发生愉快虽稍异而实同者也，烟酒不宜多用，此茶与咖啡之不宜多饮者亦同一例矣，偶一用之，有自治之力司其量，即烟酒亦或有时有益，能节于在量耳。对于烟酒吸饮过量之害，大凡人类知之者多，对于咖啡过饮之害次之，而茶过饮之害知之者尤少，故特志之，以为世之喜饮茶而无节制者告。

机器制茶之新事业

郑龄年

海外华茶销路日益不振，推其原因，虽非一端，然制造之未能改良，实为唯一之主因。迩来国人有新法制茶厂之组织，外人极为注意。就事实上言之，中国自古为产茶之区，以前所产之茶供全球之消费，此固世人所公认者也。而近来茶业之交易，竟不得不与日本之茶争上下，而竟在商战上处失败之地位；他方又受印度之剧烈排挤，遂使欧西诸邦亦受重大之影响，而令嗜茶者裹足。此固中国茶业上之耻辱，亦茶业前途之悲观景象也。夫中国茶业之失败于商战，株守旧法之种茶者及制造家，实不能辞其咎。盖彼等徒知墨守古法，毫无知识，且反对种种改进之方法有以致之也。故其结果，种茶者因收获及茶叶之制造得利不丰，陷种种之困苦与悲哀，遂减少其种植之亩数，而移作他种五谷或各种生产品之用矣。一般情形，只归咎于近来茶业之不兴，但众人及新近留学欧美生徒，未曾无注意及中国制茶及种植不得其法之原因，而谋一改良之策。所可怪者，机器制茶在日本、印度等国早已盛行，而在老大之中国，仍须一番鼓吹与绍介。然处此茶业不振之时，竟有新法制茶厂出现，此诚可令吾人注意者也。此新厂名曰振华制茶厂，为留日归来之学生所组设。此数君者，皆留日茶业制造专家，发起此厂，为杭州省立农事试验场场长周清、浙江省立农业学校校长高孟征、余杭林牧公司经理庄景仲君及其他上海新进之商人。主厂中事务者，为吴觉农君。吴君为浙江农业专门学校卒业，卒业后曾以官费咨送日本，习制造及培植茶叶之方法。吴君费四年之久，实习于日本静冈国立茶业试验场，近甫归国，从事于创办及经理斯厂厂务。助吴君襄理厂务者，为方翰周氏。方君亦留日学生，亦茶业专家也。方君现为是厂之总技师。目下是厂设于余杭县，县在杭州之北，其营业部在上海东有恒路一百五十五号。是厂房屋规模宏大，但内容设备尚非全照新式。厂之附近有三百亩之植茶地，皆租赁而得者也。是项赁地，均为期十载。厂内职工六十人，指导员十人，指导员均浙江农业学校卒业生。厂中设备甚简，有机械四种，（一）汽力发动机，（二）蒸茶机，（三）采茶机，（四）焙茶器，皆购自日本。因经济上之限制，此厂一切设备，比较虽规模不大，但其计划则甚伟大也。发起人之目的，盖欲革新中国历代传袭之手工制茶法，普及新法制茶术于一般民众。予深愿其计划政策之成功也。此厂更愿勉力增进种茶之方法，设立最新式之工场，以期恢复往日在国外茶业上之荣誉。其新计划预备明岁增设数厂，定在杭州、绍兴等处，以增进制茶之能率。本岁厂中经吴、方两君一番之经营，已制成十五种优劣之红绿茶叶。此种茶叶，各列名以区别之，种类有"熙春"（Hyson）、"松针"（Choicest Green Tea）、"元宝茶"（Choicest Gunpowder）、"白毫"（Pehoe）及各种普通茶叶。

振华制茶公司实为中国新法机械制茶之鼻祖，其机械制茶之手续，记者据总技师方君面告，并不如吾人理想中之复杂繁难，其方法以简明数语即可知其大概。在未装包以前，茶叶须经过四种之手续：（一）蒸汽（特用之于绿茶），（二）揉，（三）激荡，（四）焙。其制红茶也，手续较绿茶稍繁，兹说明之如下：将采下之茶，自筐中倾置于席上，或铁丝网上而平铺之，置于室内。其室内之温度，须渐增至华氏表六十度以上。经十小时，茶叶遂起化学的变化，以使茶叶柔软，手揉之而无□者为度。此种手续，方君名之"萎凋"。然后将叶移至一机械内，重揉一小时后再将叶置一竹筐中，倾置于席上，以湿水之白布覆之。此种主要之手续，即欲其发酵，是能使一种红色酵素活动其中，因之绿色变为红色，发酵后之红茶因而芬香生焉。其次须入机焙蒸之，将内中水分完全蒸发，然后经过一种选择手续，将杂质选出，而制茶手续全备矣。如制绿茶，虽手续略同，然制法较易而捷。其制造方法，将茶叶放于机械之中，而以蒸汽蒸之，其温度须极高。就理论上言，将茶叶加热，所以杀死红色酵素，而增其绿色之色彩，后加以剧烈之搓揉，再以机械焙干而绿茶制造手续毕矣。

至中国之古式制茶法，简单而古老。制造方法，安徽、浙江、福建各处皆大同小异，但其大概方法，照中国古法。当收获茶叶之期，辄招致多数之采茶女子，其法以左手攀枝而右手采之，自树干之下采起，以至于树杪。而当此有一事必须注意者，即茶叶勿使受强烈之日光所爆及受重量之物件所压。当其茶叶收集盈筐也，即送至露天制造所，以从事于制作焉。在各种方法中，无论红茶、绿茶，均须经过一种极烈之揉捻，其揉捻之法，大多用手或以赤足行之。其制绿茶之法，即将揉来之茶叶入铁镬中，而以烈火炒之，焙茶之火焰须集于中央，以均焙茶之火力。茶之淘拌约须半小时之久，方出诸镬而平铺于席上或地上，数分钟后复入镬而更揉之，其时之火力须较前略减。及其茶焙干，始分茶之等级，以区别其优劣焉。而此既成之茶在贩诸国外者，尚须一度之焙干。至红茶之制法，大都利用日光为萎凋、发酵、干燥之需，故一遇阴雨便即束手。闻新法机器制茶，则均在室内制造，不受天时之支配，且又不如旧时商人为图形式美丽及色泽悦目计，遂乃在茶叶上着以颜色。顾饮此着颜色之茶者，多与卫生有妨碍，是则不待说述也。

茶叶之新旧制法，其优劣之区别，试以表分列之如下。

机器制出之茶	手工制出之茶
一、清洁	一、不洁
二、叶直而圆	二、曲而平
三、天然之绿色及光亮	三、着上颜色有碍卫生
四、香甜	四、虽香而带有少许焦味
五、浓厚	五、淡薄
六、干	六、湿

照上列之表观之，可知机器所制之茶，品为至美者矣。故据此理由以言之，则凡出茶之区，固皆宜广行此新法，而制止陈旧之方法无疑义矣。吾人所注意之点，即机器制茶之清洁，足以挽回已往商场失败之利权焉。

约而言之，观将来中国之制茶业，可为前途抱乐观。悲观主义者云，中国之茶业，久既失败于商战，已失其国际之地位，万无再兴而抗衡日本、印度、爪哇诸邦之希望。但抱乐观者，仍言中国将来茶业，定有中兴之望，而雪以前失败之耻。别国所制之茶，固有优于中国者，但中国天然为产茶优胜之区，此则各国所公认者也。夫中国之土地，实为最宜于种茶之用，而其土壤又可区别茶种，适宜栽培。兹借用美国威尔士君之论文数句，以为本篇之终结。威尔士君之言曰："中国之茶叶质地，实为各国产品之冠。夫印度诸邦之茶，内含单宁酸成分甚多，有害卫生。但中国之茶，单宁酸之成分所含甚少，或竟无之。"又有英国某茶业专家之评论云：

"就茶叶之品质以言，中国之茶仍居上品。"以上种种，实为乐观者所乐道也。不过真知中国茶叶品质之良者，实居少数耳。目下中国惟有极力愿望提倡新法制茶，以期得民众之了解。今振华机器制茶之公司之发起以输入机器制茶为目的，可谓诚得启发斯业之宏旨矣。

《商旅友报》1924年第11期

制茶法

曾琢如

茶乃日常用品，各国人士多嗜之，其中如中国、日本，古来已赏用甚盛，苟有来客，则迎于堂而飨以茶。由此观之，则茶之用途，亦可谓广矣。

茶树为山茶科植物，其嫩叶则可摘而制茶，气味清香，且有激刺性，烹作饮料，可助消化，为我国出口物产之大宗。今将其制法，述之如下。

采摘及贮藏。

采摘茶叶之时期，视其地之气候及制茶之目的而有早晚之差异，普通多在五月起摘。茶之新芽抽出四叶之时，则采摘其上之三叶，而留一叶不摘。或新芽出五叶者，先摘三叶，留其二叶，此所谓三叶挂也。但采摘之日，宜择晴天，最忌雨天。既采之茶，宜即日运于制处，分别其良否，除其尘埃，然后着手制造。故采茶在下午三四时便即停工，因要在是晚须将所采者制之也。然有于下午三四时采摘后，则铺席于庭，将茶叶平摊薄层，使受夜露，至翌辰乃制之。制茶之时，若遇雨天，或不全摘，而仅从一部分摘起，则生叶之贮藏法不可少也。即炉少，或制造人少，不能即制，则生叶涩滞，故贮藏法宜讲求也。其法如下。

一法以四尺及六尺之大贯板，做成一木架，手提之处，附以五寸之物。用席为底，用竹压其四周，底附以二木。如此之箱所采生叶放入，其量一木箱内，可容茶二百余斤。如此贮藏，则可保存二日不致变坏。

一法贮屋之内部俱为泥壁，其地用石灰及沙所春固，以生叶放散其中，此法亦能防其凋萎焉。

普通之贮屋，其放入生叶者，从下午七时起，至翌日七时止，共十二时。因蒸发所减之重量，每生叶一百斤，约减去五斤。但用上述之贮藏法，则其蒸发减量极少。

茶之摘取及贮藏既已明矣，今将制法顺次说之如下。

（一）蒸叶。蒸叶之目的，乃使生叶舒展而化容易于搓揉，同时令其发出特有之香气也。摘取之叶，用竹筛而除去尘垢，后乃选出生叶而除去旧叶，使得优美之叶。再后放于笼中，置蒸釜之上而蒸之。

所用之釜，除约二尺，安置于灶上。釜中容清水约八成，不可过满。釜之上置甑，釜水沸后，则以蒸笼置于甑上，加盖蒸之。其普通之温度约在华氏八十至九十度左右，但时有达至九十五度者。稍热则开蒸笼之盖，用长箸将茶叶搅匀，再加盖蒸之。从初蒸起之时，约有三四十秒之久，则茶叶生有粘性，已能附着于箸。于是卸去蒸笼，取出茶叶，用扇扇冷之。此时若水蒸气不散，而凝结固着于茶叶中，则易酸酵，而害其品质，不可不知也。

夫蒸茶叶者，乃至难之技也，非有经验与熟练者则不能措手。茶叶品质之良否，虽多由于生叶之品质，但蒸叶之得法与否，亦影响于其品质甚大。故蒸叶不得法，决不能得良好之茶叶。

蒸茶之时间长短，因蒸气之温度及茶叶之软硬分量等而异。考察其适当之法，总要视其茶叶之模样及嗅其香气。据制茶家称，蒸叶者，其发出之香气渐次变化，初时发出之气甚臭，久之则甘气出焉。此时停蒸，则茶叶变黄，香气遂止，此蒸叶最为适宜之时间。若蒸之时间过少则臭而无香气，若蒸之过久则香气全失。故俟其香气发时，宜即停止。不可过迟，亦不可过早也。

（二）搓揉及干燥。在蒸场蒸过之茶叶，放冷之后，即可运送于焙炉场，以搓揉而干燥之。此等操作之目的，使茶叶发香气，且卷伸美观，以之泡水，容易出味也。

普通所用之焙炉，纵三尺，横六尺，高二尺五寸，其内外皆涂以泥并混以乌烟。炉底箱者，乃木制之框，其大与炉相合，以能载于炉上为度，此箱之底面则用厚纸而成者。

焙炉之炭加火后，以藁置上，使变为灰，以弱其火力。又灰火之上有蔽以瓦者，此炉上加铁杆二三枝，又置铁制及铜制之网，网上置焙炉箱，此箱入蒸叶，铺匀，蒸发水分。此际仅将叶之上下左右陆续翻转，使其水分蒸发。迨茶叶之水分渐减，已形凋萎，乃将茶叶起堆，用两手徐徐揉之。照此揉后又复将茶叶分开，又加搓揉，视叶愈干燥，则揉愈加力可也。

搓揉茶叶与干燥茶叶乃同时并行，而非单独行之也。施行之时，宜注意其水分之多少与卷伸之状态及温度之高低，大抵合适之温度在华氏八十度内外可也。茶叶已干，约用手不觉其热，色尚未变黑，则从焙炉收起，此名为萎扬茶。

用此法制得茶叶，一旦放冷之后，更将萎扬茶之一箱半投于焙炉而热之。茶叶受热，发有粘着性之时，则加力以搓揉之，所谓二翻揉是也。茶叶卷之状态美恶，皆成于此次手续，故此二翻揉者乃制茶操作中之最重要之手段也。

茶叶之水分已极减少，而尚不见黑色，则移之于炼焙炉。移于此炉，虽温度甚低，但仍易焙焦茶叶者，故火力要比他炉更弱也。且要慎重反覆，以搓揉之也。又揉时有粉末，另置于焙炉箱之一隅。一俟搓揉干燥俱已完全，则将茶叶陆续取出，贮于密闭之壶。然欲茶加倍干燥者，乃再敷厚纸于焙炉箱，将炼得之茶，撒布其上以干之，但其温度宜甚低也。

既制得茶后，于贩卖前尚有一种手续者，即精选是也。用筛孔稍大之筛筛之，又用掌轻压之，以分离茶叶柄及其他之夹杂物，复用眼大小不同之筛，顺次筛之，以分别其粗幼焉。经精选后，更干燥之，贮藏于干燥地方可也。

《农社年刊》1924 年第 1 期

农商部关于皖茶过赣加税之批示

前据电称，赣财政厅加征皖茶新税，请令仍照旧章办理等情，当经咨行财政部并批示在案。兹准财政部复称，查此案业经咨准江西省长复称，皖商运茶经过赣境，加征附税，抵补厘金各节，已由财政厅电饬景德镇、乐平等税局，一律停止征收，咨复查核等因。相应抄录原咨，咨请查照等因到部。合亟批示知照。此批。

《休宁县农会杂志》1924 年第 2 期

论改良华茶亟宜注意之要点

王　俊

今日关心茶业者，亟欲振此式微，莫不痛恚吾国业茶者因袭旧法，不思改良，而谋有以刷新之，斯固然矣。而吾以此犹未能为振兴斯业唯一之得策，尚有急于此者在。兹就管见所及，不揣愚陋，觍述于下。吾国茶业，自海外重要市场次第见夺于印、锡之后，人即奔走呼号"改良改良"，至今已不下数十年，而仍未收改良之效果者。是即未得改良之要法，或间有一二中肯处，足以补苴罅漏者，又未能实事求是，见之力行，驯有今之颓劣现象，固其所也。且吾国业茶者，多系农民以耕作之暇，就山麓地隙从事种植，出其家用及馈赠之余，以作副收而已。其少数恃以为主产品者，对于茶业知识，复未一闻。种植之后，不加改进，人工制造之时，不计技术之巧，徒恃天然。以此与人之精益求精不遗余力，相角逐于海外市场，宁不声价日替，瞠乎其后耶？今之真热心于改良者，不能作根本之设施，而官厅间有数纸奉行故事之公文，终亦无补于事。几位夤缘进身，毫无茶业学识之市侩或学棍厕身茶界，只能作詹詹炎炎条陈，不施一技于实际。言之非艰，行之维艰。国人惯习，原不足羞，惟以此期达改良之实境，实不异蒸沙求饭、磨瓦作镜矣。此改良人之无良，所以虽改良而未收改良之效果者一因也。

我国业茶者无处不有，改良者断不能顾此而失彼，复不能家喻而户晓，即使事能兼顾，而乡愚无知，谁遽信之？（安徽前在屯溪所设之茶务讲习所，该地居民号为洋学堂，如于茶园插木牌以为标识者，该居民等谓碍其坟向门向，悍然反对，每每拔去。若语以茶业知识，将洗耳远遁矣。此虽乡农无识，实是证明不易改良之一斑。使能与茶业讲习所融洽，常聆一切新法，该处业茶者甚多，亦不无小补也。）商人视利重于生命，一旦劝其勿饰伪欺人，鲜不怪而且怒，目之为多事者，况与其营业有关，又谁遽信之？故往往因此发生碍害。此改良之法不易见信于人，所以虽改良而未能收改良之效果者又一因也。

茶税繁重，十里一捐，五里一抽，及运去海外，较成本已高数倍，则不得不增价出售。人则茶税既轻，价目亦廉，自不难捷足先登。我若随人价而售之，不独无利，本尚不敷；不随人价而售之，则旅居食用，日复增多，久之则不容计及求本，只得低价售之。商人受累过甚，谁肯再从事于茶业耶？近来出口额数骤少，细考其故，虽有战争等影响，而此实为主因也。此因茶税太重，有碍于推广，所以虽改良而未能收改良之效果者又一因也。

有此荦荦三端，宜乎有改良之名，而无收效之实矣。故鄙见以为改良禁伪虽属急务，不先谋其更急者，终不足以言改良。今将所谓更急者，扼要举之。

（一）甄别人才，毋使滥竽。多设茶业学校及关于改进茶业之机关。（茶校虽间已设立，然未见实效，即所谓未能实事求是所致。如安徽素以产茶著，始设一茶务讲习所，不再推广。反将一绝无而仅有之茶务讲习所复行停办，数十毕业学生，蜷伏里门，无处服务。负改良振兴之责者，虽熟视之而若无睹焉。言及心寒，不禁为茶务前途悲怆流涕也。）

（二）凡产茶之区，须由高级茶业机关多派劝导员，驰赴其地（其处设有茶业学校者，即以茶校员生代之，不必再派）。就各茶号、各茶商会及易于会集人众之处，依一定程序，邀集茶业界人，痛陈本国茶业衰落之原因、现今之概况及业茶者应知之浅近学理。改良要点，或编为通俗文字，付诸印刷，散给各茶户、茶商。对于饰伪售欺，须实行检查取缔。犯者由劝导员呈请该主管官厅，从严惩办，或罚以金钱。再请本地富有学识及声望素孚之人，轮流演说，历陈利害，则信仰较深，尤易入手。其有优秀子弟者，则劝其送入茶业学校研究高深学理，为彻底改良之预备。学校实习时期，准其地业茶者参观，便于指示其采摘揉焙诸法，观感之效，自立可见。其明知故违者，亦须严重罚办，如此以行，则易于收效，且不致有扞格之虞矣。

（三）减少茶税。庶成本稍轻，价值亦廉，销售自速，商人不致再有裹足不前之概，而出口额转可逐渐增加也。

上述三端实改良以前亟应注意之点。今日研究改良者，贸贸然计不及此，所谓背道而驰，愈行愈远，安得圆满之结果耶？故欲收改良实效，必先熟筹深思，凡关于阻碍改良者，彻底设法补救，后再实地改良。自造种着手，去其窳败。栽植须择适宜之土壤，不使与茶之性天有所凿枘，致摧残其发育。驱除害虫以遂其生理，采摘以时，施肥合度，修剪适宜，收获自能倍之。然后讲究制造各新法，择其几经考验，曾收美满之功效者，施之实际，不加粉靛，以保其天然色泽与香味。注意洁净，勿使搀染污浊，有碍卫生。至推行一节，品质既能优越，制造亦复精良，更加以丽美之装潢，详晰之广告，令外人易于注目，一经试买，果能名实无讹，则销路自广。销路广，自能恢复国外市场，挽回利权矣。然此皆茶业中人从学理上研究时有新理想、新法术发明，始克臻此。再由茶业机关纠合大资本家，立大公司，广购机械，节省人工，以轻成本。多聘对于茶务上有确实心得，并通各国语言文字人才，佐理一切。选其优者，经政府派往各产茶国，调查茶务上一切情形，报告本国，以为借鉴也。若与洋商直接贸易，专员亦聘各茶校卒业学生充之，不独免茶栈通事之蒙蔽，且利害均了然于心中，不致动辄棘手也。如此以行，复能有序有恒，不紊不怠，则华茶在未来世界，定有惟我独为之胜概。所期负改良之责者，须提要钩玄，熟审深思可也。

美人对于徽茶之改良意见与茶商之商榷

美国茶商消息云：美人近颇感于上等华茶之不易得。而华茶之中尤以祁门之红茶，婺源、屯溪之绿茶为最上品。据科学家及管理食料者之研究，以上列徽茶为最适宜之饮料，非印度、爪哇、日本等茶所能及。惟品质之优良如此，销路之短绌如彼，是则种户与茶商之责也。种户平时对于选种、肥料、修剪、采摘、粗制之手续，未免过于忽略，不能以科学之方法保存天然之色香味，甚者耗损其品质，遂至沦于劣下。迨茶商收集各处粗制之茶重行精制，最不适宜者为优劣搀和，以为可以减轻成本，殊不知优良之品无从显其固有之特性，茶之价值亦遂因而降下。又茶之包装素不讲求，远道输运，色香味亦致劣变，必须小箱密封，并装大箱，运销较便，亦免中途失水之弊。又中国茶商向无自运外洋推销者，广告术亦鲜研究，尤须各商团结，自备轮船，以便输运，多印广告，以便宣传。俾美人之欲购上等华茶而不得者，随处均可取携，则销路之旺，自能战胜印度、爪哇、日本而有余。我徽茶商盍注意及此，以发达天然之美利乎。

华茶在英销数渐增

《伦敦通讯》云，华茶在英，年来销路日广，查本季自六月起至十月底止，其输出总额，较上年增加一千九百万磅，其中八百五十万磅即系运至伦敦。更可注意者，即同时期内，印茶之输出反见减少，锡兰茶亦无所增减。不过印度、锡兰种茶人因茶价日涨，一九二一年至一九二二年之一季每磅仅一先令二点九一便士，一九二二年至一九二三年之一季每磅涨至一先令五点八一便士，一九二三年至一九二四年之一季每磅涨至一先令七点四三便士，以故获利仍丰。目下英国或将即有鼓励购用华茶之举，然英人对于华茶，实有许多不满意处，要为中国出口茶商及种茶人所不可不知者。其主要原因，则在拣择不精，茶质不纯。照现在情形，业茶者于区别优劣之际，应可大加改良，且以从速实行为宜。至绿茶则因近日发见砒质，在英绝无销路，而一时似亦不易恢复。摩洛哥虽略有输往，然因此人知此间无销路，故任意贬价，无利可图。总之，英国茶市竞争日烈，日本、中国台湾（日据时期）之茶虽大半运美，顾日政府前在此间散布台茶制植方法之小册，当不无多少效果，台茶固未必为英人所欢迎。而日人之能统筹全局，不甘放弃，要为难能可贵也。兹将近二年自六月一日至十一月三十日之季之华茶输英数目列表于下。

（单位：磅）

华茶输英情况	1923年	1922年
输英总数	14 209 695	6 634 481
本国消费	5 427 854	3 653 944
国外消费	4 859 084	5 276 515
消费总数	10 286 938	8 930 459

又查一九二一年之一季输英总数，仅二百七十三万零七百三十七磅，消费总额仅六百一十六万四千九百九十五磅。更就十一月份一月论，一九二一年输入二十五万二千八百四十三磅，一九二二年增至一百一十一万六千零三十二磅，一九二三年

又增至一百二十二万五千九百九十五磅。

《银行月刊》1924年第2期

中俄邦交恢复与华茶贸易之关系

汤丙南

　　茶为吾国海外贸易之大宗出品，民国十二年，华茶出口总数达二千七百万磅，此民国四、五年以来所未有也。其故固由印度、锡兰茶之产额歉收及红茶销路比从前加增之两原因，然民国十二年上市者，温州茶质地较去年大有进步，颇能引人注意，故每包价约二十五两至三十两。祁门茶香味俱佳，故初上市时，价格较去年增高八两至十两。宁州茶价格异常坚昂，群商争购，销去万包，宁州小叶，美人尤为欢迎。当此商业凋敝之秋，吾华茶尚有如此销畅情形。倘讲求采茶、制茶、种茶各法，并利用时机推广销路，可断言华茶不让于印、锡茶矣。查华茶在他国市场之销路，俄国于一九一五年至一九一六年购华茶甚多，占华茶全部产额百分之七十五。英国于一九一五年至一九一六年从中国输入红茶一万零五千磅，一九二三年所购已达八百五十万磅。美国一九一五年至一九一六年输入中国红茶六百万磅，民国十二年已输入五百五十万磅。又欧洲大陆向来由伦敦间接购买华茶，近来渐行直接交易。一九一五年至一九一六年，欧陆购进华茶一百一十五万磅，民国十二年已购二百万磅。目下茶价，高于民国四、五年间之值。就湖北论，以羊楼峒茶及通山青茶为最丰富，为最出色，其集散之点，即为汉口。大约每年出口生意，红茶颇占市面之大宗。数年以前，因种种不利，出口减色。近年以来，又渐发展，茶庄现有二十一家。总观上述情形，华茶或将因而推广也，抑更有推广之机会。可为吾华茶商贺者，即中俄邦交之恢复也。盖俄国政变以后，华茶在俄市况实际完全停顿，现既恢复邦交，两国间之贸易可以提携，而华茶之要求势必复活。查华茶销行俄国之数，战前恒为各国之冠。民国四、五两年，销数均在百万担以上。此次俄乱平定，欲求华茶恢复战前销数，当然有可能之希望。况为中国劲敌之日本茶，自欧战以还，因百物昂贵，茶价抬高，其输出遂逐年减少，虽竭力恢复，亦无若何发展，加以震灾，茶业益形不振。如此要皆华商扩充华茶之好机会，一方面增加俄国之销路，一方面减少日本之劲敌，大好机缘，幸勿轻易过之也。

《湖北省农会农报》1924年第3期

华茶输美国发展有希望

录《循环日报》

《字林报》云：纽约茶叶咖啡业报记者乌克尔君现在上海，其目的在调查世界产茶情形，以为美国增销茶叶之参考资料。乌克尔君之意，以为中国茶商及在华业茶洋商，宜共起挽回华茶在英美之销路。且谓中国近十年间，茶叶出口之数减落百分之三十六，对美出口之数减落百分之三十。二十五年以前，中国出口茶叶，曾为全世界之所称美。近则印度、锡兰、爪哇之茶叶，皆用机器制成，制法既佳，广告之法又精，大足夺中国之销路。英美老辈，仍多嗜华茶者，青年则醉心于印度、锡兰茶商之广告，偏重印度、锡兰之茶。昔时美国进口茶叶，几全来自中国，今则中国所供给者仅占百分之十八，锡兰供给百分之二十四，印度供给百分之十四，爪哇百分之九，日本百分之二十一。日本销往美国之茶，前曾占美国进口茶叶百分之四十六，今亦见其低落。惟印度、锡兰茶在美之销路，则有进而无退。一九二三年至一九二四年间，世界茶叶销路颇佳，中国亦占其利。惟明白之商人，总宜在生意良好之时作未雨绸缪之计。印度茶商在美国所用之广告费，将及美金一百万元。中国茶商亦宜联合美国茶商，保全华茶在美之销路。中国筹集巨款不易，直接向用户行广告鼓吹之法似未易办，惟设法向美国茶商运动鼓吹，则不难收事半功倍之效。美国销茶之数，大有发展余地，中国茶商最宜注意云。

《农学求新会季刊》1924年第5期

汉口茶况（民国十三年日本领事报告）

彭先泽

（甲）湖北省茶之生产额

据最近湖北实业厅调查，湖北全省之茶园面积约计八万七千爱格，每年产额平均红茶四万担，绿茶约计二万担，老茶约二十万担，粉茶约十万担。湖北、湖南境之羊楼峒地方，出产最多，通山次之，通城、阳新、大冶、金牛等处又次之。

（乙）输出销路状况

汉口原系中国红茶之大集散地，俄国革命以前，汉口集散之红茶，不仅湖北一省，湖南、江西、安徽三省亦有多少之供给，其销出额曾达五十万担。红砖茶汉口及羊楼峒亦得制造，其最大生产量亦曾达四十万担，其总额之十分之六七输出俄国，余数则销行欧美。俄国革命以来，红茶、红砖茶之输出全然断绝，驻汉口之俄商砖茶工厂，亦已先后封闭。故近来红茶市场已移于上海，而江西、安徽、湖南、湖北之茶，亦当然由汉口移至上海矣。一二年前，俄国政局逐渐安定，且英美之输出额年年增加，汉口之茶市又将渐次发展，本年度之输出额已达七万五千担。近日英商协和、太平、怡和洋行，又有三万担之交涉云。

兹就最近十年间汉口之红茶、红砖茶、绿砖茶输出量及其价格列表如下。

（一）红茶。

年份	输出量(担)	价格(两)
民国四年	400 000	15 000 000
民国五年	250 000	9 470 000
民国六年	150 000	6 700 000
民国七年	50 000	980 000
民国八年	75 000	7 770 000

年份	输出量(担)	价格(两)
民国九年	10 000	160 000
民国十年	20 000	360 000
民国十一年	125 000	1 860 000
民国十二年	210 000	3 700 000

（二）红砖茶。

年份	输出量(担)	价格(两)
民国四年	230 000	13 000 000
民国五年	240 000	11 390 000
民国六年	150 000	7 550 000
民国七年	100 000	4 790 000
民国八年	90 000	4 150 000
民国九年	10 000	130 000
民国十年	75 000	2 300 000
民国十一年	2 000	50 000
民国十二年	5 000	140 000

（三）绿砖茶。

（单位：担）

年份	输出量
民国四年	200 000
民国五年	180 000
民国六年	190 000
民国七年	170 000
民国八年	170 000
民国九年	80 000
民国十年	50 000

年份	输出量
民国十一年	60 000
民国十二年	70 000

再就最近三年间汉口各种茶之输出输入额列表如下。

（一）输出。

（单位：担）

种类	民国十年	民国十一年	民国十二年
红茶	21 356	116 843	210 375
绿茶	614	2 522	8 216
红砖茶	3 860	388	10 164
绿砖茶	11 023	3 387	2 639
茶叶	5 112	3 147	730
茶末	7 371	6 380	12 247
粉茶	—	2 546	38 833

（二）输入。

（单位：担）

种类	民国十年	民国十一年	民国十二年
红茶	100	625	13 628
绿茶	3 318	2 359	243
茶叶	—	—	13 769
粉茶	705	719	3 769

（三）再输出。

（单位：担）

种类	民国十年	民国十一年	民国十二年
红茶	1 181	646	12 867
绿茶	171	1 660	63

种类	民国十年	民国十一年	民国十二年
茶叶	2 311	1 508	1 750
粉茶	504	3 414	—

各种茶之价格，据现在时价列表如下。

（一）红茶。

（单位：两/担）

产地	价格
湖南安化	30～37
湖南浏阳	20～29
湖南平江	19～28
湖北羊楼峒	26～36 或 21～28
湖北通山	20～30

红茶之旧货一担值九两至五十两，新货一担值十二两至五十八两。

（二）红砖茶。每箱价格约二十两至二十六两，每箱约一百二十斤至一百五十斤。

（三）绿砖茶。每箱价格九两八钱至十三两五钱。

（四）粉茶。一担六两至十一两。

（五）花茶。一担五两至六两。

注：每箱约九十六斤至一百三十斤。

（丙）汉口茶商情形

中国之茶商分茶栈、茶行、茶庄三种。

（一）茶栈。专司红茶之输出，与茶行无大差异。红茶商先携样茶来茶栈，与茶输出商熟商后，始决定取货。外商之茶质试验法，仅以茶叶浸于沸水中，检查其形状、色彩、风味浓淡而已。茶栈之茶，无受授之别，不过须收四分"口钱"。汉口茶叶公所由大帮茶商组织而成，现在汉口之茶栈尚有五所。

（二）茶行。现有七所，武汉各茶庄之取货，皆由茶行经手。茶行之取货，概系青茶，口钱亦须三分。茶行公会即其同业组合。

（三）茶庄。专收该地及乡间之新茶，并营绿茶之小贩。资本大者，直接由原产地取货。武汉两埠现有茶庄共计七十余所，有所谓武汉茶业公会之组织。

《河北省农会农报》1924年第6期

英国减征华茶进口税与茶商注意华茶广告观

子 明

吾国产茶素丰，扬子江流域及闽广云南诸省所产尤富，每年除本国消费者外，其运销于外洋者，为数至巨，向与丝绢并称。顾以制造不求改良，推销不得其法，海外销路与年俱减，大有江河日下之势。而后起之邦，如印度、锡兰、日本、爪哇，则莫不突飞猛进，后来居上，致使外人目光咸集于印、锡等茶，对于华茶非但不甚欢迎，且于华茶之名称亦多不加以注意矣。故今日欲振兴华茶，其根本计划固以改良制造者第一，但其救急方策尤宜利赖广告之力以宣传。例如每批新茶成熟之时，先将广告寄登海外各报，详载茶叶名称、产自何地、茶质如何良好、装潢如何坚美、色香味如何佳妙、有何效用、比较他国所产有何优胜之处、合何成本，一一说明，先印入外人心目之中，则箱茶运至海外，外人咸将加以注意，或购买以尝试，且可使向未购买之国亦将有所观感而兴起焉。现闻英国茶商爱德华君，对于华茶广告推销一事，已有所拟议，并由协和洋行大班士厘君将此意转达茶业会馆，由该会馆议决祁宁红茶每箱抽捐银二分，以资协助。兹将爱德华君致士厘君原函及茶业会馆通告，照录于下。

爱德华君致士厘君函

余思华茶广告事久矣，近观洋酒芥辣广告之效验，余心益为之动，思用广告振兴华茶之法，惟余所能助者，仅出力扩张推销而已。据一般有思想者，谓茶销路断当恢复销场于英国。虽然须有巨款买广告，于事乃克有济。兹已收到以下各行募款，如余个人及协和、比克、怡和、天祥、锦隆、天裕等，每家五十英镑，共得四百英镑。尊处能否向茶业会馆募捐，以成此事？须知向来并无何等机关及公会投资于广告公司，仅余个人出力未免单薄无用，且此项广告专为华茶利益起见。于欧战时，华茶滞销达于极点，余深信投资于广告，则将来华茶销路定能兴复，望鼎力募捐为幸。

士厘君致茶业会馆函

照上所述，可见多数英国行家已经赞成爱德华君并资助广告之费。爱德华君为茶商老前辈，与各茶商交情最厚，其所提出以广告推销华茶之表示，谅贵会诸君必然赞同，望鼎力向各茶商募捐，所得之款，请买伦敦汇票，送交敝处，以便转寄。

茶业会馆公告

据爱德华及士厘君函称，当经敝会馆柬邀各茶栈集议，并据各栈述称，据各洋行大班所言，此项广告专为表襮祁宁茶优美而发，因彼中之上流人物能知选购祁宁茶者，百人之中不过数人，其中下级社会中人不特不知祁宁茶之优美，且并祁宁茶之名目亦无所闻，故欲推广祁宁茶在英销数，实非广告不为功等语。窃谓祁宁箱茶在英商务利用广告扩张销路，实属不可再缓之举。兹由发起人及各英商洋行助捐提倡，意思尤为诚挚，亟应由馆复函赞成。拟认募集广告捐款银二千两，先由各栈摊垫一半，交由协和大班士厘君转汇伦敦爱德华君，支配用途，暂以一年为限，再行察看情形，有无继续办理之必要。公议即以本年新茶为始，抽提祁宁箱茶每件银二分，以资协助，仍以一年为限。如果广告推销确能生效，再议接办，以底厥成。经公议决在案，所有议抽祁宁茶捐各缘由，合应印刷通告，务请祁宁茶各宝号俯赐鉴允，以维公益，不胜祷企之至云。

观于上述之三函，可知外人对于华茶之发展期望甚切。各茶商因受外人之劝告，同业已一致通过，并各捐款以冀其成。苟华商能实事求是，明年再继续进行，更推而至于美法其他各国，使外人心目中常存有华茶之印象，则华茶前途未始无挽回之余地。但吾人于庆幸之余，不得不再进一言，则以华茶失败原因正多，即以今日华茶之最大缺点言之，为颜色之不合。譬如绿茶，华商往往因颜色不鲜涂以颜料，致英国海关指为含有毒质，美国亦禁止有色华茶进口，此为推销华茶之唯一阻力，亟宜从事取缔。其他如改良品质、研究装潢、统一名称等等，均为极要之事，吾人甚望华商于注重广告之余，更努力革新以上诸端焉。

今年华茶在英销路，因广告之宣传，或可稍有起色。兹又据最近消息，英国议会已提出进口华茶与英国领土所产之茶同等待遇案，并有提议对于华茶稍加优遇者。虽未成议，但英国议会之态度，似已将变更其关税政策之差别待遇。换言之，英国政府因鉴于去年对华贸易较为减退，将以此表示好感于华商也。查英国进口华茶，每磅原定课税一先令，上年曾由我国政府令行驻英公使向英国外交部交涉，其结果遂减轻四便士，每磅华茶改课八便士。目前英国之华茶进口税，虽较往年减轻三分之一，但华茶如与印、锡茶之进口税相较，仍未能享同等待遇，其于华茶进口税则，比较犹嫌苛重。考英国政府之贸易政策，对于殖民地素来持保护主义，其因优待属地出产，故定差别待遇之进口税则，已为英国一定不易之关税政策。上年几经交易，仅允将进口华茶减轻税率四便士，然华茶运英并未能与印、锡茶享同等之待遇，此亦华茶在英路减色，并难与印、锡茶竞争之绝大原因也。

今英国议会已渐知歧视中国政策之错误，为增进中国购买英国货之感情起见，此次续将华茶进口税减轻，借以表示好感。查近年英国因以不平等之税则，无形中实限制华茶之进口。今英国果能续行减征进口茶税，则今年华茶在英国之销路，因纳税减少与广告宣传之故，当稍有转机之望欤。

《银行周报》1924 年第 8 期

美国将禁止华茶进口与华茶应行改良之事项

子　明

吾国茶叶本为对外贸易之大宗物品，向与丝经并称。顾以制造不精，甚或掺杂伪质，因之信用渐失，洋庄销路与年俱减。近年以来，一困于印、锡、日本等茶之竞争，再阨于英国税率之不平，吾国茶商又复不知改良，英国海关遂指为华茶含有毒质，美国禁止有色华茶进口，销路乃益受打击。比者本埠总商会接得纽约华商总会之通告，又谓华茶夹有枯叶污泥，不合所定标准，拟实行禁止华茶输美矣。不知华茶商闻之，将作何感想也。兹将纽约华商总商会之通告附录于下。

启者，美国各通商口岸，于本年二月下浣，各派代表前来纽约市会议，研究外国输入美国茶品之优劣，佥以东亚茶叶当以中国台湾（日据时期）及锡兰所输入之品为标准，其不及此标准者，禁止入美。现该代表等验出中国古劳茶与乌龙茶夹有枯叶及染有污泥。又中国龙须茶茶梗太多，而且间有枯叶。据该代表等称，乌龙、龙须等茶颇为中国茶叶中之中上品，今乃含此劣点，对于所定标准，殊属不合，拟将实行禁止中国各茶入美。仰贵公所一面警告各采茶家及制茶家，务须留心选制；本商会一面在外设法伸驳，以期国货行销，有进步而无阻滞，以争回世界贸易一部分之权利为荷。纽约华商总会谨启。

查华茶销路，在欧战以前素以俄国为大宗，每年俄国容受华茶之量，常年平均皆当华茶出口总额之八分之五。民国七年以后，俄国政局分裂，国际商务完全停滞，此八分之五出口华茶，遂亦无从销售，输出之额为之大减。今日华茶销路，比较最大者，当推美国。美国销路，以绿茶为巨，红茶次之。在民国元年至六年，大致在十四万担至十七万担之间，约占总输出额百分之十以上。民国七年至九年，减至七八万担，但以总输出额之激减，故占总额之成数，则增至百分之二十左右。民国十年与十一年输出数量，约在十二万余担，所占总额成数增至百分之二十以上。兹将民国以来华茶运美之数量及所占总输出额之百分比，分别列表于下。

民国以来华茶运美数量表

（单位：担）

年份	各种红茶	各种绿茶	毛茶	砖茶	小京砖茶	茶末	共计
民国元年	56 815	100 747	—	—	—	—	157 562
民国二年	49 062	94 652	—	—	1	120	143 835
民国三年	70 501	98 889	—	1 131	—	—	170 521
民国四年	49 925	87 747	—	—	—	—	137 672
民国五年	75 464	64 066	—	—	—	6 004	145 534
民国六年	78 901	90 445	—	—	—	2 254	171 600
民国七年	15 634	54 964	72	—	—	1 728	72 398
民国八年	10 514	72 931	137	—	—		83 582
民国九年	20 597	50 677	69	—	—		71 343
民国十年	9 039	118 372	136	—	—	—	127 547

年份	各种红茶	各种绿茶	毛茶	砖茶	小京砖茶	茶末	共计
民国十一年	53 698	67 173	306	84	—	—	121 261

华茶运美数量对于总输出额之百分比表

年份	输出总数（担）	输往美国数量（担）	运美数量对于总输出之百分比
民国元年	1 481 700	157 562	10.63%
民国二年	1 442 109	143 835	9.97%
民国三年	1 495 799	170 521	11.40%
民国四年	1 782 353	137 672	7.72%
民国五年	1 542 633	145 534	9.43%
民国六年	1 125 535	171 600	15.25%
民国七年	690 155	72 398	17.91%
民国八年	404 217	83 582	12.11%
民国九年	305 906	71 343	23.32%
民国十年	430 328	127 547	29.64%
民国十一年	576 073	121 261	21.05%

观于上表，可见华茶出口之额逐年减少。民国十一年之数量，以较民国元年，约已减去三分之二。输往美国之数亦渐减少，七、八、九之三年间减少尤巨，迨近年始略见增加。由此可知华茶今日之尚能苟延残喘者，美国犹为其最大主顾，乃今以茶叶中夹杂枯叶、污泥之故，竟将为美国所拒绝。倘此举而果见实行，则华茶又将失一大宗销路，华茶前途将永无恢复之□矣。

华茶以土地、气候之关系，色香味三者，本为洋茶所不能及，徒以制法陈旧，作伪做样，以人为之不良，致累及质色俱优之品。彼欧美人士之指摘吾华茶之缺点，而切望其改良也久矣。无如言者谆谆，听者藐藐，其冒险改革之精神，终不敌其守旧性之强，致令相手方乘间抵隙，肆其攻击。今美商所指出之华茶劣点，计有三种：（一）夹有枯叶，（二）染有污泥，（三）茶梗太多。以上三项，大都由于装箱之时拣选不净，或希图增加重量，搀进杂质所致。此固一方面由于乡人之无知，但茶商亦不能辞其咎。盖山上之茶，苟有搀杂，茶商可以拒绝不收。奈少数茶商，非独不加拒绝，且变本加厉，亦附和作弊。产户徒知自己之利益，茶商只图一时之便宜，以为货经买主买去，一切无预己事，而不知市场出售，一经试用，劣点乃悉行暴露矣。反观锡兰、日本，其所产亦犹是茶耳，色泽香味且远在华茶之下，乃因其制法之精良、品质之纯洁、装潢之优美、推销之得力，销路猛进，一日千里，卒能后来居上，摈吾华茶于英美市场之外。今美国且奉以为东亚茶叶之标准，非无故也。

今者美国既因华茶恶劣，将屏弃而勿用。倘华茶商再因循自误，则恐非但不能运销于美，且不能立足于各国市场矣。其实美国所举之三种劣点，改革极为容易。苟茶商能稍去贪心，于摘叶、拣叶、包装之际加以严密之检查，勿使杂质搀和其间，则上项弊病，可以立即除去。一方面复由纽约华商总会据此以向美商力争，则美国销路或非绝对无挽回之望也。

虽然此种办法仅属治标之策耳，印、锡、日本诸茶方力求不断之改良，日伺吾侧，以图取华茶而代之，吾华茶倘不有根本改良计划，将来仍难于久存也。今为茶商计，急宜联合各地茶业，组织一改良茶叶之团体，以图大规模之革新。其所办事业：（一）派员分赴印度、锡兰、爪哇、日本各产茶地点，调查种植、培养、采购、烘焙方法，研究何者为吾国山上可以采用，而实地劝导之，以图采制之改良。（二）派员分赴销售华茶之国，调查其需要情形，暨需要者之心理与嗜好。（三）华茶将出口时，在各销售市场，登载最确实最精详之广告，俾外人了然于华茶品质之优良。（四）组织茶业出口组合，直接运销于海外。（五）设立茶叶出口检查所，使品质不良之茶无由输出。凡此种种，如能群策群力，逐步举办，则日后华茶之销路，或借此以博最后之优胜，亦未可知。总之，茶叶为吾国主要输出物品，国人若不忍坐视华茶之一蹶不振，则请于此千钧一发之机，加以注意焉。

《银行周报》1924年第18期

论华茶失败之原因及今后茶商应行改良之要项

静　如

论吾国土产之大宗，莫不举丝茶以对。当中外通商之始，丝茶确为吾国大宗出口货，在国际市场上有独步之况。但近数十年来，已有江河日下之势。蚕丝以天然气质故，尚能与他国争，虽受影响，终不失其在出口货中占第一位之资格。若茶叶，则逐年退缩，已降为出口货中之第五位矣。按中外通商之成绩，光绪二年以前不可考，若以光绪二年以后历年之关册汇观之，则茶叶出口最盛时期厥唯光绪五年至光绪十四年，此十年中每年出口都在二百万担以上。自斯以降，则增减无恒，惟总不出二百万担。迄乎民国，其减缩乃益甚，民国九年出口总额仅三十万担有零。盖印度自东印度公司购买中国茶种试植之后，不及百年，遂以产茶著于世，而日本、爪哇等茶产，亦先后发达，华茶销路，日受侵蚀。加以华茶种植方法与焙制手续，悉守旧式，不事改善，以致国外市场上之华茶声誉不坠如缕。且连年战争不息，商业凋零，于外有欧洲之大战，于内则有南北直皖等战争。更值俄国革命勃发，商业停顿，此民国以来之茶类输出所以大减而特减也。前去两年，虽少见转机，较之往昔，则弗如远甚，试观下表，可以知其趋势矣。

（单位：担）

年别	红茶	绿茶	其他	合计
光绪二年	1 415 348	189 714	157 750	1 762 812
光绪七年	1 636 724	238 064	262 684	2 137 472
光绪十二年	1 654 058	192 930	370 211	2 217 199
光绪十七年	1 203 642	206 760	339 633	1 750 035
光绪廿二年	912 417	216 999	583 415	1 712 831
光绪廿七年	665 499	189 430	303 064	1 157 993
光绪卅二年	600 907	206 925	596 296	1 404 128
宣统三年	734 180	299 237	429 386	1 462 803

年别	红茶	绿茶	其他	合计
民国五年	648 228	298 728	595 677	1 542 633
民国十年	136 578	267 616	26 134	430 328
民国十一年	267 039	282 988	26 046	576 073

　　华茶国外销路最重要者，曰英，曰俄，曰美，自俄乱之后，俄销停止，迄今中俄商约未定，贸易之恢复亦无望，大宗销路全恃欧美。但自美政府取缔有色华茶入口令发布后，运美受一打击，印、锡茶及日本茶在美国市场之声势，乃更进一步。最近美国又以华茶不合标准，欲禁止其入口，是华茶行将受第二次打击。则对美运销之前途，苟不勉力振发，难保无落伍之日也。以言英国销路，则自民国八年英政府实施优待属地政策后，华茶独负畸形的重税，英国销路为之缩减。凡此种种，皆足以摧残华茶出口之发展者也。然而事在人为，以向无茶产之印度且有今日，则吾国为产茶素著之区，苟加以改革，何患不能挽回已失之权利耶？要在茶商今后之努力为之耳。总括茶商应尽责任之途有二：（甲）对外的。自《字林报》发表华茶应同等待遇之论调后，在华英商亦出而声请，并望吾国茶业合力运动，以图达到平等目的。一时文电宣传，有声有色，然未几即归沉寂。而伦敦华茶贸易公会，转进行不懈，频作减轻华茶税则运动，可见英人意志并未偏袒不平税则，且出而反对，为吾国抗争之绝好助力，使吾国而有实力外交者，则不患无废除之望。虽然同一运动也，而所以运动之起因，华商与英商实绝不相侔。彼英人之竭力运动，系以本身利害为前提。盖华茶税重，则英国销路不旺，经营华茶之英商，直接受营业减少之损失。而伦敦为自由市场，买卖咸集中于此，今华茶独负重税，则转口贸易不必定至英伦多担赋税，可直接向出产地交易。一转移间，英伦失却大宗转口贸易，而英商之间接损失愈重。适值工党内阁提出预算之际，乃有此减税运动之一幕。故英人之运动，实欲挽回其已失之贸易。试问中国茶商之运动，其起因与彼同乎异乎，则必曰异。何所异？曰华商运动以取消不平等税则为唯一之原因也。虽然茶商之责任，岂仅在秉毅力抗英税而止，要知税则纵使平等，出口或可增加，然中间几经盘剥，利益之归人者，不知凡几，而华茶成本，转因此增高。故税则平等，不过为对外运动之第一步，且限于英国片面的，而直接贩卖之筹备，始为中国茶商对外竞争之唯一途径。非直接贩卖，无以减轻华茶成本，廉价而与别种茶争长于国外市场也。其

次，则设备国外调查部，亦茶商对外发展之要务。吾国国际贸易情形，以言政府方面，则殊鲜国外商务官之派遣；以商人方面言，亦罕有调查员及调查部之设备。本国货品在海外市场情形若何，全无把握，惟仰颜视洋商之行止为生产营业之占卜，安在而不落伍于国际市场哉。茶为吾国主要产品，更为出口贸易之大宗，营业盛衰，关系甚重，然非茶商彻底觉悟，合力革新，终不足以有为也。

（乙）对内的。华茶减色，固由于别种茶之竞争，以及各国之税则待遇等不平事项所致。然制法拙劣，不求改善，亦受淘汰之重因也。当此世界进化潮流，非竞争无以自存。华茶独墨守成规，再益以商人之奸诈不德，当然日趋退化。故今后茶商对外固应谋积极的进取，对内尤从根本上振刷，约举之，有三端焉。（一）慎重名誉。名誉为人生第二生命，固不仅商界宜慎重，更不独茶业宜慎重之也。其所以特别提出者，则因华茶在国外市场之失败，一半由于商人不惜名誉，搀杂次货所致。夫营业之发达与否，全恃信用之程度如何，若诈伪蒙混，则发觉之后，营业信用根本取消，非以牟利，实以害己也。如此次美国政府因华茶夹有枯叶，染有污泥，且多茶梗，拟实行禁止入口，足以证明华商对于考查货物品质，注重营业信用上，尚多欠缺。曩者有建议政府，请设立机关，检查出口茶叶，以固茶叶信用者，但值此国家多事之秋，财政空乏，政府是否有此余财余力保护实业，无论何人，不难揣测，故至今未见效果。夫茶类贸易发达与否，最感受切肤之利害者为茶商，何以不自动地建设，而仰赖于政府，甘受被动的检查，殊足为茶商之弱点。今政府有无设立之意志，虽不可知，然为茶业利害计，莫如自动地联合同业，设立机关，办理检查职务。如是，则既为茶业树光荣，更为出口华茶坚信用。反求诸己，实茶商最当注意者也。（二）培植人才。从来有优秀之人才，然后可望事业之发展。吾国茶业，自始迄今，其改革建树之成绩，不知有几，而后起各国，其进步则一日千里，此中分判，则人才有无之关系也。自前清末季，江督设立茶务讲习所，并派员调查南洋茶务，此后类此之举，寂焉无闻。民国以来，政府困于政治纠纷，更无暇及此。而茶业则以教育事业视为政府责任，以是因循苒苒，卒无成就，欲求学识兼优之专门人才，不禁有凤毛麟角之叹矣。以故茶叶栽培、采摘、烘焙、碾制，悉唯山户、工人等循旧法而为之。茶务发展，尚何所望。以茶业之广众，苟能消除此帮彼属之偏见，而为同业组合，则力厚财丰，建设前途，何可限量。且培植人才，将来茶务发达，食其报者仍为茶商，奈何徒囿于目前之微利哉。（三）技术改良。吾国种茶制茶，皆守成法，虽有精者，不过少数，欲其知识与技能保持在水平线以上，殊不易见。近来渐有研究栽培方法，并以机械制茶者，然惟一二具新思想之资本家，如是而已。且撮拾新法，置用机器，并未能尽合于华茶性质之所需，故以科学的方法，研究恰合华茶性质之必需的器械及种植方法，取法欧日，而不袭其弊，实今后种茶、制茶者所宜深省也。他如企待政府之奖励补助，固足以资发展，然使茶商不能自动地积极改善，则虽有政府资助，亦难期获胜利于国外市场。故今后华茶之盛衰，全在茶商之努力如何也。

《银行周报》1924年第18期

民国十二年之丝茶贸易概况^①（上）

静　如

吾国出口货物，畴昔以丝茶称大宗，今丝则犹是，而茶已降居出口货中之第六位矣。然人之谈出口货者，仍因丝而联想于茶，外人之嗜茶者，亦多留有华茶之印象。其实华茶之败，非败于天然，乃败于人事，浸假而吾国山户、茶商能翻然觉悟，积极改良，则挽回利权，正复易易。年来国内提倡改良种茶、制茶者，颇不乏人，而出口税复一再豁免，果能实事求是，则华茶前途当有发皇之日也。至于丝经之出口，虽数字上仍保存其第一位，但环顾国外情形，若美、若法、若日、若意，或努力于生产之改良，或加意于品质之纯净，或研求代用品以分高价丝经之销路，或考察入口货，以汰色质不佳之次货。消费者既精益求精，供给者更互相争竞，吾国出口丝经，已无复当年独占盛况。而缫制不纯、条份欠匀等弱点，时为买方所指摘，加以竞争者之鼓吹排挤，华丝在国外市场之地位颇受影响，故丝经之改良，其重要亦不下于茶。其所以能保持出口货中第一位者，徒以价格高，故总值巨耳。去年吾国丝茶贸易，比较地俱称顺利，丝类出口共值一万五千四百三十五万余海关两，茶类出口共值一千七百万海关两，比较上年，皆有增进。兹分述民国十二年丝茶贸易概况如下。

---

① 此处原文标题中为"观"，但后文下篇标题中为"况"，为保持全书统一，将此处改为"况"。

《银行周报》1924 年第 27 期

民国十二年之丝茶贸易概况（下）

静　如

茶类贸易

　　去年茶类出口共八十万一千四百一十七担，计值关银二千二百九十万五千三百四十一两，当出口货价总额百分之三点零四。比较民国十一年数量，增加二十余万担，价值约增六百万两，为民国六年以来最佳之茶市。出产既旺，又值印度、锡兰、爪哇等处收获不佳，茶价增涨，而往年仅销少数红茶之区域，去年亦有大宗去路，故销场特旺。出口茶中，以红茶占其大半，计四十五万余担。民国十一年出口总数仅二十六万七千余担。绿茶在去年销数无大变动。砖茶剧减，输出额共八千六百一十三担，较之民国十一年减少一万四千余担焉。毛茶在民国十一年本属不振，出口仅八百一十八担，较之民国十年减少一千五百八十一担。但在去年，则市面颇好，出口共二千二百六十四担，与十年相仿佛矣。小京砖茶民九以来即步缩，去年关册已无记载。茶末出口为民国十二年出口茶类中增加率之最甚者，由十一年之二千六百担，增至五万五千余担，剧增二十倍以上，为民国以来未有之销数也。附历年茶类出口比较如下。

（单位：担）

年别	红茶	绿茶	砖茶	毛茶	小京砖茶	茶末	共计
民国元年	648 544	310 157	506 461	—	8 499	8039	1 481 700
民国二年	542 105	277 343	606 220	5 603	9 843	1 195	1 442 309
民国三年	613 296	266 738	583 883	7 325	12 145	12 412	1 495 799

年别	红茶	绿茶	砖茶	毛茶	小京砖茶	茶末	共计
民国四年	771 141	306 324	641 318	1 563	30 712	31 295	1 782 353
民国五年	648 228	298 728	560 185	1 229	26 669	7 594	1 542 633
民国六年	472 272	196 093	443 636	145	7 917	5 472	1 125 535
民国七年	174 962	150 710	75 160	201	63	3 121	404 217
民国八年	288 798	249 711	143 394	278	1 440	6 534	690 155
民国九年	127 832	163 984	11 695	516	—	1 879	305 906
民国十年	136 578	267 616	23 546	2 399	46	143	430 328
民国十一年	267 039	282 988	22 616	818	12	2 600	576 073
民国十二年	450 686	284 630	8 613	2 264	—	55 224	801 417

　　茶市于民国十一年即稍有转机，至去年而更进一步。统观去年茶市，红茶尤为活泼，其销路以英国为最大。初季存货已甚寥寥，群向山家争购新货，故市价随之日涨。核计全年产额，以半箱计算（每半箱净量四十八斤至五十四斤），记其大数，祁门约七万五千半箱，宁州约三十五万六千半箱，汉口约四十四万八千半箱。民国十一年之产额，计祁门五万半箱，宁州二十九万半箱，汉口十八万八千半箱。比较其增加率，以汉口最甚，约增两倍有半，祁门次之，宁州又次之。若就品质而论，祁门头茶、宁州二茶，俱不甚佳，但销路颇畅，故价格仍高，祁门茶每担三十五两至八十四两，宁州茶二十五两至五十两。汉口茶亦因多采而减色，头茶尚佳，二茶收获遭雨，不无损失，三四茶收成亦只中下而已。市价亦以头茶最好，自十七两至三十五两。绿茶以运往土耳其、波斯、埃及、印度、美国、法国等处为最多，去年出口共二十八万四千六百三十担，民国十一年为二十八万二千九百八十八担，计增一千六百余担。输往各地之数量，与上年较，除印度增加九千担而外，大致皆无甚出入。

　　查民国十二年茶贸易，以英、美为最盛，计往英国者共十六万七千余担，较之民国十一年增加一倍，较之民九、民十则四倍之。往美国及檀香山者，共十四万零九百五十三担，较之上年约增六分之一，若与民国九年较则几增一倍矣。运往香港地区者，计十三万一千六百七十九担，上年为十万九千四百零三担。其他各处，出口在一万担以上者，如印度、法国、德国、和兰、澳洲、坎拿大、俄国、意国等，其数额较之民国十一年，均有增加。较之民九、民十，其增加率自一倍以至十数倍不等。至若运销数在一万担以下一千担以上者，如新加坡、爪哇、澳门地区、暹罗、安南、日国（Spain）[①]、丹麦、南美等处。但与上年相较，除新加坡、丹麦、南美、爪哇之外，皆见减少。惟其他位俱属次要，数额不大，故尚无若何影响。今年英国工党内阁成立，华茶与印茶虽未能达平等目的，但已减低税率。中俄协定成立，中俄通商行将恢复，皆华茶发展之良机，而亦茶商振作精神之时代也，茶贸易或将超越十二年而上之，正未可限量焉。附茶类输出地别比较表于后，以资参照。

（单位：担）

运往地别	种类						历年合计比较			
	各种红茶	各种绿茶	各种砖茶	毛茶	小京砖茶	茶末	民国十二年	民国十一年	民国十年	民国九年
香港地区	71 931	53 842	1 262	2 214	—	2 430	131 679	109 403	120 675	95 607
澳门地区	2 570	—	—	—	—	—	2 570	3 052	5 980	6 717
安南	1 430	33	—	—	—	—	1 463	2 068	1 902	2 757
暹罗	2 267	241	—	—	—	17	2 525	3 770	3 046	961
新加坡等处	5 356	543	—	—	—	4	5 903	4 496	4 914	4 108
爪哇等处	2 711	31	—	—	—	—	2 742	699	694	711
印度	18 238	47 740	—	—	—	10 828	76 806	47 654	30 130	9 759
土、波、埃等处	7 107	67 398	339	—	—	10 799	85 643	64 769	33 014	17 604
英国	134 906	9 958	—	—	—	22 678	167 542	75 911	31 514	36 287
瑙威	6	—	—	—	—	—	6	4	7	2
瑞典	29	—	—	—	—	—	29	2	—	—
丹麦	1 234	59	—	—	—	—	1 293	799	267	292

① 即西班牙。

运往地别	种类						历年合计比较			
	各种红茶	各种绿茶	各种砖茶	毛茶	小京砖茶	茶末	民国十二年	民国十一年	民国十年	民国九年
德国	31 927	19	562	—	—	—	32 508	20 425	5 064	21
和兰	27 847	199	—	—	—	867	28 913	13 370	5 362	2 788
比国	495	—	—	—	—	—	495	72	30	5
法国	17 254	18 385	—	45	—	4 221	39 905	40 458	15 450	28 528
日国（Spain）	782	552	—	—	—	—	1 334	2 254	—	—
瑞士	10	—	—	—	—	—	10	10	11	—
意国	12 276	5 825	—	—	—	421	18 522	7 569	4 524	832
俄国欧洲各口	230	—	—	—	—	—	230	—	6 705	250
俄国由陆路	475	—	738	—	—	—	1 213	22 201	16 475	10 782
俄国黑龙江各口	12	6	51	—	—	—	69	4 893	1 206	258
俄国太平洋各口	4 793	98	5661	—	—	—	10 552	500	554	276
朝鲜	33	172	—	5	—	—	210	211	147	152
中国台湾（日据时期）	676	10 812	—	—	—	12	11 500	8 875	7 140	6 978
菲律滨群岛	186	244	—	—	—	—	430	415	258	242
坎拿大	8 400	3 435	—	—	—	—	11 835	13 935	5 456	4 947

运往地别	种类						历年合计比较			
	各种红茶	各种绿茶	各种砖茶	毛茶	小京砖茶	茶末	民国十二年	民国十一年	民国十年	民国九年
美国及檀香山	75 627	64 973	—	—	—	353	140 953	121 261	127 547	71 343
南美洲	1 495	—	—	—	—	—	1 495	556	468	80
澳洲纽丝纶	19 799	65	—	—	—	2 594	22 458	6 248	1 668	3 448
南非洲	584	—	—	—	—	—	584	193	120	171
统共	450 686	284 630	8 613	2 264	—	55 224	801 417	576 073	430 328	305 906

《银行周报》1924年第28期

英国议减征华茶税

　　茶业会馆前因英政府对于华茶征税，与印、锡茶叶不能平等待遇，特呈政府，请提抗议。兹奉农商部第四四一号训令，准外交部函称，据驻英朱代办电称，彼邦预算案，业已提出众议院。华茶税减为四便士，与印、锡茶同等。但仍有议员主张优待属地品，将印、锡茶减为三便士半略示区别者，即使通过，而比较华茶，亦仅减少半便士，无甚妨碍。现除仍向该院各派疏通，以期印、锡茶与华茶无轩轾外，特先电闻等因，合行令仰该商等查照云云。

《银行周报》1924年28期

振兴安徽茶业贸易案

　　茶叶为我国出口大宗，关系国计民生甚大。故自欧战后，出口红绿茶销路停滞，曾蒙政府准予免去海关正税及减半征收内地税厘，展至十四年底止。政府奖励华茶出口，体恤茶商之意，至深且厚。近年来销路较前二三年虽见活动，但未及欧战以前在汉口贸易时销数之半。销数既不能发展，商人因此赔累，无力经营；农民亦因之不加意种植，茶山日见荒芜，出产日见减少，茶业将永无发达之希望。目前补救之方，惟有恳请政府一面通令各产茶区，急速加意种植，改良制法；一面仍将出口茶内地、海关税厘于免税期满后，一照印度、锡兰、爪哇等茶出口办法，概行豁免，则出口茶叶庶几有恢复旧日销数之希望，对外庶有竞卖之能力，产额亦可望增加矣。

　　（一）我国销行外洋红茶。欧战以前，洋商均在汉口采办，以俄商销货为最多。至欧战停后，俄商无力采办，英美各商均在上海交易。因此，安徽出口红茶改运上海兜售。如徽州府属制出红茶，照旧由江西鄱阳湖出口，经九江报关装输运沪，仍属便利。惟秋浦、贵池、东流等县，居九江下游，出口红茶仍系由九江报关始能装运到沪。销场变更，运程仍旧，不独多耗运费，抑且稽延时间。缘秋浦内河由东流口通长江，下行九十里抵安庆，朝发可以夕至。若往九江，则水程有二百七十里之多，逆流行舟，最速非四五日不达。倘遇风雨，则程期更难预计。洋茶市面，涨落异常，交易时期亦极短速。秋浦各县茶商往往因辗转延期，屡受亏损，其困苦更不堪言。拟援照安徽大通丝茧例，秋浦出口红茶由安庆装输运沪。每年于茶市时，由秋浦茶叶公会定期函请芜湖关派员驻安庆三个月，查验茶叶，给予凭单，商人持单赴芜湖关纳税，其茶箱即可在安庆装运，直达上海，经芜湖时免予起卸查验。其芜湖关派驻安庆人员住所旅费，亦一一照大通丝茧先例，按月由商人担负。如此办法，于国帑丝毫无损，于芜湖关亦无困难障碍之处，于茶商便利实多。案关税务、财政两部分，惟有恳请准予咨商核准，饬令施行。

　　（二）芜湖茶业公会报告。安庆茶税局及各厘金局卡积弊甚深，其应切实整顿严令革除者，大要不外各局卡除征收正税外，巧立名目，需索挂号费、茶水钱、船头照票等费，以及私改秤码、凑斤包两、留难商民诸弊端。如芜湖茶商在太平、宣城、石埭等县采办之茶船，经过码头货卡、泾太茶税局、西河查验局、清弋关、湾沚关、金桂关、大通茶税局、新河关、新河查验局、三里埂卡等处，其每处所索各费，由二三十元至五六十元不等，总计每船茶叶运到芜湖，除正税外，尚须三百余金，供彼各局卡员司额外之求。如不能满彼等欲心，即借端威吓，将货扣留十日半月不等。其泾太茶税局，作弊尤甚，竟将规定十六两八钱司马秤取消，改十六两秤使用，按百斤计算，加重五斤，如是强以超出五斤之茶，诬系商人取巧，勒令另行补税。如不遵依，即强迫罚金，扣留商货。种种弊端，不胜枚举，商人受害已非一日。惟有恳请咨商财部，饬令安徽财政厅严令革除，以维茶务。

（三）政府近数年来，对于茶业亦广为提倡，于安徽产茶各区已令设治茶场、制茶模范厂、茶叶讲习所，往往无大成效。推原其故，或以经费不充，办事不得其人。拟请政府多派有专门学识经验者，赴各产茶区，实地考查。对于已设场厂，切实整顿，加以扩充。而于改良种植、制茶之法，刷印告白，颁发农会茶会，劝导农商渐次改良，庶可得其成效。以上提议各条，均与茶业有极大关系，敬请大会公决。（安徽芜湖茶叶代表林甲提出）

《钱业月报》1924年第10期

红茶移汉贸易之动议

我国红茶，向恃俄国销路为大宗，俄人经营此项红茶者，均在汉口为多。自欧战发生以后，俄销一落千丈。因之英美等庄，均主移沪贸易，华商亦多表同情。故祁宁等路红茶，在沪交易已数年于兹，现闻旅汉俄国商行，业已联名函知上海茶业会馆，要求明年红茶，复行移汉贸易。该会馆接到此项公函后，当即邀集茶栈开会讨论。咸谓现下俄庄销路虽有活动之机，然较诸欧战以前，实有天壤之隔，此时移汉贸易，事势上尚难允许云。

《钱业月报》1924年第12期

救济华茶销路办法之建议

为提议救济华茶销路事，窃我国至今日贫弱已达极点，欲求富强，舍实业不为功。但实业中，他货一经外人购运出口，仰原料制成熟货，转瞬舶来进口，获利三四倍至十余倍不等，反为中国之漏卮。独华茶一经贩运出口，乃外人之饮料，丝毫无返还者，诚为吾华之纯利，且全国茶市出口盛时，每年达五千数百万两价格之巨（见前清考查各国茶务折）。故英日两国忌之最深，择其属地与中华气候相仿佛者，如印度、锡兰、爪哇诸岛，特别奖励劝种华茶。至一八八六年，英国用茶之额，增至五倍之多。华茶入英国之多，溯以前入口总额，反堕落十分之八（见英人高葆真所著《种茶成效》绪言）。日人至此，不惟不购华茶，且有茶运英出售。华茶受此大打击，其所以未销减者，全恃俄国销路也。俄于华茶，粗细皆需，每年占华茶出产十分之六七。不料欧战后，俄乱频仍，华茶销路奄奄待毙。去夏因中外均无存茶，销路稍形活动。今春略加采办，即形供过于求，受外人牵制抑价。汉口至今，尚存二十万箱茶无人过问。谓华商无雄厚大公司之资本，吸收同业多数箱茶，并合出洋贸易则可；如谓现时各茶商全然不能运自己之茶出洋贸易则诬矣，既能自运出洋，当此滞销无人问之日，何以不运出洋销售也？此极大之阻力，即俄国骤加华茶进口税至四五倍之多，指大于臂，发重于身，不惟华商不敢往，即俄商亦不敢来运。盖我国政府免华茶出口税，以奖励华茶出口，商人为疏通华茶销路起见，在我减免者有限，在彼增加者反常，此提倡华茶销路无功之绝大原因，何可忽诸？且查一九一四年，俄征进口华茶税，合华银不过二十六两零八元，犹以为重，今则骤加至华银一百元。砖茶前征进口税，合华银不过二十二元，人犹嫌其苛，今则骤加合华银一百一十二元。以我国所免之出口税，抵俄国新加之进口税，相差甚巨，于此责华茶完全免税，亦不足以提倡，岂拔本塞源之论。将谓此种不良之税则，限制于国际之条约。现中俄旧约撤废，通商新约行将开议，将诿俄之进口税乃俄之内政，他国不得干涉。何以英国华茶进口税，去年尚抽十二便士，经朱代办毅力抗议，今减到四便士。事有先例可援，税过重苛虐茶商，断绝华茶销路，安得视为国际寻常交涉。犹不亟图，稍一失败，吾国产茶十余省之园户，生计立绝，岂仅茶商失业云耳哉。国计民生之谓何？此次对苏俄缔结通商条约，华茶往俄进口税，乃茶兴废存亡之关键，应照世界各国对华茶进口税之最轻廉者为标准，庶表俄人亲善之诚意。不惟加之进口税万不可行，即一九一四年之繁重税则，亦当求其减免也。（查美国对于华茶免进口税，俄既对华订约通商，当效美之亲善免进口税，互相维持商务。）再我华砖茶由张家口运往恰克图库伦一带时，常遇蒙匪劫去砖茶箱，缘该处砖茶可为银币之代价。遭匪劫后，残余砖茶当然与护照不符，俄国人员见货与照不符，则没收之或科罚现金，蛮不由理。此当于中俄条约上注明，凡华人赴俄通商，应予各国侨商同等之对待，而尽保护之义务。至沿途蒙匪为患，华商请本国军队保护或护送出境之处，当视商人之性命如官员之性命，视商人之资本如官厅之饷课。华商自有胆志，由小而大，贸易海外，又何待他种之奖励也？华商售砖茶于俄蒙，一律收用卢布羌帖，旋因战事不已，卢布不能使用，致华茶商倾家破产者、停滞失业者、流落俄蒙不能归者，皆受卢布之害也。现存各茶商手卢布，尚有一千六七百万之巨。苏俄既恢复邦交与贸易，此项茶商卢布，应兑款收回，以顾国际贸易之信用。以上三项皆当于中俄会议时，要求我国政府提出严重交涉。（一）保全华茶硕大之销路；（二）保护华商侨寓俄国之安全，而尊崇中华之国家与人民；（三）维持茶商之血本，以恢复华茶之实力。均当时重要之图，稍纵即逝。华商本胆寒税重销路绝竭，则置华茶于万劫不复耳。

　　若对苏俄华茶进口税则从各国进口税之轻廉者为准，则销路重开，方足以语整理华茶，应于发达之境。整理维何，不外治本治标两法。欲求华茶发展于无强，则当培其本。兹先从培其本言之。（一）组织海陆运茶总公司于汉口，吸收零散之红茶、砖茶箱，直放出洋，设分公司于用华茶各国之通商口岸。货既集中，而销路又四布，华茶必得良好之价格。洋商驻汉收买，无从操纵抑勒，华茶价格自蒸蒸日上矣。（二）组织茶业银行，维持茶业之金融周转也。查汉口各银行虽登报抵押货物，今年市面，不惟茶不敢押，而百货亦寥寥。究其原因，谓吸存之长期银早已放出，不能待茶来押。而吸存之短期、活期之银，当金融恐慌时，当准备以自卫，茶仍无处可押。似此茶业非自设有银行，不能以济本业之周转。倘银行与海陆运茶分公司同时并举，兼可营海外汇兑业，利更溥矣。（三）送茶业子弟与通各国语意文字之青年，学习外洋机器制茶方法及贩卖华茶情状。学成返国，设茶业学堂，造成出洋贸易之人才及在籍提倡机器制茶之方法。以上维持茶业培本三事，华商遭连年兵匪苛征税厘羌帖损失，力实难支。海陆运茶公司须股本四百万，茶业银行股本须一百万，此以试办最低之度言之，办有成效，再行扩充。此项股本，请政府于各国退还庚子赔款担认三百万，而全国茶商担认二百万，仍请官督商办。在政府投资提倡，依然与商民同本同利，并非无偿还之提倡，而商民遵有限公司之条例，倘亏折及半，即当辍业返还半本于公司。若不从此入手试办，则长言培华茶之本，而终无培本之一日。

至庚款未入手或政府不愿以实力维持华茶，则茶商现时之标病，非请急于拔除，则元气日衰，正气日消，亦足以制华茶之命。（一）设立中西公磅，以杜压磅暗亏也。缘洋商买茶过磅，每每因压磅致起冲突，以伤彼此感情，酿成退茶种种交涉。务请大部饬下交涉员与湘实业厅，设立一中西公磅，通知各国官商，嗣后买卖茶箱，如争执磅数，即以公磅复之。（二）公存茶样，以免价落退货，借口货不对样也。按红茶行市，瞬息千变，买者动辄退盘，以相要挟。卖者以货样相符，不得成盘。后市价跌落，翻悔退价，争执不休，致居间媒介商亦无从解释。此华商绝大内亏也，惟于居间媒介商买卖成立时，当双方之面，封茶样一罐，各签字封其上。如遇货不对样之时，有事发生，请交涉员与实业厅莅场公拆居间茶栈公封之茶样，以凭较对，皂白自分，又何致华商冤沉海底，受退货之要挟也。（三）华茶出口税虽承政府提倡邀免，其如各省新设厘卡，如网之密。从前抽收百货厘金局卡，向不问茶，因茶另有专局与分卡，收足一道，全省之厘税，再无事于百货局卡之照票。今则省自为政，局自为政，无论如何，见茶明则复查盖印，实则索盖印费与完税厘之数相若，始得放行，不然茶船久泊局卡之前，任听如何狂风骇浪，不得越雷池一步。盖印钱外，又有阡手钱、哨划钱、灰印钱，卡卡如此，商民其何以生？务请大部会同税务处通饬各省财政厅，华茶完足内地税厘，一次收款填票，抵销场口岸复查。凡中途复查之局卡，不得一再盖印，巧立他种需索名目。则政府提倡华茶之善政，不致被各省所破坏。（四）武羊货捐局，征收茶箱捐洋，本系内地重征厘捐，前奉大部会同税务处，指令取消。现该局依然抽收，藐视中央政府命令如弁髦。此风可长，曷不将中国二十三行省改为二十三国也耶。务乞大部严令废止，以维威信。（五）请设各国调查商务员，兼调查华茶销路与改良，迎合该国人心理，以应时世之需要。且代华茶商访可靠之信托公司，代卖华茶及代华茶商登外洋各报，鼓吹华茶销路。此项人员于使馆随员中兼此任务，较为便利。但择其通达中外商情，勿拘资格，更不可视为调剂属员之例差。此项调查员凡有所闻，一面迅报大部，一面迅报与有关系之商圈，免由部转，有费时日，致误营业之机会。（六）请政府取消各省区模范种茶场。缘设场以来毫无实效，竟成赘瘤机关。政府不信，派员查其所种之茶，则了然矣。不如将茶场移并农林试验场，剩出经费，倡办茶业学堂，功归实济。

以上急则治标六项办法，乃解目前华茶之困苦。不如是，治本一时不及，治标又犹豫不切实进行，则华茶元气日削，久病深磨，则无生理。若能眼前去其标病，再将俄国进口税减除，回复华茶销路，保护出外侨商之营业，及收回华商卖茶卢布之价本，尚可以待他年之治本。否则华茶有死无生，一旦元气已绝，救济无及。谨将茶业之困苦情形胪陈大会，务乞公决，呈请大部施行（旅汉六省茶商汉口茶业公所代表何伯忠提议）。

《钱业月报》1924年第12期

华茶衰落之原因及今后补救之方法

方达观

吾国出口货，向以丝类为大宗，茶次之。盖茶原为我国暨印度、锡兰、日本之特产。夷考我国之有茶，始于有宋之前，而于一六七八年，销行于欧美。一八八六年，出口额约达三万万磅之谱，不可谓非出口之一大宗也。迨一八八八年以后，华茶运销欧洲市场竟为锡兰、印度所侵夺。而运销于美国者，今乃为日本所排斥。其破坏之手段，无微不至，华茶销路，大受打击。且也近数年来，俄国对于华茶之需要减少，因之未能发展。凡此数国，互相竞争，在在足以使华茶致败。不宁惟是，溯自欧战告终以还，华茶一蹶不振，几有一落千丈之势。长此以往，华茶前途实陷于悲境，能不忧哉？试将一九一二年以来华茶出口额列表于下而一比较之。

（单位：担）

年别	红茶	绿茶	砖茶	小京砖茶	毛茶	茶末	总计
1912年	648 544	310 157	506 461	8 499	—	8 039	1 481 700
1913年	542 105	277 343	606 220	9 843	5 603	1 195	1 442 309
1914年	613 296	266 738	583 883	12 145	7 325	12 412	1 495 799

年别	红茶	绿茶	砖茶	小京砖茶	毛茶	茶末	总计
1915年	771 141	306 324	641 318	30 712	1 563	31 295	1 782 353
1916年	648 228	298 728	560 185	26 669	1 229	7 594	1 542 633
1917年	472 272	196 093	443 636	7 917	145	5 472	1 125 535
1918年	174 962	150 710	75 160	63	201	3 121	404 217
1919年	288 798	249 711	143 394	1 440	278	6 534	690 155
1920年	127 832	163 984	11 695	—	516	1 879	305 906
1921年	136 578	267 616	23 546	46	2 399	143	430 328
1922年	267 039	282 988	22 616	12	818	2 600	576 073
1923年	450 686	284 630	8 613	—	2 264	55 224	801 417

按上表，历年出口额逐渐减少，惟一九二二及一九二三年颇见转机。然与一九一五年比较，差额尚多，仍未可乐观也。考我国茶业之所以失败如斯之甚者，盖亦有故在。试述其所以致败之原因于下。

（A）墨守旧法。华茶自来不过视为农家之副产物而已，鲜有注意之者，是以对于茶树之如何栽培、茶叶之如何拣择、包装之如何配置，以为无足重轻。因之一切种植之方法，墨守古制而不从事改良。不宁惟是，尚有一般茶商缺乏道德心，眼光如豆，只图目前之小利，而不顾后来茶业趋势之如何，辄怀欺诈之心，以次货而冒充优良之品，卒致为外人所觉，是何异自杀。其心固可诛，而其缺乏商业道德，亦复可怜。其致败也，早在人意料之中。若茶商从此不知改过，而有以整顿之，则将来茶业之趋势，恐一蹶不振，将不知伊于胡底也，茶商其不觉悟耶。

（B）茶引商之专卖。引商者，领有茶引而贩卖之之谓。茶引之设，始于元初，凭引卖茶，而其数目有一定。迨至清初，榷茶之制，沿元明之旧法，凡商人运茶，非有引，即作私茶论。其立法之意，未曾不善，惟予茶商以可乘之机。何则？盖茶引商大都属于该地之富豪者，于是各地之茶商，互相团结，垄断市场，自以不使外人得而染指，独擅其利之为快。限制极严，小民不得业，此以致销路颇难推广。此非茶引商之专卖足以使茶业衰颓之要因乎。

（C）贩卖者昧于投好。商业竞争之最要者，厥惟熟悉该销售地之嗜好者的心理，是不啻一方直接销售物品于他人，而他方面须调查其适于何种需要，而为之推广市场，此乃商业之通则。惟我国一般茶商，旅行于欧美者，为数甚少，且昧于投好之知识。是故欧洲自锡兰、印度茶输入后，欧人遂斥华茶含有毒质，于是群喜锡印茶，以其茶色浓厚，而且耐冲。职是之故，华茶在国际贸易上昔占第一位，今也乃为第四出产国，利权日减，茶业前途，殊足寒心也。

（D）茶税烦苛。我国之有茶税，肇始于唐代建中之元年，由是历朝相沿。及至民国，既征茶税，年约数百万元，复征以输出税。华茶输入各国，而各国复重征输入税。是有三重之税，困苦不堪，欲求茶业扩强销路，而能与锡、印、日三国竞争，其可得乎。

（E）金银比价之涨落。我国固以银为本位制之国家，而欧美各国俱以金为本位制之国家，是故茶之输出，不能不由金银之比价而发生变动。倘金银比价偶有涨落，其受亏不在外国而在我国。是以对于国际汇兑之业务，非有尖利之眼光，不有灵敏之手段，鲜有不遭失败者。然则，欲求对外贸易之能发展，汇兑可少变动，非从改银本位为金本位而与各国相同不可。然我国币制紊乱，尚未整理，一旦废银本位制而行金本位制，实难办到。且我国当此政治未清之时，更难从事改革，而一般人民以为行金本位制，则生活程度必高，难免为之作梗。此最不易解决之一大问题。而华茶不振之原因，亦国际汇兑之变动为之作祟也。

（F）茶产地之频遭变乱。我国出茶之地，向有十二行省，湖北、福建、浙江、江苏、湖南、四川、安徽、广东、云南、贵州、江西、甘肃是也。各省频年屡遭变乱，行旅为艰，运输阻滞，以致茶货堆积，价格因之跌落，市面不振，茶业前途，未可乐观也。

以上所举仅就其荦荦大者言之耳，其余足以使茶业衰落者尚夥，则不事细绎矣。历年以来，华茶输出额之所以减少者，其原因既如上述。后此非谋根本补救，无以企茶业之复扩大光明也。然则，补救之方当如何，试一述于下。

（一）改良旧法。我国种茶以及制茶、拣叶等，墨守古法，不事改良，以致茶业衰落，甚为可惜。若不从速变更古法，则茶业之进步难期。然则如之何则可，当深悉茶业之如何不佳、栽培之如何不合法、举凡种茶方法之如何不良，尤须知其恶劣之真相，真相既明，则改良自易。今也日本、锡兰等国，种茶之方改用最新科学方法，手续便而收实效也亦多，以故茶业趋势蒸蒸日上。反观我国，茶业江河日下。后此当仿各国，利用科学方法而整顿之，则茶业振兴庶有豸乎。

（二）破除茶引。茶引商专卖足以限制营业之自由，造成财阀，使商业道德堕落，种种弊端，已如上述。今也欲求茶业之能得进步，非从破除茶引商专卖不可。然茶引行之既久，一旦废除，诚非易易。然倘不于此谋根本之改良，则茶业之进步，实不敢必。原夫茶引之制，既许茶商专卖，无异保护贸易，征之国内贸易，其废除之正当，更显而又明。何则？国内贸易本以自由为原则，今之茶引商既受特许专卖之权，而他人不得竞卖，其不公平孰有甚于此者乎？由此以观，茶引之制，实无存在之价值。而废除之能否有效，则在于为政者措施之如何，与乎茶引商之能否觉悟耳。

（三）豁免茶税。对外贸易，各国大都奖励输出。而我国则不但无奖励输出金，反加征之以重税，甚且税局屡屡诈索，商民不堪其苦，茶业前途，何堪设想。不特此也，华茶输入各国，征之以重税，莫可奈何，其尤甚者莫英国若。华茶入口，课以极重之税，于是华茶之输入英国者，为印、锡茶所排斥。以其征印茶入口税，较华茶每百磅减收二十便士之故，足见英国欲尽攘华茶之利益以为快。因不平之待遇，卒致华茶输出英国者，日益减少。为推广华茶销路计，惟有向英政府力争关税之平等待遇耳。虽然本国茶税尚且重征，与其向他国要求减税，他国未必承纳，曷若吁请政府一律免征茶税。茶税既免，则输出自多，而后茶业方能挽狂澜于既倒也。茶业会馆前因英政府对于华茶征税，其税率较高于印茶，特呈政府请提平等待遇。英政府业经议定将华茶税减为四便士，颇能与印、锡同等待遇，殊可乐观。然根本补救，则恳请我政府豁免茶税之为上策也。但茶税行之既久，一旦豁免，于财政上之收入，不无影响，须谋相当之收入，而后豁免之斯可矣。

（四）设立制茶工厂。我国种茶、制茶之方法，俱遵古制，其改良旧法之理由，既如上述。而制茶工厂之设立，更不可缓。工厂之设，当在于产茶之最多者与最适中之地方为佳。既设工厂，则集多数人于一处，手续既便，管理亦周。特采各国制茶之法，取其所长，舍其所短，而施之于华茶之制法，则茶业可望扩张也。

（五）设联合机关。种茶者与茶商互相联合而组织一联合机关，以调查茶叶之销路，而后运销某种茶于某地，使之积极畅销，不至有堆货之弊。且也对于国内产茶区，使之联络一致，则运销自易。此联合机关之设庸可缓耶。

以上五项，倘能极力而行之，则茶额输出逐年增加，诚意中事也。且数年前华茶对俄输出极为困难，今则苏俄内政奠定，而中俄邦交业已恢复，将来华茶运销于苏俄者，必复旧观，可预期也。

华茶出口扩张之好机会

　　欧战以前，欧陆（俄国除外）之主要饮料为咖啡，英国人之饮茶习惯，当时尚在萌芽中，今日主要饮料一变而为茶，以咖啡价昂，欧洲无力付给也。茶价远廉于咖啡，一磅之茶约廉于咖啡三倍，故欧人改以茶为饮料，非至将来经济宽裕足以再购咖啡时，茶之消耗必继续增加。俄国茶市久已若有若无，但全世界对于茶之消耗，既继续增高，尽足抵消俄市不振之影响。唯俄国既乏茶市，业茶者亦不宜急于扩张种茶地亩。印度茶户往日曾受过度生产之害，今后当知所戒也。至于俄国，近已开始重行购茶，唯不直接购诸中国，而间接购诸伦敦，因在伦敦有经济上之利便，且可以木材等品为交换也。同时亦在上海询问俄人素来喜用之茶砖，此可见华茶在俄市场将来当复活。

　　美国禁酒后，茶之消耗未见大增，盖美人喜饮咖啡较甚于茶，此后代酒而增多之饮料，恐为咖啡而非茶。但于中国茶业之发展，未必有不利之影响。据吾人观测，华茶目下之兴盛状况，并无不能继续之理由，且一般种茶者若能随从劝告改良茶质，则茶业且可大加扩张，所惜者中国尚无规模宏大之茶业公司，从事于改良茶质之必要举动。如英美烟草公司对于烟草之所为者，若徒劝告一般个人种茶者注意改良，往往言者谆谆，听者藐藐然。欧洲销茶既多，俄国茶市复活动，而华人自己饮茶之量亦与年俱增，中国茶业获此大好机会，乌可不努力改良以发展。此国家伟大利源哉。

爪哇之茶业

　　荷兰商人，自一六○九年已从事欧亚间茶叶贸易，然未知自行种植。至一七二八年始在爪哇试植茶树，以成效未彰，旋至中辍。其后又百年，至一八二六年乃由我国移入茶苗、茶种重事播植。爪哇今日之茶叶，实肇端于此。一八三○年，政府觉斯业之可以有利，乃将当时种茶之地悉数收归官有。一八三二年，由我国聘请茶师，授以制造之法。一八三八年，于巴挞维亚设制茶所，凡各茶区所产之茶，皆送此精制。一八三九年，爪哇之茶已输出于荷兰本国，当时在荷京之售价每磅约华币一元六角，政府每售茶一磅亏损成本至六七角之多。其后四十年间力事改良，斯业乃渐有利。然茶质窳劣，仍不能与印度茶相争竞也。

　　一八七八年始移入印度阿萨茶种，此为爪哇茶业之转机。阿萨茶移种后成绩颇佳，至今日而爪哇之茶即以此为主。爪哇既改良其茶种，同时复易手工制茶为机器制茶，茶质赖此大有进步。现斯业已悉归民营，然政府监督甚严，有官立之试验场附设茶圃于去海面三千六百尺之山上，以从事于改良茶品，奖励诱掖，不遗余力焉。

　　由一九○一年至一九一四年，爪哇茶产由一千六百七十五万磅增至一亿磅。一九一九年之产额为最高，是年输出之额为一亿一千零五十四万一千二百磅（惟其中略含前年存茶），一九二○年之输出额为九千三百六十八万零四百磅，故爪哇平均输出能力约为一亿磅。一九二一及一九二二两年，爪哇仿印度、锡兰之政策，限制采茶，此两年出口之数平均仅在六千八百万磅左右。英国及坎拿大之特惠关税制度（对英帝国内所产之茶予以减税）使爪哇茶销路颇受影响，幸其价格较印度、锡兰茶为廉，故尚能少数输出于英、坎，然其主要销路则在荷兰与澳洲也。

　　历来各国输入爪哇茶者，皆利其价廉，用以与他茶相混杂。然近来茶种颇见进步，输出茶中虽仍以粗茶、中茶居多，然其选择分类，颇为精审，故混茶者乐于购用。其在高地所产之茶，有香味甚佳，可与印度、锡兰之茶相埒者，往往得甚高之价。

　　其茶种近虽以阿萨原种、巴基罗那及廷珪种为多，然中国旧种亦颇繁茂，茶园收获成绩极佳。惟采择往往失之过粗，中国旧种每英亩平均收获量约四百五十磅，新种种佳者可得千磅以上焉。

　爪哇地势以火山脉为脊，众山之间往往有高原，广袤数十里。其西部山坡属于卜利安哲省（Preanger）之地，茶园最多，全岛大茶园多集于此。其在格德（Gedet）山坡之园名戈尔帕拉（Goalparn）者，所产之茶尤推为爪哇第一。山中土色深黄，润湿松软，利于泄水。为防工人结合起见，各茶园多相距甚远。二园以上相接者，颇不多见。茶地高度，由去海面八百尺至五千尺，其大部分皆在一千五百尺与三千五百尺之间。各茶地雨量颇相平均，由十月至一月间平均雨量为一百英寸至一百九十英寸，此为降雨最多之月。由六月至九月则降雨最少，温度在距海面方千尺之地平均为华氏七十八度。茶之佳者多为降雨最少之时所采，十一月至二月间降雨最多之时，即为茶叶萌长最速之时期也。

　其耕植之法，每剪采后加以耕耘，每年深耕一次（约二英尺），浅耕二三次。各茶园多每间数畦设沟洫以便泄水，七阅月后辄加填塞，而更掘新沟。茶园之上，多设木架，如日光烈时，加以覆被。岛人于选择茶种，甚为重视。布种之前，以种入清水或糖水中，验其升沉，沉者视为佳种，先事播种，浮者则仅于隙地杂植。播种时茶子入土约深寸许，每株相距自十公分（生地米达）至二十公分，茶种之上时或覆以木叶杂草焉。

　制茶工厂多为新式，机械完备，设有电灯，厂屋多以竹为墙而以铁石为柱，然壁虽不坚，其保险费甚低，足知其可以持久。工厂大者每年可出茶七十五万磅。茶叶采取后，多敷于厂地，曝以日光，使之干萎。有别设干萎台者，又有用摇轮以热气烘干者，然用此法则茶叶色赤品货不佳。发酵时加热甚重，历三四小时之久。各工厂热度甚高，多自华氏二百度至三百度，故茶叶有焦灼者。选别之法甚精，机器选择之后，更加以人工别择，其分类方法大抵仿印度、锡兰。人工以竹筛精择后，更入风柜，簸去筛屑浮叶，最后更用女工选择、剔除赤基及竹屑等不洁之品焉。

　荷领东印度群岛中自爪哇外，产茶之地惟有苏门答腊诸岛。自一九一〇年后始由荷兰政府派员试行种茶，其后进步甚速，一九一八年产额已达五百万磅，一九一九年增至九百万磅，一九二〇年增至一千一百万磅，一九二一至一九二二两年因限制剪采复减为九百万磅，平均输出能力约在一千万磅左右。其主要销路则为荷兰与英国，惟自英行特惠关税以来销路稍见停滞耳。

一九二三年世界主要各地之茶产

印度。印度茶业自欧战以来，颇形困惫，至一九二二年输出始能复盛，一九二三年获利之厚则殆为斯业从来所未有。劳动情形，是年亦稍有进步。然如他种谷物能得丰获，则茶区欲得多数外来工人之供给，仍属不易。且印度矿业、工业之发达，尤足吸收工人，使劳动难得也。往年因汇兑价格之变动、运价之昂贵、船只之不足等，贸易颇感困难。一九二三年，幸罗比价格已就平定，终年汇价不离一先令四便士左右，运费亦少变动，各航路船腹皆甚充足，故能畅销无阻。兹表列最近两年度该地茶输出数额及其与战前之比较如次。

（年度由四月一日至三月三十一日。单位：磅）

出口地区		1913—1914年度	1921—1922年度	1922—1923年度
由北印度输出	英国	196 334 373	241 124 384	220 002 193
	澳洲	9 795 053	7 091 364	4 353 092
	坎拿大	6 052 551	12 130 791	10 397 316
	美国	1 997 740	7 905 470	4 327 086
	南南	78 900	589 064	1 398 070
	非洲	—	10 127 172	4 667 508
	孟买	5 264 550	11 615 222	12 636 129
	香港地区	11 415 690	60 183	2 106
	俄国	13 672 196	13 790	—
	波斯湾	1 615 228	2 150 934	6 311 509
	欧陆各港	1 169 885	390 184	518 010
	其他各地	4 483 192	2 798 288	3 351 721
	共计	251 879 358	295 996 846	267 964 740

出口地区		1913—1914年度	1921—1922年度	1922—1923年度
由南印度输出	英国	12 914 998	23 443 517	26 830 978
	哥伦波	3 889 234	3 653 442	2 606 110
	其他各地	5 223 686	619 947	1 555 895
	共计	22 027 918	27 716 906	30 992 983
全印度共计		273 907 276	323 713 752	298 957 723

一九二二年至一九二三年，印度茶之品质大体甚佳，其中粗茶及劣茶尤属仅见。一九二三年至一九二四年，印度之新茶初运出者颇佳，然后来运出之品则不免于粗劣，盖是年之粗茶较多于上年也。惟南印度之茶，因近年于工场工作颇加注意，品质大有进步，如更从制造方法锐意改良，则其进步必更大于今日也。

锡兰。近两年度锡兰茶输出情形，约如下表。

（年度由八月一日至七月三十一日。单位：磅）

出口地区	1921—1922年度	1922—1923年度
英国	116 450 000	117 800 000
欧洲大陆	2 100 000	2 000 000
美洲	20 200 000	24 600 000
澳洲	19 300 000	16 700 000
中国	229 000	247 000
其他各地	10 800 000	16 300 000
共计	169 079 000	177 647 000

锡兰久有设茶叶贩卖公会之计划，然茶园多数皆表示反对，其意谓目下斯业既极有利，似无更改拓新市场之要。此种意见之是非，殊有可论。盖欲谋一业之团结发达，以在兴盛之年为易，至衰萎不振之时，则各图自保之不暇，遑言结合矣。

爪哇。荷属东印度现已为世界第三茶输出国，近两年间爪哇及苏门答腊两岛茶出口之数额如下。

出口地区		1921—1922年度	1922—1923年度
由爪哇输出	荷兰	21 487 000	19 882 000
	英国	16 028 000	21 391 000
	俄国	—	—
	澳洲	20 695 000	24 272 000
	美国	5 952 000	8 643 000
	坎拿大	432 000	1 055 300
	新加坡	56 000	389 000
	中国	—	—
	欧陆	136 000	646 000
	其他各地	968 000	859 000
	共计	65 754 000	77 137 300
由苏门答腊输出	荷兰	3 273 927	5 293 717
	英国	6 116 695	5 940 375
	美国	47 627	456 230
	新加坡	362 048	441 807
	澳洲	1 200	969 450
	爪哇	93 830	266 121
	其他各地	88 154	101 420
	共计	9 983 481	13 469 120

爪哇茶颇受海里波底蚁（Heliopoltis）之害，该虫现已由低地渐播于高原，岛人虽竭力防遏，尚未有妙术足以扑灭也。

我国去年茶出口额概数，本周刊中已有所述，其细数则海关统计尚未发表，又据上海英国商会之调查，出口之数如下。

出口地区	1921—1922年度	1922—1923年度（至七月底止）
美国及坎拿大	1 687 586	3 289 837
英国	1 526 528	5 467 324
欧陆	800 922	1 334 512
孟买及中央亚细亚	400 930	486 125
北非各港	643 591	504 523
俄国	20 665	48 164
共计	5 080 222	11 130 485

据英国茶商之所言，谓该国输入中国之茶，仅居输入茶中之极小部分，而所输入者又多为粗茶，用以为输出时混合之用者。惟一九二三年之新茶，其品质颇能满意，其中以第一次之收获为最良，第二、三次之收获则颇多粗品矣。

世界各地茶之需要皆见增加，英国及爱尔兰之输入，一九一四年为三亿一千二百二十五万磅者，一九二二年增至四亿一千一百八十四万八千磅，即每人平均消费量由六磅半增至八磅半。英为欧美诸国中饮茶最盛之国，其消费量之增加，殊足注意，且该国输入之茶不仅供本国之消用，又为欧陆诸国茶之分配市场。兹据英国商部之统计表，列战前及最近该国输入茶之数额及其再输出之数，以供留心茶贸易者之参考焉。

进口总数。

（单位：磅）

进口地区	1913年	1922年	1923年
英领东印度（除锡兰）	203 459 657	255 160 841	267 200 007
锡兰	110 936 427	111 614 253	121 033 594
中国(含香港及澳门地区)	16 272 548	11 009 134	25 172 593
荷属东印度诸地	32 052 717	38 935 258	39 612 088
其他各国	2 322 115	2 285 871	4 180 971
共计	365 043 464	419 005 357	457 199 253

内报明在本国消费额。

（单位：磅）

	1913年	1922年	1923年
英领东印度(除锡兰)	172 843 911	259 108 120	236 755 254
锡兰	91 517 923	103 933 933	104 717 767
中国(含香港及澳门地区)	9 682 515	6 877 319	10 952 633
其他各国	31 646 194	41 928 588	35 125 769
共计	305 690 543	411 847 960	387 551 423
1923年12月底存货	138 005 000	169 766 000	169 577 256
复出口数	57 555 651	41 966 070	63 995 126

《中外经济周刊》1924年第61期

汉口丝茶近讯(节选)

　　一茶市。本年红茶开盘较迟，在未正式上市之先，英法俄美各洋行大有欢迎之表示，陆续输出已达二万余箱，嗣以各洋行相率抑价，成交者遂致日少。按今年茶山产价，因生活程度之关系，确较往年增高。茶商以洋行抑价，不敷成本，均拒绝交易，于是出口市面之状态停滞不振。查茶栈所到货数，总额均有十万箱之谱。倘洋行无特殊交易发生及外国行市不能提高，则一般茶商将受亏不浅矣。目下红茶上货之价三十两左右，次货则二十四五两。至于青茶，专为国内销售，则亦因到货拥挤太甚，市情异常疲顿，尚无正式之行市也。

《中外经济周刊》1924年第74期

美国输入华茶之增加

据美国商务报告，一九二三年至一九二四年度美国茶输入额，较之上年度增八百五十万磅。由英国、印度、锡兰、海峡殖民地及中国输入之额，皆见增加，其中尤以中国茶增加为最多。输入价格，一九二三年至一九二四年度平均为每磅美金二角八分四厘六毫，而上年度为二角七分二厘一毫。每人口平均茶消费额，上年度为零点八五磅者，本年度增至零点九三磅。其由各国输入数目之比较，列表如下。

华茶一九二三年至一九二四年输入之量，较之上年度增五百万磅，约增三分之一而强，价值增一百一十余万美元，约增二分之一。除海峡殖民地外，增加之比率，当以我国为最矣。可注意者，则日本茶之输入，较上年度减一百六十余万磅，价值减百余万元。日本茶之品质与我国茶较为相近，处于代用品之地位。两国茶输入消长之不同，岂美人嗜好有所变迁，抑由于偶然之原因，尚未可知。所望我国茶商注意美人嗜好，以图更扩充销路，勿自误此良机也。

1922—1923年度与1923—1924年度美国茶输入比较表

国家和地区	1922—1923年度		1923—1924年度	
	重量（磅）	价值（美元）	重量（磅）	价值（美元）
英国	15 545 681	5 439 764	17 777 316	6 615 415
坎拿大	791 745	344 163	705 650	348 422
英领印度	4 006 993	986 755	5 945 948	1 946 606
锡兰	15 684 030	5 142 444	17 284 501	6 027 984
海峡殖民地	141 971	47 534	425 244	165 916
中国	13 507 750	2 110 938	18 538 792	3 220 660
荷属东印度	8 666 908	2 102 735	8 672 748	2 635 084
日本	35 974 918	9 533 419	34 297 049	8 506 030

国家和地区	1922—1923年度		1923—1924年度	
	重量（磅）	价值（美元）	重量（磅）	价值（美元）
其他各国	2 348 612	600 371	1 730 528	527 092
共计	96 668 608	26 308 123	105 377 776	29 993 209

《中外经济周刊》1924年第90期

锡兰之茶业

锡兰本岛不产茶，至一八四〇年左右始移植印度阿萨地方茶苗二百余株，试行种植，虽渐著成效，然扩充甚缓。一八八三年左右，该岛主要产物之咖啡，因害菌蔓延，凋萎殆尽，而茶树独未受损，乃以茶代咖啡，其后日兴月盛，遂有今日。回溯一八六七年时，该岛茶园面积仅十英亩，至去岁（一九二三年）已增至四十万九千二百六十英亩，输出重量一亿八千一百九十三万九千七百三十一磅，价值一亿八千五百六十八万六千三百八十七罗比。而每年山间高地尚逐渐开发，该岛斯业之前途诚未可限量也。

种植方法。辟茶园者多先将山间杂木丛草焚去，并掘除其根，施以灌溉，然后插苗，每株相去三四英尺，每英亩约种三千株。其在距海面二千英尺以下之地，种植二年后，即可采叶。在较高之地，约四年内外，茶树生命约三四十年。茶之产地不宜过高，在去海面七千英尺以下始得生长。锡兰茶园因地理关系，十分之八皆植于去海面三千英尺以上，或更高之地，尤集中于勘狄及纽雷利亚两县，赖其山脉以为孟松季风之障，平均雨量由八十英寸至二百五十英寸，温度自华氏六十五度至八十五度。茶叶品质因产地高低而异，低地所产，收获多而质劣，色香俱逊；产地愈高，则茶质愈良，六千英尺上下之高地所产，有柠檬香气，推为极品。此外肥料之重轻，与温度、雨量之适否，亦与茶叶品质至有关系。锡兰茶园施肥俱由专家监督，以各种人造肥料比较试验。据其经验所得，肥料成分过厚者，往往足以损害茶质。至关于气候者，则山岳冷气足以缓茶叶之长成，使增香气，尤以昼间酷热而夜寒凝霜之地为然。雨量过多亦为不宜，故三月至五月间、十月至十一月间，虽在成长旺盛之期，因雨量关系，品质渐逊。及长成之后，雨量渐少，乃就恢复。如再被以凉风，则香味往往因之顿异焉。

采摘。茶树长成近采摘期时，剪枝二次，至距地二英寸以上为止。其后又两三月，新芽萌生，乃行采摘。大抵仅摘叶心及腋叶一二斤，精事选择，期得良品。摘茶者多为女子及幼童。茶叶各种用人约五十万人，多由南印度移来。摘叶每一二周间重摘一次。凡气候每一阴一晴之后，茶叶发育最茂。故四五月与十一一月间，摘叶最多，制茶最盛。大抵每英亩全年摘叶量约自五百磅至三千磅，由此所制之茶约自一百二十磅至七百五十磅。因地质之肥瘠与土地之高低，采摘一年或二三年后，叶心及腋之芽发生力渐衰，乃由距地一二英尺以上剪去其枝，俾萌新芽。经四五月后，即又得从事采摘。茶树听其生长，可长至十五英尺至二十英尺，于采摘不便，故恒截至三四尺为止，即行剪枝，剪枝不徒能促新芽发生，且可使摘叶量均一，叶质改善。惟留供取苗之用者，则任其自然生长耳。

制红茶法。已采之叶，平摊于麻布棚上，经十六小时至二十四小时之久，则叶渐皱缩，水分发散，变为柔软。更置摇机中，去其水分及单宁分，柔软之叶即呈块形。更置碎转机中，摇之使碎，经筛落下。再以落下之碎片，摊置木框中或听其放置，或覆湿布，经二三小时，即行起酵，渐带铜色。发酵过度，则于色香有损。故至一定时间以后，即止其发酵，置于干燥机中。机为盆形，底用金属丝网，茶叶装入后，通入华氏二百一十至二百二十度之热气，经二三十分钟，叶即干燥，变为黑色之红茶。

业经烘干之茶，通过三四种粗细之筛，先经粗筛，次第细筛，至第四细筛，所留者为最佳之碎橙花白毫"Broken Orange Pekoe"，其筛下者则为茶末"Dust"矣。红茶种类，依其优劣之次第，排列略如下表。

"Broken Orange Pekoe"，碎橙花白毫，为有尖之细片，颇似木屑，又名金针"Golden Tips"	"Broken Pekoe"，碎白毫，无尖，较前一种片稍大
"Orange Pekoe"，橙花白毫，细长卷如丝者	"Pekoe"，白毫，卷形之黑叶片，较前稍大者
"Pekoe Souchong"，白毫萧昌（译音），极黑之茶叶片	"Fiming"，叶粒，粒形小片
"Dust"，茶末	

橙花白毫、白毫及白毫肃昌，又总称为叶茶（Leaftea），而碎白毫及茶粒等，称碎茶（Broken Tea）。以上诸种，一厂不必尽产，因产地及工厂设备如何，有仅产二三种者。以普通制茶厂而论，以上诸种出产之比例约如下表。

茶叶种类	出产比例	茶叶种类	出产比例	茶叶种类	出产比例
Broken Orange Pekoe	30%	Broken Pekoe	40%	Orange Pekoe，Pekoe，Pekoe Souchong	26%
Dust	3%	废物	1%		

制茶之后，原料重量普通约减百分之七十五，故每茶叶一磅，仅得制茶四分之一。以此比例推算，则一九二三年度锡兰茶输出额一亿八千一百九十三万九千七百三十一磅，所用原料应约七亿二千万磅，其产额之巨，殊为可惊。诸茶叶中虽同等之品，因原料之良否及制造法之如何，不无差异，故于运销以前混合使之齐匀。

制绿茶法。绿茶即为已蒸发柔软之叶经过摇转后所制，不经发酵者。锡兰所产绿茶极少，据哥伦波商会所调查，一九二三年之输出中，红茶一亿八千一百一十八万六千四百三十五磅，而绿茶仅二百三十一万五千四百九十三磅，其前途似难望发展。锡兰绿茶分为五种：（一）嫩熙春（Young Nyson），（二）熙春一号（Nyson I），（三）熙春二号（Nyson II），（四）小珠（Gunpowder），（五）茶末。

包装及运销。制成之茶皆在厂装入铅制或□制之箱中，外加木箱，以防泄气，每箱容积约一百磅。装茶之时，以箱置于台上，赖机械之力，强加震撼，俾茶得满装，箱无隙地。装成后，运至哥伦波，于每星期二日拍卖，每次出卖之量约二百万磅左右。输出者皆经经纪人之手拍买，原装运出。至输出地后，多以与他茶混合，始行销售。此项混茶加工，推英国为最盛。

关于混茶一层，锡兰官宪，颇有以印度茶、荷属东印度茶及他茶运入锡兰加工后运出，使锡兰得为茶贸易中心市场之意。惟因该岛斯业者反对，故尚为悬案。目下锡兰对输入之茶，每磅课税二角五分，税率甚重。如不加变动，欲在该地混茶加工，恐难行耳。

茶园经营。锡兰茶叶几全由英人资本经营，土人资本家关系茶业者甚少。茶园创办经费，虽因地不同，大约每英亩所需为三百五十罗比至六百罗比。惟此数并非一次用出，乃指由初年起持续四五年间至能采茶时止之用费。制茶工厂之设置费，亦在其中。至四五年后，始可得有收入。凡现能采摘之茶园，每亩售价固因其位置、树龄及茶叶品质等而异，然大抵在六百罗比以上，而每亩所收之茶平均约四百磅左右（见前），以该岛工银之廉（每日仅二三角至七八角），则斯业之有利固不难想见。据最近 *Eoonomist* 杂志社之调查，锡兰茶园股息近年皆在三分以上，亦可知其利息之优厚矣。

又茶园与制茶兼营颇需资本，故勘狄等地之茶厂，有专事制茶，其原料则由附近村落购入者。此等茶厂大都于各村派有采办人，向茶户预付茶价之一部分，以廉价购得原叶（每磅约一角四分），然后运入厂中，从事制造。此种经营方法，所用固定资本较少。而他方茶户方面，即资本甚微亦得租入一亩半亩之地，从事种植，以为谋生之资。近年此等小茶户渐见增加，往往有一村每月可供给生叶十万磅者，故近来买茶制造方法颇为该地茶业者所注目，然买收之茶，其品质大抵参差不齐，且多劣品，故仅能用以制粗茶耳。

关于锡兰茶业之统计

年份	种茶面积（英亩）	输出量（磅）	茶业工人（千人）	每磅市价（分）
1911年	395 000	187 674 990	520	45.53
1912年	399 500	191 029 387	530	43.65
1913年	409 450	192 176 160	540	45.84
1914年	409 500	195 216 419	550	46.35
1915年	409 500	211 629 777	550	51.79
1916年	409 500	202 482 959	550	51.79
1917年	408 000	193 003 962	550	—
1918年	406 000	180 638 872	500	—
1919年	403 500	208 433 578	500	55.86
1920年	404 500	184 846 683	500	43.72
1921年	404 400	162 347 353	500	70.00
1922年	405 850	171 392 249	500	85.00
1923年	409 260	181 939 731	500	102.00

上表中一九一七年以后茶园面积减少之故，乃因当时橡皮价格暴腾，茶园多改为橡园。近年茶价渐昂而橡皮价格低跌，故一九二三年又恢复原状也。

茶之输出，我国与锡兰处于竞争地位，华茶输出远较锡兰为早，其后因栽培、制造、销售方法不得其宜，今日世界市场之大半已为印度及锡兰茶所夺。试以下表一九二二年输出之数而论，我国茶输出额尚不逮印度七分之一，锡兰三分之一，回思往日能无感慨？特为列入，以资国人反省焉。

世界主要各国家和地区茶输出入表（一九二二年）

（单位：千磅）

输入地＼输出地	印度	锡兰	爪哇、苏门答腊	中国	日本	共计
英国	368 000	117 250	30 250	9 500	—	525 000
澳洲及纽丝伦	4 500	17 750	15 750	750	—	38 750
美国	4 500	15 000	9 500	16 500	35 000	80 500
坎拿大	11 000	7 250	1 000	—	2 500	21 550
欧洲大陆	—	2 000	27 000	10 750	—	39 750
其他诸国	16 750	12 250	1 500	14 250	—	44 750
共计	404 750	171 500	85 000	51 750	37 500	750 500

又锡兰茶输出税每百磅三罗比，输入税则为每磅二角五分。

《中外经济周刊》1924 年第 93 期

税务处呈准输出茶税免费延期

十二年十二月廿七日《北京日报》

中央政府前因提倡输出我国产茶，曾将出口茶税免收。所有内地各关卡茶税，则一律减半核收。实行以后，近年我国产茶输出之数因而大增。其免税期间，本届本年十月十日为止。闻税务处近□据汉口、上海各大埠茶商代表，屡次陈请将免税期间延长至民国十四年底，以资提倡。而维商艰等情，当由该处据情转呈大总统，鉴核施行，业经大总统照准如拟办理。

《农商公报》1924 年第 115 期

美国将禁止华茶进口

十三年五月十九日《顺天时报》

沪讯云：本埠总商会接纽约华商总会函云启者，美国各通商口岸，于本年二月下浣，各派代表前来纽约市会议，研究外国输入美国茶品之优劣，佥以为东亚茶叶当以中国台湾（日据时期）及锡兰所输入之品为标准，其不及此标准者，禁止入美。现该代表等验出中国古劳茶与乌龙茶夹有些枯叶及染有些污泥。又中国龙须茶茶梗太多，而且间有枯叶。据该代表等称，乌龙、龙须等茶颇为中国茶叶中之中上品，今乃含有此劣点，对于所定标准，殊属不合，拟将实行禁止中国各茶入美。仰贵公所一面警告各采茶家及制茶家，着须留心选制，本商会一面在外设法伸驳，以期国货行销，有进步而无阻滞，以争回世界贸易一部分之权利为荷。纽约华商总会谨启。

《农商公报》1924年第119期

伦敦华茶协会因英政府歧视呼吁

十三年五月四日《社会日报》

据《伦敦通讯》云，华茶协会近以英政府征收华茶税至不公允，大众对此异常愤激，现正会商提出抗议办法，运动取消此项税律，日前已发出多种宣言，兹为觅译一通于次。

华茶协会从在华英商之请，敬告公众，请注意华茶歧待税，将使一般英国商业受不良影响。目下一般华茶税为每磅八便士，但帝国内产生之茶，如印度茶、锡兰茶得减收六分之一，于是华茶税实收每磅八便士，印度、锡兰茶则每磅只收六便士又一便士之三分之二。英国商人所以反对此歧待税法者，并非专因华之对英输出将受影响，实因华茶贸易乃中英间商务往来之最老媒介物，今加以歧待，显然将于华人商界舆论上引起一极不幸之印象。对华茶多征一便士又三分之一之税，并不能使英国国库收入大增。查一九二三年由此项歧待税法所得之收入，仅六万三千镑。然检查分配以及存栈等费，亦必不在少数，且综计一切非英帝国所产茶之税（连华茶税六万三千镑在内），亦不过三十六万镑耳。至于英茶，亦无需予以任何保护，况此纯为别一问题。印度、锡兰茶业今日之兴盛，为往常所未有。华茶与印、锡茶间，并无真正竞争之处，盖华茶本为一种极高度之特别产品，其售价大半远贵于他种茶也。试观一九二三年英国进口茶之数量如下：印茶百分之五十，锡兰茶百分之二十六，华茶百分之四点四，爪哇茶百分之九点九，是岂非华茶不碍他种茶销路之明证乎。反观英国制造品输入中国者，为数甚巨，但织物一项近年不幸逐步跌落。一九一三年对华织物出口，占全部织物出口百分之九点五，一九二〇年跌至百分之八点五，一九二一年跌至百分之八点一，一九二二年又跌至百分之七点八（去年尚无记录）。此在兰开夏观之，实为一大有意味之事。凡与人意见接近者，金以为倘将华茶歧待税取消，并将此事实在中国充分宣布，则于中国舆论上必可造成一极好印象。盖华人对于此种性质之友谊贡献乃极易感受者也。本会因此希望国会于考虑优待税（指对英茶而言）时，将华茶方面加以考量，对于英国一般出口及兰开夏之特别制造品出口所受影响，予以远大之观察也。

《农商公报》1924 年第 119 期

华茶出口贸易复兴之机会

转载《湖南实业杂志》

上海茶商公会月报云，中国本季茶业之旺盛，为自一九一五至一九一六年度以后所未有。预计至本季终了，华茶出口总额将达二千七百万磅。查华茶出口增加之原因，一为印度、锡兰茶收成不佳，二为向来华茶尤其红茶不多之市场本季要求增加，此原因使华茶得一恢复其在世界市场之机会。但中国茶业中人不知注重种茶及制茶，终恐不能利用此机会而使轻轻逸去。明年以后数年间，印度、锡兰茶收成复旧，则华茶市场势必仍返于一九一五及一九二三年间之低落状况也。

俄国于一九一五至一九一六年度吸收华茶之数，几达全部出口百分之七十五，现在实际上其对华之市场已关闭，但将来国内安定，茶市必复活。英国本部于一九一五至一九一六年度购中国茶约一千零五十万磅，本年截至记者草此文时，已购去八百五十万磅，预期至本年度终，可望超过去年购去之数。美国于一九一五至一九一六年度输入中国红茶六百万磅，本年已购去五百五十万磅。欧洲大陆从前恒由伦敦间接购去华茶，近年渐为直接交易，一九一五至一九一六年度购去二十五万磅，本年已购去二十万磅，足见销路渐广。凡以上所述数字，皆可明证华茶若能改良，其在世界市场之前途实为光明。

印度、锡兰茶收成之缺乏，使伦敦茶市顿形巩固。目下茶价远昂于一九一五至一九一六年度，一时且不易跌落。普通印度、锡兰红茶，每磅可售一先令四便士，普通中国红茶每磅九便士半。但华茶货色太差，产茶者毫不慎重，普通茶叶中杂有茶梗及他物，此等物质不归于茶类，但普通印茶中皆慎重剔出之，盖华茶与其他中国物产相同产生者，以为末节细枝，无足轻重，只须能售脱得利耳，不知货色若佳得利尤巨，何华人皆昧昧乎？

欲知本季红茶市况，当追溯上年茶季将终时之情形。上年伦敦市上缺乏普通茶，北欧低价，销路亦增，于是从纽约及上海搜罗存货以补其缺，一时茶价太昂。中国极劣之茶，以至染色茶，每磅可得在伦敦十一便士之半之起岸价，或在纽约美金两角之起岸价。夫上季终时茶市情形如此，上海红茶存货完全售罄，华人得此奖励，当然增加栽种，殆战后最大之数，故其始众料产生过巨，或将遭一九一九至一九二〇年茶季内同一恶果。

本年茶季（五月中旬）开始时，众皆注意收成大小，一经证实，海外普华茶，市面即见松动，且有再跌形势。当欧陆市场对于普通"Congon"茶如有多数定单，可使开始时之市面巩固，直至定货交完时为止。但众信市价终不免跌落，因伦敦未必愿依高价进货，纽约肯出之价，亦远在此间所料开盘价之下也。既而第一批到货为温州茶，色味均较前数年为佳，其最佳之色即有人以廿五两以至三十两之价购去。汉口市面开于祁门茶到沪之前，较佳之"Anfbatanynen"及羊楼峒等茶交易颇广，价在廿五两至三十两之间。"Kakew"茶亦有主顾，价目廿二两至廿四两，同时祁门及宁州茶大批到沪，其始关于茶质优劣，预料不一，至是始知祁门茶质殊佳，含有浓厚之香味。

今年一切红茶之色味，比去年标准确乎不逮。但祁门茶颇受欢迎，开市价较上年多八两至十两，收市价比开市后最低之点增六两至八两。迨来货充足，市价稍跌。除数种较细祁门茶及数包极劣货外，来货七万包尽行售脱。宁州茶搁置多时，但华人坚持不肯让价，迨各种红茶价皆渐涨，宁州茶遂有美国主顾购去万包之谱。从前印度、锡兰茶在美未畅销之时，细叶宁州茶本畅销于美也。既而汉口各种茶到沪涌旺，美国方面期望标准"Congon"茶，可以美金一角五分为交易根据，故买主慎重行事，茶价遂跌去二两至四两不等，未几即依此根据重行交易。同时汉口茶第一批收成总额不逾原计三十万半箱之数，似已证实。

维时接到关于伦敦存茶之有利的报告，美国存茶亦有缺乏之报，继又得悉印度、锡兰茶收成均短于预算之数，华茶市面顿呈活气，价值随交易而增涨。世界茶市之需要，显须中国补其不足，全世界各地视线咸集于上海、汉口，华茶价一时飞涨五两以至十两，劣茶亦有销路，所有第一批收成之茶尽行售出，仅有一万以至一万五千包曾一时握于华人投机者之手。同时第三批收成亦上市，结果亦使茶商满意。目下红茶季已经过去，就全部而论，足使茶业中人深为欣慰。祁门茶已得伦敦茶市之接受，其他各茶迄卖均有利可获，当此商务疲滞之际，华茶得以复仰首伸眉于世界市场，英美两国及他处对于精选之祁门、宁州茶均表示真正之要求，实为可喜之事也。

中国产茶者于此急需注意改良茶之栽培、采摘及烘焙等方法，以备扩张销路。改良之要点在质地而不在数量。印度、锡兰茶场皆于此点致谨，故成功卓著。当此文起草时，中国茶商公所与北京间正为茶税一事文牍往还，缘中国政府于数年前准许免征出口税，以资鼓励，其期限至本年十月初为止。茶商所呈请展期，声称免税办法于华茶出口大有裨益。吾人为华茶贸易前途计，深望政府准该公所之请。据非正式报告，政府已有准许展限之意云。当此文付印时，茶商公所总董接北京某大员来函，谓展期两年，已有把握。

至于绿茶，当本季开始时形势即觉不佳，缘伦敦及北非市场均有上季存货颇多，又因欧陆大局不稳，汇市不利，绿茶市面大受影响。迄目前为止，本季所成交易比上季同期约少二万半箱。本季开始时，仅春眉及寿眉两种有要求，七月间市价最高，上等春眉达八十两，寿眉达四十四两。其后逐步跌落，平均中等货跌去五六两，上等货跌落十两以至十五两。本季绿茶收成丰富，现存积甚多，在某某区域之绿茶，产生者势必大受损失。

种茶人虽屡受警告，终不甚注意于茶叶之选择。春眉一种中搀和"Yvuug"叶甚多，以致全部形式大为减色。"Cunpowp"茶本季销路甚滞，显然无需要者。

"Countoy Creentea"及"Locab"两种本季收成计有十八万半箱，目下销场仍属于中种春眉，市价在四十八两至六十两之间。

湖州茶于六月一日开市，始数日较沉寂，旋即活动，上等货迅速出脱，现仅最劣之货尚在市中。迄今成交者共五万二千半箱，上年同期为四万八千半箱，现在存货一万半箱，上年同期只一千半箱。平水茶于七月四日开市，价略等于上年，上等货立得买主，其后要求略跌，最低等货价值甚俏，因国内销路广阔，而波斯商亦大购普通绿茶之故，迄今成交者计五万八千箱，上年同期为四万六千箱。湖州茶运输来沪已毕，现计平水收成总额将不逾十七万箱。目下美国市况不定，前途若何，难以逆料也。兹将本年（一九二三）首七个月七月三十一号为止，华茶从上海对各国家和地区出口之数列表于下。

（单位：担）

国家和地区	红茶	绿茶	国家和地区	红茶	绿茶
英国	54 710	4 958	美国	24 597	20 527
法国	2 781	8 121	坎拿大	4 027	899
印度	5 267	13 272	意大利	2 528	13 272
埃及	1 179	—	德国	6 629	173
直布罗院	113	—	日本	30	604
挪威	6	—	丹麦	380	—
派来斯丁	5	—	仰光	2	3
洋文	2	—	荷兰	1 921	—
土耳其	355	—	菲列滨	51	—
火奴鲁番	51	—	俄国	6	—
西班牙	241	24	波斯	153	—
澳洲	5 688	3	比利时	91	—
希腊	34	—	北非	209	15 957
南非	28	—	芬兰	146	—
葡萄牙	48	—	瑞典	1	—
瑞士	1	—	南美	584	—

以上总计红茶十一万一千八百六十四担，约等于一千四百九十一万五千二百磅。绿茶七万七千八百一十三担，约等于一千零三十七万五千零六十六磅。两项合共十八万九千六百七十七担，约等于二千五百二十九万零二百六十六磅。

《农商公报》1924 年第 119 期

俄商筹运华茶赴俄

十三年六月十六日《北京日报》

沪讯：中俄邦交恢复后，上海华茶已在竭力活动。闻俄商盖泥洛期日前曾与华茶总会正式接洽，拟运输大批新茶到俄。惟华商方面，以中俄协定虽经签字，而通商未续，当不无考虑余地，故对于交付款项及运输责任问题，正在征集各商意见再行决定云。

《农商公报》1924 年第 120 期

后　记

本丛书虽然为2023年度国家出版基金项目，但资料搜集却历经多年。2017年笔者和安徽师范大学出版社合作，以《祁门红茶史料丛刊》为题申报国家出版基金，获得立项，2020年该套资料集得以出版。这是首次系统搜集、整理、出版祁门红茶自晚清至民国时期的史料，限于时间、精力，有些资料没有收录，还有不少资料未能搜集，但这也为后续的整理提供了一个空间。

最近几年，笔者主要做了两方面工作：一是继续搜集祁门红茶史料。因祁门红茶产区包括祁门、建德（民国时期先后称秋浦、至德）和浮梁三个地区，于是将这三个祁门红茶产区的资料都加以搜集，尤其注意查找建德、浮梁两县的红茶资料，弥补此前尚未关注的缺憾。二是将此前已搜集，但限于时间和精力而尚未整理的资料，加以汇总、整理。

祁门红茶资料存量丰富，但极为分散。在资料搜集的过程中，笔者得到了很多师友的大力帮助。祁门县的支品太、胡永久、汪胜松等给笔者提供了很多帮助，他们或提供资料，或陪同笔者下乡考察。在资料的整理录入过程中，笔者的博士生汪奔，硕士生庞格格和她的同学潘珊、李英睿、杨春、鲍媛媛、谷雪莹、周敏等协助笔者整理了很多资料。对于他们的帮助，笔者在此一并表示感谢。

在课题申报、图书编辑出版的过程中，安徽师范大学出版社社长张奇才教授、总编辑戴兆国教授非常重视，并给予了极大支持，出版社诸多工作人员也做了很多工作。孙新文主任总体负责本丛书的策划、出版，做了大量工作。郭行洲、陈艳、何章艳、辛新新、蒋璐、李慧芳、翟自成、卫和成等诸位老师为本丛书的编辑、校对付出了不少心血，对于他们在该书出版中所做的工作表示感谢。

本丛书为祁门红茶资料的再次整理，但资料的搜集、整理是一项长期工作，虽然笔者已经过十多年的努力，但仍有很多资料，如外文资料、档案资料等涉猎不多。这些资料的搜集、整理只好留在今后再进行。因笔者的学识有限，本丛书难免存在一些舛误，敬请专家学者批评指正。

康　健

2024 年 11 月 20 日